本书为国家社科青年基金项目（22CFX084）、中央高校基本科研业务费项目人文社科专项（2020CDJSK08XK05）成果，并获重庆大学法学院专项资助。

重大法学文库

股权众筹法律问题研究
——以公私二元融合为视角

杨疏影 著

中国社会科学出版社

图书在版编目(CIP)数据

股权众筹法律问题研究：以公私二元融合为视角 / 杨疏影著 . —北京：中国社会科学出版社，2023.8

(重大法学文库)

ISBN 978-7-5227-2271-9

Ⅰ.①股… Ⅱ.①杨… Ⅲ.①企业融资—法律—研究—中国 Ⅳ.①D922.291.914

中国国家版本馆 CIP 数据核字(2023)第 133925 号

出 版 人	赵剑英
责任编辑	梁剑琴
责任校对	王佳玉
责任印制	郝美娜

出　　版	中国社会科学出版社
社　　址	北京鼓楼西大街甲 158 号
邮　　编	100720
网　　址	http：//www.csspw.cn
发 行 部	010-84083685
门 市 部	010-84029450
经　　销	新华书店及其他书店
印　　刷	北京君升印刷有限公司
装　　订	廊坊市广阳区广增装订厂
版　　次	2023 年 8 月第 1 版
印　　次	2023 年 8 月第 1 次印刷
开　　本	710×1000　1/16
印　　张	14.5
插　　页	2
字　　数	226 千字
定　　价	88.00 元

凡购买中国社会科学出版社图书，如有质量问题请与本社营销中心联系调换
电话：010-84083683
版权所有　侵权必究

《重大法学文库》编委会

顾　问：陈德敏　陈忠林
主　任：黄锡生
副主任：靳文辉
成　员：陈伯礼　陈　锐　胡光志　黄锡生
　　　　靳文辉　刘西蓉　李晓秋　秦　鹏
　　　　王本存　吴如巧　宋宗宇　曾文革
　　　　张　舫　张晓蓓

出版寄语

《重大法学文库》是在重庆大学法学院恢复成立十周年之际隆重面世的，首批于 2012 年 6 月推出了 10 部著作，约请重庆大学出版社编辑发行。2015 年 6 月在追思纪念重庆大学法学院创建七十年时推出了第二批 12 部著作，约请法律出版社编辑发行。本次为第三批，推出了 20 本著作，约请中国社会科学出版社编辑发行。作为改革开放以来重庆大学法学教学及学科建设的亲历者，我应邀结合本丛书一、二批的作序感言，在此寄语表达对第三批丛书出版的祝贺和期许之意。

随着本套丛书的逐本翻开，蕴于文字中的法学研究思想花蕾徐徐展现在我们面前。它是近年来重庆大学法学学者治学的心血与奉献的累累成果之一。或许学界的评价会智者见智，但对我们而言，仍是辛勤劳作、潜心探求的学术结晶，依然值得珍视。

掩卷回眸，再次审视重大法学学科发展与水平提升的历程，油然而生的依然是"映日荷花别样红"的浓浓感怀。

1945 年抗日战争刚胜利之际，当时的国立重庆大学即成立了法学院。新中国成立之后的 1952 年院系调整期间，重庆大学法学院教师服从调配，成为创建西南政法学院的骨干师资力量。其后的 40 余年时间内，重庆大学法学专业和师资几乎为空白。

在 1976 年结束"文化大革命"并经过拨乱反正，国家进入了以经济建设为中心的改革开放新时期，我校于 1983 年在经济管理学科中首先开设了"经济法"课程，这成为我校法学学科的新发端。

1995 年，经学校筹备申请并获得教育部批准，重庆大学正式开设了经济法学本科专业并开始招生；1998 年教育部新颁布的专业目录将多个部门法学专业统一为"法学"本科专业名称至今。

1999年我校即申报"环境与资源保护法学"硕士点,并于2001年获准设立并招生,这是我校历史上第一个可以培养硕士的法学学科。

值得特别强调的是,在校领导班子正确决策和法学界同人大力支持下,经过校内法学专业教师们近三年的筹备,重庆大学于2002年6月16日恢复成立了法学院,并提出了立足校情求实开拓的近中期办院目标和发展规划。这为重庆大学法学学科奠定了坚实根基和发展土壤,具有我校法学学科建设的里程碑意义。

2005年,我校适应国家经济社会发展与生态文明建设的需求,积极申报"环境与资源保护法学"博士学位授权点,成功获得国务院学位委员会批准。为此成就了如下第一:西部十二个省区市中当批次唯一申报成功的法学博士点;西部十二个省区市中第一个环境资源法博士学科;重庆大学博士学科中首次有了法学门类。

正是有以上的学术积淀和基础,随着重庆大学"985工程"建设的推进,2010年我校获准设立法学一级学科博士点,除已设立的环境与资源保护法学二级学科外,随即逐步开始在法学理论、宪法与行政法学、刑法学、民商法学、经济法学、国际法学、刑事诉讼法学、知识产权法学、法律史学等二级学科领域持续培养博士研究生。

抚今追昔,近二十年来,重庆大学法学学者心无旁骛地潜心教书育人,脚踏实地地钻研探索、团结互助、艰辛创业的桩桩场景和教学科研的累累硕果,仍然历历在目。它正孕育形成重大法学人的治学精神与求学风气,鼓舞和感召着一代又一代莘莘学子坚定地向前跋涉,去创造更多的闪光业绩。

眺望未来,重庆大学法学学者正在中国全面推进依法治国的时代使命召唤下,投身其中,锐意改革,持续创新,用智慧和汗水谱写努力创建一流法学学科、一流法学院的辉煌乐章,为培养高素质法律法学人才,建设社会主义法治国家继续踏实奋斗和奉献。

随着岁月流逝,本套丛书的幽幽书香会逐渐淡去,但是它承载的重庆大学法学学者的思想结晶会持续发光、完善和拓展开去,化作中国法学前进路上又一轮坚固的铺路石。

陈德敏

2017年4月

摘 要

本书梳理了证券法律体系与金融创新之间协同发展的历史演变脉络，揭示了证券规范分析框架逐渐由公募发行与私募发行的二元界分模式向公募发行与私募发行二元融合模式的转化。本书综合运用比较和规范分析方法，从公募发行与私募发行二元融合的视角系统分析研究了股权众筹的基本原理、运行规则、结构体系和功能作用，在总结我国现行股权众筹法律制度及监管制度运行现状和问题的基础上，借鉴美国《JOBS法案》制度设计经验，从我国资本市场发展现状和证券立法需求的实际出发，提出了构建以维护公共利益为价值取向，以平衡投资者保护与融资效率为目的的，以公私二元融合思想为主导的中国私募股权众筹制度。

本书除绪论和结语外，共分五章：

第一章"股权众筹的基本原理"。本章是全书论述的基础，梳理了股权众筹的概念、特征、商业模式以及本土化立法基础。首先，从股权众筹概念中的"股权"与"众筹"这两个元素入手，厘清了股权众筹概念。并提炼总结出股权众筹具有"参与式文化""群体智慧""证券属性"三个特征。其次，介绍股权众筹的发展现状及商业模式。以"大家投""天使汇""FundersClub"为典型分析模式，全面梳理了我国股权众筹发展概况、运行机制、主要特点和法律关系等内容。最后，分析了公私二元界分视角下股权众筹本土化立法基础。我国证券法框架以公募发行与私募发行界分为基础，公募发行侧重于保护投资者；而私募发行则由法律限定在"私"的领域之中，侧重于融资效率。本章认为，股权众筹面临的核心问题是如何在融资效率与投资者保护之间取得平衡，但我国股权众筹的立法困境在于现行的公募发行与私募发行完全分立的证券法律框架之下，此二者之间的平衡难以取得。

第二章"证券法框架的革新：从公私二元界分到公私二元融合"。本章大致分为两个层次：首先，描述了证券法律框架由公私二元界分模式向公私二元融合模式转化的现实。美国及我国传统的公募发行与私募发行二元区分以"投资者是否能自我保护"为界，在此原则之下发展出一系列规则并形成了公募发行与私募发行之间泾渭分明的边界。随着经济、社会的发展，金融创新驱动下的变革不断突破"公"与"私"之间的樊篱。尤其是在解决中小企业与初创企业的融资需求上，与大型公众公司相比较，投资者保护与融资效率之间的矛盾更难化解。这使得两种发行方式的融合呼之欲出。证券立法者与监管者也审慎地注意到了这一点，进而采取相应措施逐步放松"公开劝诱禁止"管制、进一步修正获许投资者准入条件、培育私募发行二级交易市场。其次，揭示了由公私二元界分模式向公私二元融合模式转化的内因。制度上的变革是一种表象，其背后蕴含着证券法基础理念的鼎新革故。传统的证券法理念注重目的理性，即坚守证券立法和监管行为以"投资者保护和融资效率"这两个目的为导向，但两个目的之间并未形成良性互动，从而导致以"投资者保护"为目的的公募发行制度和以"融资效率"为目的的私募发行制度各自的优势尚未得到充分发挥，且难以有效整合。这种立法框架忽略了投资者保护与融资效率这两个目的之间可能存在的冲突与协调的解决方案。这就需要我们以证券法的价值理性作为主观判断的标准，从"社会公共利益"的高度，结合特定的社会经济状况、投融资者的个体利益等因素，对两个目的进行优劣评判，并据此完善有关立法规则。因循"价值理性—目的理性相统一"的逻辑进路，本章认为，公私二元融合模式的出现具有时代发展的历史必然性，同时也是对保护社会公共利益的良好回应，它可以实现投资者保护与融资效率之间的利益平衡。

第三章"公私二元融合视角下股权众筹法律制度分析与功能解释"。本章基于公私二元融合的视角，重点阐释和分析股权众筹相关制度和法律。首先，本章以《JOBS法案》作为分析范本，全面梳理了《JOBS法案》与股权众筹的立法框架及立法逻辑。《JOBS法案》在第二章和第三章中分别建立了私募股权众筹规则与公募股权众筹规则。两类众筹规则在处理代理成本、信息不对称等问题方面，具有相同的法律逻辑。但由于两者各自需要突破的困境有所差异，其具体制度也从不同的角度在传统的公募发行与私募发行制度上进行了融合。其中折射出的是，在维护社会公共利益的价值导向下，监管规则对融资效率与保障投资者权益这两个目的的平衡协调。其次，具体阐述了公募股权众筹的功能及其规则。本章认为，信息不对称以及投资者的非理性决策行为是当前公募股权众筹面临的核心困境。公募股权市场中普遍缺少具备高成熟度的投资者，信息披露机制的功效难以得到有效发挥，故而监管者将"投资限额"这一私募发行制度运用到了公募股权众筹中，对其中的风险问题进行规制。虽然公募股权众筹在学术研究中受到的关注较多，但是，本章认为，由于公募股权众筹的制度设计依然沿用的是公募发行中的信息披露制度，而未充分考虑到在公私二元融合视角下降低成本、提高融资效率的其他制度的可能性，其制度设计本身是失败的。最后，本章对私募股权众筹的规则和功能进行了阐释，私募股权众筹在公私二元融合视角下，对传统的私募发行法律制度作出的调整幅度更大。股权众筹的本质是通过网络突破时间与空间的限制，在降低运营成本的同时吸引更多投资者，私募股权众筹的立法回应了公私二元融合的规范分析趋势。在具体制度设计上，大胆尝试取消"公开劝诱禁止"、增加发行人主体失格条款、放宽私募股权众筹的转售限制以及完善获许投资者认定方法。本章认为，相较于公募股权众筹而言，私募股权众筹的制度设计更为成功，更适宜于我国借鉴和移植。尽管美国的私募股权众筹制度在社会公共利益的价值理性引导之下，在投资者保护与融资效率的平衡上进行了一定的改善，但未能充分考虑到股权众筹的互联网属性所带来的降低融资成本、加强投资者保护的可能性。我国在考虑构建股权众筹法律制度时，在借鉴美国私募股权众筹的基础之上，应探索股权众筹的互联网属性所带来的制度新路径。

第四章"公私二元融合视角下股权众筹运行机制探索"。在公私二元融合视角下，《JOBS法案》中私募股权众筹法律制度设计仍然存在不足，究其根本在于《JOBS法案》未充分考虑到股权众筹自身特征在加强投资者保护与降低制度成本方面的作用。本章认为，在进行本土化移植时，应针对股权众筹运行机制的特点进行有益改造。具体思路为：私募股权众筹在取消公开劝诱禁止的同时，应结合股权众筹运行机制的特性，从强化信息披露的有效性，以及利用信誉中介加强获许投资者的风险识别能力这两方面来补足。第一，就强化信息披露的有效性而言，首先，结合股权众筹基于互联网技术具有群体智慧这一特征，形成网络声誉以加强信息披露有效性。本章详细分析了网络声誉机制对信息传递、风险识别的积极作用，并实证研究了淘宝网、Kabbage 模式中网络声誉机制的效果。其次，分析了行业自律机制对网络声誉机制缺陷的修正作用。网络声誉机制具有易受外部影响、虚假信息泛滥等问题，而行业自律机制可以通过激励制度、集体惩戒制度、成员准入制度以及纠纷处置制度来完善和促进网络声誉机制作用的发挥。第二，就通过信誉中介完善获许投资者的风险识别能力而言，信任问题是股权众筹不能完全金融脱媒的原因，应认识到"领投+跟投"模式中领投人的信用强化作用。传统的信用中介存在成本高昂的问题，而股权众筹依托于互联网，融资平台可以运用大数据技术，积累领投人的信用、投资能力、资历等数据，达到对领投人的评价和预测功能，从而降低信用中介的成本。

第五章"公私二元融合视角下我国股权众筹制度构建"。本章试图借鉴美国私募股权众筹法律制度，结合我国的经济发展状况、资本市场环境，对我国股权众筹法律制度进行构建。首先，本章综合分析了股权众筹立法中的价值取向、法律移植必要性和本土路径依赖性，认为应当突破公募发行与私募发行的界限，建立面向合格投资者的私募型股权众筹。其次，本章以《股权众筹管理办法（试行）》为蓝本，围绕私募股权众筹的主体制度、发行制度、信息披露制度以及其他投资者保护制度四个方面进行具体构建：第一，主体制度。应将投资者资质限定在"合格投资者"的范围内，并对"合格投资者"规则进行完善。同时，将融资平台定性为投资者资质认证机构和信誉中介，并要求引入"领投+跟投"模式，由平台对领投人进行管理。第二，发行制度。应当在股权众筹融资中取消公开劝诱禁止。第三，信息披露制度。我国股权众筹应以"强制与自治相结合"为原则，建立平台自主制定信息披露规则、证券业协会自律管理、证监会监督管理的信息披露模式。同时，要求平台建立开放性的交流渠道，形成网络声誉，加强信息披露的有效性。第四，其他投资者保护制度。结合互联网金融的整体环境，还应考虑冷静期制度、资金第三方托管机制以及信用体系法律制度在股权众筹立法中的运用。

关键词： 股权众筹　公私二元融合　投资者保护　融资效率　平衡协调

目　　录

绪论 ·· (1)
　　一　选题背景及其意义 ··· (1)
　　二　文献综述 ··· (6)
　　三　研究创新点及不足 ··· (20)
　　四　研究方法 ··· (22)
第一章　股权众筹的基本原理 ·· (23)
　第一节　股权众筹概念的明确 ··· (23)
　　一　"股权众筹"概念的厘清 ······································· (23)
　　二　"股权众筹"概念的多重特征 ·································· (29)
　第二节　股权众筹的商业模式分析 ···································· (36)
　　一　我国股权众筹市场发展现状 ···································· (36)
　　二　股权众筹模式之"大家投" ···································· (37)
　　三　股权众筹模式之"天使汇" ···································· (40)
　　四　股权众筹融资模式之"FundersClub" ························· (42)
　第三节　公私二元界分视角下股权众筹本土化立法基础 ············· (43)
　　一　我国股权众筹的立法基础及规则发展 ·························· (43)
　　二　公私二元界分视角下我国股权众筹的立法困境 ··············· (47)
第二章　证券法框架的革新：从公私二元界分到公私二元融合 ······ (50)
　第一节　传统的证券法规范分析框架——公私二元界分 ············ (50)
　　一　投资者能否自我保护——证券法发行公私二元界分的
　　　　根本原则 ··· (50)

二　美国证券法公私二元界分模式下公募发行与私募发行的
　　　　具体差异表现……………………………………………（53）
　　三　我国公募发行与私募发行的立法划分标准………………（55）
第二节　公私二元界分模式向公私二元融合模式的转化…………（56）
　　一　美国公私二元融合的具体表现……………………………（56）
　　二　美国证券法公私二元融合的原因…………………………（62）
　　三　革新的证券法框架——公私二元融合视角下对证券法
　　　　立法的挑战……………………………………………………（68）
第三节　公私二元融合的学理解析——以经济法基础理论为
　　　　支撑……………………………………………………………（76）
　　一　证券法目的理性之解读……………………………………（76）
　　二　对证券法价值理性的解读——社会公共利益……………（78）
　　三　公私二元融合与"价值理性—目的理性统一"……………（82）

第三章　公私二元融合视角下股权众筹法律制度分析与
　　　　功能解释……………………………………………………（88）
第一节　《JOBS法案》与股权众筹立法……………………………（88）
　　一　《JOBS法案》评述…………………………………………（89）
　　二　《JOBS法案》中的公募与私募股权众筹…………………（91）
　　三　公私二元融合视角下股权众筹的立法逻辑——解决投资者
　　　　保护与融资效率之间的平衡…………………………………（92）
第二节　美国公募股权众筹的规则与功能分析……………………（95）
　　一　公募股权众筹的核心困境与立法逻辑……………………（95）
　　二　公募股权众筹的具体规则——《JOBS法案》第三章………（99）
　　三　失败的公募股权众筹——围绕信息披露制度展开的
　　　　功能解释……………………………………………………（103）
第三节　美国私募股权众筹的规则与功能分析……………………（108）
　　一　私募股权众筹的核心困境与立法逻辑……………………（108）
　　二　美国私募股权众筹规则构成——《JOBS法案》第二章……（112）
　　三　私募股权众筹的功能分析之取消公开劝诱禁止……………（115）
　　四　私募股权众筹的功能分析之完善获许投资者制度…………（118）

第四章　公私二元融合视角下股权众筹运行机制探索 (127)

第一节　网络声誉机制 (127)
一　群体智慧理论 (127)
二　声誉机制 (131)
三　网络声誉机制——股权众筹中的自发私人秩序 (137)
四　网络声誉之实证研究 (146)

第二节　行业自律机制 (149)
一　股权众筹行业协会的建立与完善——以淘宝商盟为例 (150)
二　淘宝商盟的主要做法 (154)
三　对股权众筹融资行业自律的启示 (156)

第三节　"领投+跟投"机制 (157)
一　股权众筹的信任困局 (157)
二　领投人的信用中介功能 (159)
三　领投人信用中介机制的挑战 (161)

第五章　公私二元融合视角下我国股权众筹制度构建 (163)

第一节　股权众筹的本土化立法取向 (163)
一　股权众筹立法与社会公共利益 (163)
二　股权众筹制度移植与本土化改造之冲突 (164)
三　制度移植的路径依赖 (165)

第二节　私募股权众筹的主体制度 (167)
一　私募股权众筹投资者制度构建——合格投资者规则 (167)
二　私募股权众筹融资平台制度构建——领投+跟投模式 (169)

第三节　私募股权众筹的发行制度构建 (178)
一　解除公开劝诱禁止的解释 (178)
二　解除公开劝诱禁止的规则设计 (179)

第四节　私募股权众筹的信息披露制度构建 (181)
一　私募股权众筹信息披露制度的原则性规则 (181)
二　私募股权众筹网络声誉机制规则 (184)

第五节　其他投资者保护制度的构建 (189)
一　冷静期制度 (189)

二　资金第三方托管制度……………………………………（190）
　　三　信用体系法律制度………………………………………（191）
结语……………………………………………………………（195）
参考文献………………………………………………………（198）
后记……………………………………………………………（215）

绪 论

一 选题背景及其意义

(一) 选题背景

1. 我国股权众筹发展概况与背景

随着互联网金融的兴起和普及,国家对互联网金融的规范化发展极为重视。在《2015年政府工作报告》中,李克强总理首次强调了"互联网+"阳光健康发展问题。此后,出台了《国务院关于积极推进"互联网+"行动的指导意见》,将"互联网+普惠金融"作为11项重点行动之一。同年7月,十部委联合印发了《关于促进互联网健康发展的指导意见》,以"鼓励创新、防范风险"为原则,提出了一系列促进互联网金融规范发展的方向性举措。由此表明了国家对互联网金融的积极回应态度。股权众筹作为一种互联网金融创新模式,自从西方国家传入中国以来,受到了各界的广泛关注,认为其对提高中小企业及初创企业的融资效率具有极大的促进作用。由于我国长期处于金融抑制的状态。这种金融抑制的现象从宏观上来看,表现为政府与市场之间的关系不协调,政府的管制太过严厉,资本市场在高压之下,公开发行上市、银行信贷、私募发行在中小企业融资方面供给不足。在此背景之下,股权众筹作为一种直接融资方式,使中小企业可以与大众资本直接对接,缓解了传统金融配给对中小企业及初创企业融资供给的不足,提升了资本市场服务实体经济的能力。

但需要注意的是,金融创新往往会突破现有法律的框架,存在金融监管空白和监管套利。股权众筹在我国先后经历野蛮生长和运动式监管两个阶段。股权众筹出现伊始，在没有任何法律引导的情况下野蛮生长，存在极大的监管套利空间，其中法律风险与信用风险相互叠加，极易引发系统性金融风险，P2P野蛮生长阶段的"e租宝"事件就是典型案例。而当立法者和监管者意识到其中的高风险性时，采取了一刀切的运动式监管方式，锁死了公募型股权众筹的发展空间，并将私募型股权众筹完全参照私募股权融资的方式进行监管。这无疑扼杀了股权众筹这一金融创新的发展空间。股权众筹在我国尚处于萌芽阶段，如何引导其健康发展，完善我国股权众筹立法，是本书的研究目的。应当在防范金融风险的同时，为金融创新的发展预留出足够的空间，金融监管的法律制度和政府政策也应不断调整从而将金融创新的风险控制在合理的限度之内。

2. 我国股权众筹面临的核心问题

自2014年股权众筹进入中国市场以来，股权众筹的法律风险、监管问题一直是学界和实务界关注的重点，时至今日立法者与监管者仍在努力探索。股权众筹法律规则难产，究其原因是由于其直接融资的股权属性，与证券法、公司法等息息相关，法律规制路径的研究较为复杂，其中存在的信用风险与法律风险双重叠加。如果没有一个整体框架性的立足点，则难以拨开迷雾。

股权众筹立足于解决中小企业融资难问题，与上市公司融资相比，中小企业融资更注重融资效率，即融资成本、渠道可获得性以及融资主体自由度。但作为直接融资，由于其脱离了银行等金融中介，其中的信息不对称、道德风险问题也非常突出，需要国家公权力的介入，建立监管制度保护投资者利益，这在各个方面都与融资效率这一目标相违背。因此，股权众筹法律制度建构的核心问题是，如何在尊重股权众筹商业逻辑的基础上，运用法律制度在融资效率与投资者保护之间达到平衡。找到股权众筹的核心问题之后，将股权众筹置于我国证券法的框架之中来看，其中需要研究和解决的问题也就较为明晰了。以融资效率与投资者保护之间的平衡为原则，笔者在思索股权众筹法律问题的过程中，发现了此中的关键点为：

我国现行《证券法》重在公募发行的法律规则，但公募发行成本高昂，不适合于股权众筹的发展。建立在公募基础之上的股权众筹豁免制度，由于其对接大众投资者，难以避免强制信息披露制度，即使在公募基础之上对相关制度进行一定的简化，也难免成本高昂，中小企业仍难以负担。而如果将股权众筹放入私募的框架之中，则面临发行人数、投资者资质、发行方式等诸多限制，违背了股权众筹本身的商业逻辑要求，虽然降低了融资成本，但融资渠道便捷性下降，仍然无法达到融资效率与投资者保护之间的平衡。因此，在我国现行公私二元界分的法律框架之下，股权众筹的法律制度与监管规则难以出台，实属正常。公私二元界分的证券法律框架在面对金融创新所暴露出的僵化问题，应当如何解决和看待，是本书研究的重点问题之一。

3. 本书核心写作思路

为解决上述股权众筹法律问题，本书以公募发行与私募发行二元融合为视角，来探索股权众筹法律制度应如何建构，贯穿本书写作的核心思路如下：

（1）明晰股权众筹的概念、发展逻辑和商业生命力之基础。由于各国股权众筹的发展路径与既有的资本市场法律规则不同，虽然股权众筹的基本概念表述存在一致性，但其概念具体的内涵和外延却鲜少有人去详细分析。对基本概念的厘清是构建股权众筹法律制度的基石，本书将全面考察股权众筹的概念、发展逻辑和商业生命力，将股权、众包、小微金融、Web2.0技术等元素与社会学、法学、经济学结合，进行综合分析。通过交叉学科的视角，明晰股权众筹的概念。在明晰股权众筹概念的基础之上，将股权众筹置于我国证券法公募发行与私募发行二元界分的框架中，可以清晰地发现我国的融资创新与制度环境有所割裂。我国《证券法》在很大程度上借鉴了美国1933年《证券法》和1934年《证券交易法》的立法模式。2000年之前，美国的证券法体系遵循的是公募发行与私募发行二元界分模式，但在2000年之后，随着金融创新对证券法的不断突破，美国的证券法体系逐渐向公募发行与私募发行二元融合模式转化。从历史维度来看，金融创新与证券法之间一直协同发展，而我国的证券法理念存在滞后。应当借鉴域外经验，令证券法律制度更好地回应金融创新。

（2）运用历史分析法，对美国证券法规范分析框架的演变进行分析。美国证券法具有悠长的历史，其在各个历史阶段的立法博弈和对市场需求的回应，给了我国证券立法很多借鉴和参考。股权众筹的发展以及域外对这一金融创新在制度上的回应，都为我国证券法律制度设计提供了新视角。美国证券法制定初始，遵循的是公私二元界分的模式，具有公共性的证券发行和证券交易受到政府干预较多，以"强制信息披露"制度为核心，建立了从公募发行到公众公司证券二级市场交易的一整条路径。而不具有公共性的证券发行和证券交易则考虑到融资成本和融资规模等因素，受到的政府干预较少，主张通过契约自治来解决，从而设立了私募发行和私募二级市场交易。但随着证券市场创新融资工具和创新融资架构的不断涌现，公与私之间的界限逐渐模糊。本书通过对美国资本市场中引发公私二元融合的金融创新进行详细阐述，揭示证券法律制度公私二元融合的原因、美国立法者与监管者的理念更新与制度设计回应。本书认为，公私二元融合的规范分析框架能更好地回应当代资本市场中的金融创新，在具体考虑股权众筹的法律制度构建时，应将其置于公私二元融合的视角之下进行分析。

（3）在公私二元融合的视角下，本书尝试以规范分析的方法探讨美国《JOBS法案》，并对公募型股权众筹和私募型股权众筹的立法逻辑、具体制度以及功能进行解释。首先，公募型股权众筹由于其立法过程充满了持完全相反意见的两方立法者的政治博弈，公募型股权众筹无论是其立法逻辑，还是现实中的商业实践效果，都是失败的。在公私二元融合的视角下，其失败的原因在于固守公募发行的规则，仍然以成本高昂的强制信息披露制度作为公募股权众筹的立法逻辑核心，而没有注意到股权众筹本身的特征，未能大胆突破公募发行规则的局限。其次，私募型股权众筹虽然在立法过程中未能获得学术界的重点关注，但私募股权众筹与公募股权众筹相比较而言，无疑是成功的。在公私二元融合的视角下，私募股权众筹突破了私募发行的规则界限，更符合股权众筹本身公私混合的特性。

（4）在公私二元融合视角下，投资者保护路径具有更多可能性，不必局限于传统的公私二元界分模式之中公募发行与私募发行的固有制度。网络声誉、行业自律、"领投+跟投"模式成为低成本、高效率的投资者保护路径，有助于解决股权众筹中投资者保护与融资效率之间的困境。

（5）在公私二元融合的视角下，探寻我国股权众筹豁免制度应如何建构。《JOBS法案》中公募型股权众筹的失败折射出普通投资者在缺乏合理有效的证券法律制度保护时难以有效避免欺诈，而私募型股权众筹更符合我国本土化的需求。本书认为，应当借鉴《JOBS法案》中的私募型股权众筹，建构我国的股权众筹豁免制度。同时，结合股权众筹多样性的投资者保护路径，进行本土化移植和完善。

（二）选题意义及价值

针对股权众筹的学术文章较多，但总体的研究深度和广度仍然不够，停留在"就股权众筹论股权众筹"的层面之上。其实，股权众筹涉及法学、社会学、计算机技术等多个学科领域，仅就法学而言，也涉及企业融资问题、公司治理问题、证券发行问题、投资者保护问题以及金融监管问题等诸多方面。因此，还需要从网络社会、互联网金融、Web2.0技术等方面对股权众筹进行综合考察。尽管对股权众筹的学术研究处于起步阶段，我国的股权众筹立法也仍然处于摸索阶段，但对已有的各学科文献进行综合分析，对其他国家股权众筹立法上进行借鉴研究，并对比考察我国股权众筹制度创设过程中的问题所在，仍具有特定的理论和实践意义。

1. 理论意义及价值

在学术理论层面上，股权众筹的制度创设与证券法息息相关。股权众筹应当在证券法的整体框架下进行规制，同时，由于股权众筹作为一种金融创新在企业融资方面所展现出来的变革力量，也同样影响着证券法的理论认知。在以往的文献中，多从股权众筹如何适应证券法的角度出发来探讨其制度构建，处于一种较为微观的研究范畴。本书认识到了股权众筹对证券法理论的反作用力：股权众筹所依托的互联网Web2.0技术以及网络社会形成等理念与金融理论的结合，也在改变着证券法的公私二元框架。本书从这一角度着眼，力求厘清证券法在适应信息时代时应作出的变革，并以此为基础，厘清股权众筹中证券发行的效率价值与投资者保护价值之间的价值位阶，从而在具体制度建构方面考察豁免发行方式、信息披露制度、获许投资者制度在股权众筹中如何适用。同时，根据融资过程中的公司股权理论，审视《公司法》《证券法》中制度设计的问题，从多理论视角审视二者之间利益冲突与平衡策略。

2. 实践意义及价值

从实践层面而言，在我国多层次资本市场体系中，股权众筹是一级市场、二级市场、中小板市场、创业板市场、新三板市场以及区域性股权交易市场的延伸。从微观上看，中小企业融资难问题，民间资本需求增值流动空间问题，从宏观上看，新常态下如何支持产业升级、助力高新科技企业发展、寻求新的经济增长点，都是可以通过股权众筹来解决的问题。根据 Law and Finance 理论①，金融与法律处于协同发展的状态。股权众筹在我国的健康发展，需要法律制度的有效规范和引导。因此，本书的研究成果有利于从实践层面规范股权众筹，从而推动社会经济的发展。

二　文献综述

笔者以"股权众筹"作为关键词在"超星发现系统"中进行检索，获得 5552 个结果，其中图书为 49 本，期刊 1882 篇，报纸 2247 篇，博士学位论文 16 篇，会议论文 21 篇等。对股权众筹研究的学科领域主要集中在经济学、金融学和法学这三个领域，由于股权众筹与互联网技术 Web2.0 息息相关，同时也涉及社会学这一学科领域。

国内学者对股权众筹的研究可以大致分为以下两个阶段：第一阶段，2011—2014 年，随着我国第一家股权众筹平台"天使汇"的上线，股权众筹的相关研究开始启动。在这一阶段中，由于股权众筹在域外发展的时间较长，并且《JOBS 法案》公布以后，给了学者制度研究的范本，学者主要是针对《JOBS 法案》中的主要内容进行解读，并结合我国股权众筹发展所遇到的法律风险，提出相关对策建议。学者重点研究的是《JOBS 法案》中的公募型股权众筹，而未对其中的私募型股权众筹引起重视，遵循的是公募发行的路径来思考如何构建股权众筹的法律制度。第二阶段，2014 年之后，随着 P2P 借贷平台"e 租宝"等金融欺诈问题集中爆发，国家对互联网金融的态度从积极乐观转向为审慎保守，出台了一系列互联网金融整治方案，其中也发布了《股权众筹专项整治方案》。此方案的出台标志着股权众筹进入运动式监管时期，严令禁止了涉众型的股权众筹平台，将股权众筹严格限定在了私募股权融资领域。并且随着《私募股权众筹融资管理办法（试行）》的出台，学者的目光转而开始探索私募股权众筹在我国的可行性，并且重点关注了美国《JOBS 法案》中的私募型股权众筹的相关法律规范，比如，"解禁公开劝诱禁止""完善获许投资者资格认证"等规则。②部分学者则开始关注在我国建立公募型股权众筹与

---

①　See LLSV, "Legal Determinants of External Finance", *Journal of Finance*, No. 52, 1997.

②　参见刘明《论私募股权众筹中的公开宣传规则的调整路径——兼评〈私募股权众筹融资管理办法（试行）〉》，《法学家》2015 年第 5 期。

私募型股权众筹双轨制的可能性。① 笔者根据已收集的参考文献，对与股权众筹直接相关的文献内容，展开综述。

（一）股权众筹的概念界定与分类

1. "众筹"概念的界定

"众筹"即"crowdfunding"，起源于美国，其定义繁杂多样，普遍的表达是融资方通过互联网平台发布其融资项目，进行宣传介绍，投资方通过互联网平台对感兴趣的项目进行投资。一般认为，众筹即"crowdfunding"是"crowdsourcing+investment"的融合。但已有的文献中并未对众筹中的众包、融资、互联网技术等元素进行深入分析，只是通过简单地比较众筹的几个概念，从文义上进行阐述。根据融资项目的回报形式不同，众筹一般分为四个类型：第一，捐赠型众筹（donation-based crowdfunding），具有公益性，投资者不需要任何回报。第二，奖励型众筹（reward-based crowdfunding），投资者获得产品或奖品作为回报，一般为艺术类项目，或已经进入流水线作业的产品项目。第三，债权型众筹（debt-based crowdfunding），投资者与融资者为借贷关系，投资者获得利息回报。第四，股权型众筹（equity-based crowdfunding），投资者与融资者为股权关系，投资者获得股权收益作为回报。众筹模式于2011年进入中国，前三种模式的众筹在中国迅速发展。2014年，股权众筹正式进入中国市场。前三种众筹模式在我国已有法律规制，虽经历了野蛮生长的阶段，但现在已趋于规范化、健康化发展。而股权众筹的发展由于其股权属性，与证券法、公司法等息息相关，法律规制路径的研究较为复杂，目前还没有形成完整的规范体系。股权众筹的发展中存在着信用风险与法律风险的双重叠加，需要学界重点关注，以期形成可行的法律制度，成为我国多层次资本市场的重要组成部分。

2. "股权众筹"的概念界定及在我国的定位

首先是对"股权众筹"概念的界定。学界对股权众筹概念的界定，普遍从众筹概念入手，先对众筹概念进行界定，再简要阐述股权众筹是众筹的类型之一，投资者通过持有股权或者股权权益份额的方式获得回报。纵观学界，较为典型的定义为：以互联网平台作为媒介，融资者通过平台发布以出让部分股权作为回报的融资项目，投资者通过平台认购股权以支

---

① 参见杨硕《股权众筹法律问题研究》，博士学位论文，吉林大学，2017年。

持融资者项目并获得股权收益的融资方式。此种融资方式便是"股权众筹"。① 通过各种类型的网络众筹平台,有融资需求的人将其创业项目的有关信息进行公开发布,由此吸引潜在的投资者进行资本注入,而融资者提供一定的股权作为回馈,此种融资模式属于股权众筹。② 而有的学者则在文章中并没有对股权众筹概念进行界定,而是笼统地认为,股权众筹是具有投资风险的一种众筹形式。③ 还有学者认为,"证券众筹"这一名称更适合于股权众筹。④ 总结学界中对股权众筹的定义,较为完整的定义为:融资项目的发起人(一般指融资人)基于网络平台而将融资项目的状况和信息进行公布,通过项目或股权份额的出让来获得投资者的资金注入,投融资双方之间结成合作意向,在投资者注入资金后给予其约定的股权。⑤

其次是股权众筹在我国的定位。从相关文献来看,政府及立法者都对股权众筹在政策上给予了重视和肯定,认为股权众筹具有普惠性,可以缓解中小企业及初创企业融资难的问题,从而助力万众创新、万众创业。同时,有些学者从资本市场的构成角度出发,认为可以将股权众筹作为"新五板",建立多层次的资本市场。⑥ 但是,从证券法的角度来看,股权众筹发行和交易是两个层面的问题。学术研究中,首先需要厘清的是,股权众筹发行的制度,然后才是股权众筹交易的制度。多层次资本市场的建立中将股权众筹作为"新五板",是仅针对股权众筹的交易还是包括股权众筹的发行,这一点在相关文献中并没有清晰的表达。

---

① 参见马旭、李悦《我国互联网股权众筹面临的风险及法律对策》,《税务与经济》2016年第3期。

② 参见中维、王毅纯《中国式股权众筹:法律规制与投资者保护》,《西南政法大学学报》2015年第2期。

③ 参见何欣奕《股权众筹监管制度的本土化法律思考——以股权众筹平台为中心的观察》,《法律适用》2015年第3期;樊云慧《股权众筹平台监管的国际比较》,《法学》2015年第4期;胡妍《我国股权众筹平台发展现状及趋势探析》,《湖北科技学院学报》2015年第9期;郑若瀚《中国股权众筹法律制度问题研究》,《南方金融》2015年第1期。

④ 参见安邦坤《股权众筹合法化:可能性及进路——兼论互联网金融业态下〈证券法〉的修订》,《证券法律评论》2014年卷。

⑤ 参见文静《论股权众筹的法律性质及其运用的风险防范》,《经济师》2015年第2期。

⑥ 持以上观点的有:杨东:《股权众筹现状与趋势》,《中国经济信息》2016年第5期;安邦坤:《股权众筹在多层次资本市场中的定位概论》,《现代管理科学》2015年第2期。

(二) 股权众筹的法律制度

1. 股权众筹的各主体在法律上的属性认定

国内的文献普遍认为，我国《证券法》对"证券"范围的界定狭窄，应当借鉴美国联邦最高法院通过 Howey 案判决所提出的"投资合同"检验标准［即（1）投入资金；（2）以获得利润为目的；（3）用于共同事业；（4）利润来自他人的努力］[1]，将股权众筹中的投资合同认定为具有证券属性。在此基础上，已有文献对于股权众筹中各主体的法律属性认定基本形成统一观点。股权众筹主要由三方主体构成：融资者、融资平台、投资者。

（1）融资者—发行人。股权众筹的融资行为构成证券发行，因此将股权众筹中的融资者认定为发行人。从证券法的视角来看，公募股权众筹中的发行人主要承担以强制信息披露为核心的责任，对重大信息披露失误承担严格责任；而私募股权众筹中的发行人则主要承担识别获许投资者为核心的责任，对信息披露失误等承担的是普通的侵权责任。

（2）融资平台—中介平台。从法律属性来看，融资平台属于中介性质，在融资过程中提供项目发布、撮合交易、交易配套服务。与证券经纪商、投资顾问和交易所有着相似之处。但国内文献，未对这三者的区别、性质和功能进行深入分析，仅仅是单纯地将其认定为中介平台。

（3）投资者。投资者群体在股权众筹各方主体地位中处于弱势地位。公募股权众筹与私募股权众筹中的投资者的地位有所不同，在投资者保护路径的选择上也有所不同。公募股权众筹主要仍以强制信息披露作为制度核心，但考虑到融资成本问题，在构建具体制度时，对披露制度作了相应简化。

围绕着股权众筹中的治理规则应以这三种主体中的何种主体作为核心这一问题，学术界大致有三类意见，即"平台核心论""投资者核心论"和"监管者核心论"。"平台核心论"认为，平台是股权众筹各项法律关系构成和发展的重要场所，应重点监管，严格规范平台的准入资质，强化平台的自律管理及相关运营责任，代表学者有何欣奕（2015）[2]、许多奇、

---

[1] SEC v. W. J. Howey Co., 328 U. S. 293, 1946.

[2] 参见何欣奕《股权众筹监管制度的本土化法律思考——以股权众筹平台为中心的观察》，《法律适用》2015 年第 3 期。

葛明谕（2016）[①]。"投资者核心论"认为，股权众筹仍属于高风险投资领域，应对参与的投资者的资质进行严格限定，减少投资者的非理性投资行为。该派认为投资者适当性是优化股权众筹的良方，可从投资者分类、投资者资质认定标准和投资限额等层面展开，代表学者有史欣媛（2007）[②]、袁康（2014）[③]。"监管机构核心论"认为，监管者的监管作用是股权众筹治理的基础，监管机构应加强前置监管职责，对股权众筹中的非法行为审慎关注并及时事前预警，代表学者有刘宪权（2015）[④]、陈晨（2016）[⑤]。以上学术探讨的侧重面不同，但仍然遵循着监管主导的单方面思路，忽略了股权众筹多方主体的自我保护能动性，这无形中增加了监管成本，淡化了股权众筹自身的商业优势。本书认为，应当结合股权众筹的互联网内涵，对信息披露制度进行反思，从而建构起各方主体互相制衡的股权众筹治理模式。

2. 对信息披露制度的反思

强制信息披露是公开发行制度的核心，但由于其成本高昂，从成本—收益的角度来分析，可以发现并不适用于初创企业，也与股权众筹提高融资效率的初衷相悖。信息披露制度是证券法保护投资者的黄金法则，如何在降低信息披露的成本的同时达到保护投资者的目的，如何在这两者之间取舍也受到了学界的重点关注。

雷华顺（2015）[⑥]从信息失灵的角度，分析了关于降低众筹融资中信息披露制度的相关理论和制度构建。他认为，众筹融资中的信息失灵不能仅靠强制信息披露制度，还应考虑互联网技术和市场自发的信息失灵矫正机制，如网络声誉机制、行业自律机制和大数据机制。并在深入分析市场

[①] 参见许多奇、葛明瑜《论股权众筹的法律规制——从"全国首例众筹融资案"谈起》，《学习与探索》2016年第8期。

[②] 参见史欣媛《我国股权众筹投资者适当性制度的构建》，《现代经济探讨》2017年第2期。

[③] 参见袁康《资本形成、投资者保护与股权众筹的制度供给——论我国股权众筹相关制度设计的路径》，《证券市场导报》2014年第12期。

[④] 参见刘宪权《互联网金融股权众筹行为刑法规制论》，《法商研究》2015年第6期。

[⑤] 参见陈晨《股权众筹的金融法规制与刑法审视》，《东方法学》2016年第6期。

[⑥] 参见雷华顺《众筹融资法律制度研究》，博士学位论文，华东政法大学，2015年，第116—156页。

矫正的优势与局限性的基础之上，提出可以通过建立信用制度，增加众筹平台有效信息的供给，从而减少融资方的强制信息披露责任，以实现融资效率与投资者保护之间的平衡。唐士亚（2017）[①]认为，声誉机制具备的信号显示/发送功能具有良好的信息导向作用，无数投资者基于声誉信号所采取的"用脚投票"可以对股权众筹平台和筹资者的核心利益产生实质影响，从而达到监督与威慑的作用。声誉机制生效需要信息、权力、成本和时间要件，并依赖于信息披露制度、信息公示制度和有奖举报制度等多种信息工具的组合使用。声誉机制的核心在于信息的高效流动，应将"信息生产—披露—分级—反馈"全面整合，确保有效信息迅速进入投资者和社会公众的认识结构，构建以声誉惩罚为中心的股权众筹信息治理框架。杨疏影（2017）[②]则从群体智慧理论出发，认为互联网社交媒体可以形成网络社会，自发地增加信息供给，达到降低融资成本，减少信息不对称问题的目的。并且在此理论基础上，具体提出了股权众筹平台应重视开放交流渠道，引导形成网络群体智慧。

3. 对取消公开劝诱禁止与完善获许投资者制度的反思

从私募股权众筹的角度出发，美国《JOBS法案》中放开了公开劝诱禁止，即当发行人只向获许投资者发行证券时，可以采取公开劝诱的形式。此举引发了学界的关注，并得到了较为正面的评价。彭冰（2017）[③]认为，2012年美国颁布的《JOBS法案》第201条取消了私募发行中的公开劝诱禁止，私募监管重点由要约端向实际购买端转化。在适当调整实际购买人的资质标准并优化认定标准之后，取消公开劝诱禁止有助于在提高投资者保护水平的同时，起到降低企业成本的作用。王才伟（2015）[④]认为，解除公开劝诱禁止，会对获许投资者制度带来新挑战，应当进一步完善获许投资者的标准、验证义务承担及验证方式，以实现投资者与私募发行的合理匹配。就取消公开劝诱禁止以及完善获许投资者制

---

① 参见唐士亚《信息配置、声誉机制与监管优化——股权众筹治理的新范式》，《江汉学术》2017年第6期。

② 参见杨疏影《股权众筹平台的交流渠道监管——基于群体智慧理论》，《财经问题研究》2017年第10期。

③ 参见彭冰《美国私募发行中公开劝诱禁止的取消》，《社会科学》2017年第4期。

④ 参见王才伟《美国私募发行中获许投资者制度研究——以乔布斯法案为视角》，《政法学刊》2015年第2期。

度的本土化移植问题上，刘明（2015）①认为，《JOBS 法案》中对私募取消公开劝诱禁止的做法值得借鉴。在本土化移植中，应结合《私募股权众筹融资管理办法（试行）》进行合法化处理，设置允许公开劝诱的私募安全港规则，制定合格投资者的资质标准，完善平台的验证义务。

（三）公募与私募股权众筹

截至 2015 年，国内开展股权众筹相关业务的平台已经超过百家，但由于监管空白，股权众筹平台自行设计的融资方式有触碰非法集资、集资诈骗等相关法律底线的隐患，容易引发金融危机。证监会作为股权众筹的监管者于同年出台了《中国证监会致函各地方政府规范通过互联网开展股权融资活动》。证监会明确了股权众筹的概念定义，并对问题平台采取强势的应对姿态。②证监会要求，除公募股权众筹试点平台以外，监管部门将基于《私募投资基金监督管理办法》的有关规定，对不符合资质却开展相关业务的融资平台进行处置。到 2016 年，京东东家、深圳前海普惠众筹交易股份有限公司、蚂蚁达客首批得到公募股权众筹试点资质。其中真正上线运营的只有京东东家，其他两个平台尚未步入运营，仍从事的是非公开股权众筹类的融资服务。③ 不过，也正是从那个时期开始，国内资本市场中股权众筹初步成型。而对于私募股权众筹与公募股权众筹的差别，监管机关的态度和规则也开始渐渐趋于明朗。

学术界中，大多数学者对《私募股权众筹融资管理办法（试行）（征求意见稿）》持有质疑态度，认为该办法不符合股权众筹的本质属性。

---

① 参见刘明《论私募股权众中公开宣传规则的调整路径——兼评〈私募股权众筹融资管理办法（试行）〉》，《法学家》2015 年第 5 期。

② 根据《公司法》《证券法》等有关规定，未经国务院证券监督管理机构批准，任何单位和个人都不得向不特定对象发行证券、向特定对象发行证券累计不得超过 200 人，非公开发行证券不得采用广告、公开劝诱和变相公开方式。根据《证券投资基金法》《私募投资基金监督管理暂行办法》等有关规定，私募基金管理人不得向合格投资者之外的单位和个人募集资金，不得向不特定对象宣传推介，合格投资者累计不得超过 200 人，合格投资者的标准应符合《私募投资基金监督管理暂行办法》的规定。参见《中国证监会致函各地方政府规范通过互联网开展股权融资活动》，http：//www.csrc.gov.cn/pub/newsite/zjhxwfb/xwdd/201508/t20150807_282509.html，2017 年 5 月 2 日。

③ 参见《互联网众筹行业系列报告 3：股权众筹 2016，股权众筹异彩纷呈之年》，http：//finance.qq.com/a/20160407/051278.htm，2017 年 5 月 2 日。

杨东（2015）①主张，当前国内《证券法》相关构架之下，对股权众筹进行严格的限定，要求其只按照私募方式展开，尽管和相关法律相适应，却偏离了"融资者众"的精神内涵。尽管相关部门试图在不违背现行法律制度的前提下，竭力为股权众筹发展寻求可能的制度创新渠道。但意见稿的出台，在现实层面并不会引起理想的反馈，甚至会阻碍股权众筹发展和中小企业融资渠道拓展。

也有一些学者对意见稿持有赞成意见，他们基于私募股权众筹的发展视角，提出合理的修改建议。彭冰（2015）②主张，在尊重并维持现有发行程序和条件的前提下，私募方式是实施股权众筹的唯一途径。而意见稿的出台只是对相关问题进行折中处理的暂时性规定，未来需配合《证券法》对相关内容加以改进。可以预见的是，股权众筹作为一种有生命力的新兴融资方式，将来在证券法中必然会设定相应的豁免模式，将促进信息公开交流以及小额多人的基本原则予以充分彰显。具体而言，可能会牵扯网站自律监管、法律责任界定、披露标准设置等诸多问题。刘明（2015）③主张，基于私募股权众筹的长期发展而言，公开劝诱禁止的存在也许会成为阻碍其壮大的最大问题。美国《JOBS法案》通过明确的法律条文，附条件地取消了私募融资活动中的公开劝诱禁止，取而代之的是强化投融资主体适格性的风险监管。我国可以对此种私募股权众筹处理思路加以学习和参考，在创设公开劝诱安全港规则和合理设置投资者资格认证的前提下，给予私募股权融资活动一定的公开自由和空间。

以上两位学者针对私募股权众筹提出的修改意见，从制度层面明确了公募与私募两种股权模式间的不同，认为基于网络进行的私募股权融资无疑应该被界定成一种股权众筹的特定形态，具有不同的治理逻辑，应建立起和公募股权众筹不一样的制度。

（四）域外股权众筹制度比较

1. 美国股权众筹规则

美国在众筹方面实验了各种可能性，在原有的公开发行与私募发行之

---

① 参见杨东《股权众筹应宽进严管》，《上海证券报》2014年12月24日第A01版。
② 参见彭冰《股权众筹的法律构建》，《财经法学》2015年第3期。
③ 参见刘明《论私募股权众筹中公开宣传规则的调整路径——兼评〈私募股权众筹融资管理办法（试行）〉》，《法学家》2015年第5期。

基础上,《JOBS 法案》建立了公募众筹与私募众筹这两种模式(见图 0-1)。由于后文第三章将对《JOBS 法案》中的私募股权众筹与公募股权众筹的规则进行详细论述,在此将不再赘述。

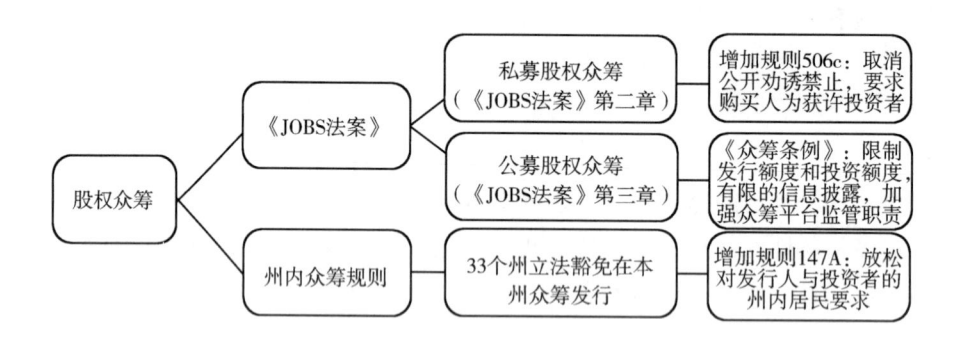

图 0-1 美国股权众筹制度框架

绝大多数国内学者对股权众筹研究均基于《JOBS 法案》及《众筹条例》展开。美国对股权众筹的研究大致分为三个阶段:第一个阶段是以 Bradford[①]为代表,在美国 1933 年《证券法》和 1934 年《证券交易法》的基础上,结合股权众筹的特点,提出了构建股权众筹法律制度的原则和初步构想。第二阶段是在《JOBS 法案》出台以后,针对《JOBS 法案》中股权众筹的相关制度进行的评述,在这一阶段中,评述最开始主要集中在第三章,即公募股权众筹;之后,随着研究的不断深入,公募股权众筹由于在立法过程中需要考量融资效率与投资者保护这两个并不一致的价值目标,因此立法中存在相当多的博弈和妥协,使公募股权众筹在美国学术研究中多为批判性反响。第三个阶段,随着公募股权众筹的失败,私募股权众筹逐渐得到重视。《JOBS 法案》中的第二章对原来的私募发行进行了改造,成为私募股权众筹,放开了"公开劝诱禁止"和调整了"获许投资者"资格标准。在私募股权众筹逐渐受到重视的过程中,有关私募股权众筹与公募股权众筹的比较研究也逐渐增多。由于美国已有较为完整的证券法律制度,因此,对两者的比较研究多集中于具体的制度比较上,较为具象且注重股权众筹在实践中的效果。同时,也有学者将眼光放到了更为宏观的层面上,开始研究股权众筹的出现,作为一种金融创新,对证券法

---

① See C. Steven Bradford, "Crowdfunding and the Federal Securities Laws", *Columbia Business Law Review*, Vol. 2012, No. 1, 2012, pp. 1-150.

公募与私募界分所带来的影响。①

2. 其他域外关于股权众筹的制度研究

对股权众筹的研究，当前国内学者专家基本是在对《JOBS法案》参考的情况下展开的，涉及其他国家或地区股权众筹制度的研究成果相对较少。②

第一，英国股权众筹规则。

英国的股权众筹监管规则较为成熟。英国金融行为监管局（Financial Conduct Authority，FCA）于2013年发布了《关于众筹平台和其他相似活动的规范行为征求意见报告》，对规范众筹业务提出若干监管建议。2014年，FCA出台《关于网络众筹和通过其他方式推介不易变现证券的监管规则》（PS14/4）③。根据这一规定，受监管的众筹融资的方式为投资型众筹和借贷型众筹，而且各自出台了监督管理的方式和措施。投资型众筹与股权众筹之间存在差异，FCA的监管实际上集中于对众筹中发行证券性质的认定，进而对投资者范围进行了限制。

FCA在众筹规则中提出了一个新概念——不易变现证券（non-readily realizable securities），即所有非上市证券。众筹规则对所有推介这些不易变现证券的活动进行了限制。因此，众筹规则的适用范围不仅包括运营或

---

① See Donald Langevoort, Robert Thompson, "Redrawing the Public-Private Boundaries in Entrepreneurial Capital Raising", *Cornell Law Review*, Vol. 98, No. 6, 2013, pp. 1573-xii.

② 目前国内相关文献有：冯果、袁康：《境外资本市场股权众筹立法动态述评》，《金融法苑》2014年第2期；毛智琪、杨东：《日本众筹融资立法新动态及借鉴》，《证券市场导报》2015年第4期；樊云慧：《股权众筹平台监管的国际比较》，《法学》2015年第4期；董新义：《韩国投资型众筹法律制度及其借鉴》，《证券市场导报》2016年第2期；张雨露：《英国投资型众筹监管规则综述》，《互联网金融与法律》2014年第6期；顾晨：《法国众筹立法与监管介绍》，《互联网金融与法律》2014年第10期。其他外文文献有：Blair Bowman, "A Comparative Analysis of Crowd Funding Regulation in the United States and Italy", *Wisconsin International Law Journal*, Vol. 33, No. 2, 2015, pp. 318-352; Roberto Bottiglia, Flavio Pichler, *Crowdfunding for SMEs: an European perspective*, Palgrave Macmillan Studies in Banking and Financial Institutions, 2016, pp. 121-123; Gary Dushnitsky, Massimiliano Guerini, Evila Piva, Cristina Rossi-Lamastra, "Crowdfunding in Europe: Determinants of Platform Creation Across Countries", *California Management Review*, Vol. 58, No. 2, 2016, pp. 44-71.

③ Financial Conduct Authority, *The FCA's Regulatory Approach to Crowdfunding over the Internet and the Promotion of Non-readily Realisable Securities by Other Media*, Bank of England, PS14/4, 2014.

计划运营投资类众筹平台的企业,还包括使用线下方式将不易变现证券以直接报价方式发行给零售客户的企业,或支持此种发行方式的企业。因此,众筹规则在投资型众筹方面的监管重点集中于投资者限制。

投资型众筹监管规则主要有三个方面:(1)投资者限制。针对非上市证券缺乏市场价格,以及难以在二级市场转让的特性,众筹规则要求,在众筹平台(或其他渠道)提供该类投资的企业应当只能对具有特定资质的投资者发行。(2)投资者适当性测试。众筹规则要求平台有义务对没有获得建议的零售客户进行适当性测试,检测客户是否具有足够的知识和经验理解投资不易变现证券所涉及的风险。(3)信息披露与尽职调查。众筹规则要求平台向客户说明:不易变现证券缺乏二级市场,难以变现。同时 FCA 还希望平台对被投资公司进行尽职调查,并对相应信息进行详细披露,其中包括平台是否对融资者进行了尽职调查,尽职调查的具体范围以及任何相关分析结果。

第二,意大利股权众筹规则。

意大利是首个正式实施众筹法律的国家。2012 年,意大利国会通过了《众筹法》,允许股权众筹,并授权其证券监管机构(the Commissione Nazionale per le Societa e la Borsa, CONSOB)制定实施条例。CONSOB 于 2013 年 7 月通过了相关条例《意大利增长法 2.0》(the Decreto Crescita Bis, Italian Growth Act 2.0),股权众筹正式合法化。意大利众筹法强调创新,认为创新是支持经济持续增长的主要基础,其立法目的在于支持创新创业和促进经济增长。意大利众筹法的监管重点在于发行人资质要求。具体规则主要有以下三个方面:(1)发行人要求。按照意大利众筹法和条例要求,能够利用股权众筹豁免的发行人必须是"创新的创业企业"[①]。由于意大利还受制于欧盟证券法的限制,因此,股权众筹的发行额度也受到限制,其发行额度不得超过 500 万欧元。(2)投资者要求。意大利众筹法对个人投资者没有投资限额规定,但该法要求每次股权众筹中都必须有 5% 的额度由职业投资者认购。同时,法律出于对个人投资者的保护,要求在职业投资者退出众筹项目或者出售股权时,个人投资者也可以选择

---

① "创新的创业企业"必须满足以下条件:(1)不能是上市公司;(2)设立不得超过 2 年;(3)未曾分配利润;(4)有社会性目标;(5)企业收入不得超过 500 万欧元;(6)具有高科技特征。

退出。法律要求进行股权众筹的企业,必须在发行招股说明书中加入相关退出条款。另外,个人投资者可以在众筹结束前随时撤回认购。不过,众筹平台必须对个人投资者进行风险性测试及投资知识测试,确保投资者对风险有一定的识别和承担能力。(3)众筹平台要求。股权众筹融资必须通过众筹平台进行,众筹平台可以是注册的券商或者金融机构,也可以是满足条件的其他主体。针对个人投资者的股权众筹必须通过注册券商进行。这些券商应当履行反洗钱职责和欧盟《金融工具市场指令》的要求。平台还应负有信息透明度和投资者保护的义务,包括验证发行人的资质以及确保个人投资者的投资额度与其收入水平和风险承受能力相匹配。

第三,法国股权众筹规则。

继美国和意大利之后,法国是世界上第三个制定众筹法律规则的国家。2013年4月,法国宣布将建立"参与性融资"[①]的法律框架,以便利小微企业和青年创业者融资。2014年年初,法国通过了《参与性融资法令》,该法于2014年10月1日生效。与美国股权众筹强调群众汇资不同,法国的股权众筹强调了人人参与融资的特点,其出发点和关键在于通过投资者的互动参与为企业融资和鼓励创业。该法令体现了政府重视和鼓励民众参与的态度。法国众筹立法区分了借贷型众筹和股权型众筹,将监管重点放在了对众筹平台的监管上,具体规则有以下三个方面:(1)平台注册。《参与性融资法令》将股权众筹平台归类为金融中介机构,新增了"参与性投资顾问"这一新牌照,允许此类平台从事对投资者、融资者提供咨询服务以及认购服务。(2)平台监管。该法令要求平台应履行破产风险应对义务、项目筛选与尽职义务、信息披露与风险提示义务、遵守宣传限制义务以及反洗钱义务。(3)众筹监管。法国存在小额发行豁免和私募发行豁免两种豁免方式,股权众筹都可以适用。其中,《参与性融资法令》具体细化了小额豁免标准,要求采用小额豁免的股权众筹只能发行固定利率债券或者普通股,并且股权众筹发行须通过券商或"证券众筹顾问",发行总额在12个月内不超过100万欧元。

第四,韩国股权众筹规则。

韩国10名国会议员在2013年共同发出联合倡议,要求对《关于资本

[①] "参与性融资"是指一种允许以创新项目或企业融资为目的,向公众筹集资金的融资机制,主要通过网络进行。

市场与金融投资业的法律》进行必要的修订，增加投资型众筹制度相关法案，后来由国会进行审核与议定，并在 2015 年 7 月通过实施。基于韩国《资本市场法》的相关条文而言，其基础性的价值理念和内容与美国《JOBS 法案》有很多相近的地方，不过仍旧具备韩国本土化特质。韩国基于本国具体情况，在已有相关法律的基础上，对美国的股权众筹法律规范的先进之处进行学习和吸收，并尊重本国的法律语境完成了相关制度的创新设计和规定，形成了具有韩国本土特色的投资型众筹法律框架体系。

韩国股权众筹规则的制定，能够给予我们下列启发：考虑到证券发行分成非公开发行和公开发行。相应地，证券投资基金也形成了相应的分类，所以在对股权众筹进行类型划分的时候，也需分成两种形式：一种是互联网非公开发行证券；另一种是互联网公开发行证券。由此便形成了我们通常所说的私募型众筹以及公募型众筹，以上分类在韩国资本市场法中的相关条款也进行了界定。

第五，日本股权众筹规则。

日本金融审议会在 2013 年针对新兴产业的健康发展进行了重要的讨论，重点探讨了对相关风险进行规避和管理的方法，讨论的内容包括：基于程序简化来分散融资成本负担，促进首次公开发行效率的提高，促进信息披露制度的健全改进，促进上市公司更加灵活地进行融资。审议会尤其针对众筹融资进行了热烈地分析和探讨，围绕着众筹金融中介机能的发挥来讨论怎样利用众筹方式来帮助中小企业融资，并且有效实现对风险的规避。在尊重本国资本市场发展情况以及对国外立法制度经验进行充分借鉴的基础上，《金融商品交易法等部分修改法案》在 2014 年正式通过且实施，由此从制度层面具体实践了《关于新兴成长产业风险管理办法的部会》的相关讨论。

通过对各国学者的研究成果及归纳可知，对于股权众筹制度的框架设计，各国均和《JOBS 法案》有很多相似之处，主要区别在于都基于本国的国情，以及具体的法律语境，来强化众筹制度及金融监管体系的设计。

（五）我国股权众筹发展障碍

在移植股权众筹相关法律层面，专家学者们针对可能存在的障碍问题进行了充分讨论，并且初步达成了共识。笔者对相关意见进行总结后认为，鉴于我国现行的法律制度框架，在移植过程中股权众筹可能主要面临两种阻碍：

1. 现行法律制度层面的阻碍

具体来说，主要是可能遭遇《公司法》《证券法》等有关法律以及制度方面的阻碍。第一，现行法律对股东人数和公开发行的限制。股权众筹本质上是一种证券发行的融资方式，其以互联网平台为依托展开的对股份的出售，这种情况下如果对股权众筹进行界定，将其当作非公开发行证券，则投资者必须符合少于200人，且要对投资者的特性进行认定。第二，可能触碰非法集资方面的法律制度。现行《刑法》明确规定了"擅自发行股票或企业债券罪"。而相关司法解释之中所形成的对于发行犯罪客观层面的解释并不清楚，以至于"变相发行""不特定对象"等概念在诉讼阶段的界定容易引发争议。第三，在资金管理方面的阻碍。在股权众筹资本融资活动中，众筹平台负责相关资金的划拨以及管理，不过此种进行货币资金转移的行为，可能被当作第三方支付，既有可能违背《非金融机构支付服务管理办法》的相关要求，也可能会触犯"非法吸收公众存款罪"。

2. 投资者有效保护层面的阻碍

当前，我国关于金融市场投资者保护还有很多需要改进的地方，不过伴随着金融资本市场的日渐完善和成熟，基本形成了以证券法为核心的投资者保护机制和规则体系。该体系的主体制度框架为上市公司、发行方、中介机构的法律责任以及信息披露义务，基本覆盖传统证券相关业务的所有领域和各个环节。不过，股权众筹融资诞生之后，现行的投资者保护体系遭遇了一定挑战。第一，不特定投资者的权益在某种程度上受到股权众筹的干预和影响，但是又不能按照证券法的相关规定，将股权众筹界定成股票公开发行，所以难以对其责任规范进行明确划分。第二，股权众筹的显著特征为小额大众，但是"大众"承受风险的能力低下，而且专业化程度较低，因此更加需要相关的投资保护。第三，尽管当前越来越多的人开始重视金融领域的投资者保护相关问题，不过怎样使促进金融创新和投资者保护达成相对平衡的状态，对监管部门来说是一个重大的问题。第四，投资合同欺诈等风险性问题。当前国内股权众筹采取的方式，最常见的是"领投+跟投"，其中领投人一般是具备专业经验的投资者，而跟投方则是公众投资者，在缺少有力的监管和明确的政策监督情况下，发行方和领投人之间进行串通，有可能引发对于公众投资者的欺诈，损害他们的利益。

三 研究创新点及不足

(一) 预期创新点

第一,基于比较法的视角展开分析,梳理了公私二元界分模式向公私二元融合模式转化的历史脉络,明确了公私二元模式形成的原因、具体表现以及对传统证券法律制度的突破。自 2000 年以来,美国资本市场创新的融资方式模糊了证券公募发行与私募发行之间的界限。特别是股权众筹的出现,中小企业与初创企业在融资方面,与大型公众公司相比,在投资者保护与融资效率之间的矛盾更为凸显,这一现象使得两种发行方式的融合在所难免。公私二元融合是建立股权众筹法律制度框架的逻辑起点,应以投资者保护与融资效率之间的平衡作为出发点,对传统的证券法律制度进行相应的调整,实现股权众筹整体规则与证券法规范分析框架的一致性和完整性。

第二,在公私二元融合视角下,明确了美国《JOBS 法案》下具体制度的功能及逻辑悖论。全面梳理了《JOBS 法案》与股权众筹的立法框架及立法逻辑。《JOBS 法案》在第二章和第三章中分别建立了私募股权众筹与公募股权众筹,在处理代理成本以及信息不对称相关问题的过程中,两种方式在内在逻辑层面具备很多的相似之处,不过由于彼此遭遇的困境和难题有所区别,其具体制度也从不同的角度在传统的公募发行与私募发行制度上进行了融合。在公募股权众筹方面,因为市场经济有其自身规律和特殊之处,所以在很长时间内信息披露制度的构建和应用等层面始终存在无法有效破解的悖论,一方面导致了发行成本无端被消耗,另一方面也不能有效阻止其向"柠檬市场"演变。基于私募股权众筹而言,通过制度的变革使得公开劝诱禁止被逐步消解,促使传统私募发行能够成功延伸网络空间,相应也会引发自然人合格投资者范围的变化,沿用现有资产标准认定合格投资者时,需要在资产证明、检验方法方面进行适当调整。

第三,探索了基于股权众筹自身特性的投资者保护路径。当前需要不断健全创新信息披露制度,构建起具备强大辅助作用的配套制度,重点建立和完善网络声誉以及群体智慧相关制度,运用多种依托于互联网络兴起的制度创新,替代或辅助强制信息披露制度的功能,加强反欺诈功能,从而降低融资成本,实现融资效率与投资者保护之间的平衡。不过,如果不对网络声誉和群体智慧机制进行合理的把控和引导,可能会引发许多负面的效应，产生信息瀑布问题，抑或导致羊群行为的出现。为保障相关机制作用和功能充分实现，还应运用行业自律机制和"领投+跟投"模式，通过激励制度、集体惩戒制度、成员准入制度以及纠纷处置制度等来完善和促进网络声誉机制作用的发挥。

第四，我国股权众筹豁免的立法框架及具体规则设计。在对《JOBS法案》第二章重点参考的基础上，本书选择采取私募股权众筹豁免的形式，认为应该对《私募股权众筹融资管理办法（试行）》（征求意见稿）展开必要的修订、弥补和调整，以切实推动私募股权众筹在我国经济市场的合理发展。

第五，为完善现行信息披露机制，构建了群体智慧制度，以促进信息不对称相关问题的充分解决。此外，还加强了信用立法相关层面的建设，并促进立法交流渠道的多元化，以此实现统一监督管理信息交流的目的，尽可能规避在发行过程中出现各种欺诈问题。

第六，确立了"领投+跟投"模式。从领投人选任制度、领投模式定性、跟投人权利保障以及领投人权利和义务的界定等方面作出了构建股权众筹领投制度的尝试。

（二）不足

不管在国内还是在国际上，股权众筹都是一个非常重要的新兴研究课题，很多相关的问题还没有明确，所以在开展研究的过程中，将会遭遇以下三个重要的难题：

第一，股权众筹研究涉及证券法和公司法相关层面。股权众筹的出现，早期是为了帮助中小微企业获得更多的融资途径，缓解它们在融资方面的困难，但是在发展的过程中，其众筹的本质属性无法消除。在当今互联网金融大力发展的情况下，怎样基于现代信息技术来对股东的正当利益进行有效保障，推动初创企业的健康成长，需要清晰而明确地界定以及把握证券法和公司法的有关制度和原理，对笔者而言难度较高。

第二，开展国际国内相关制度的对比分析。在进行研究的过程中，不但需要对国外有关法律条文和制度进行了解，还需要对相关学者的成果和批判性观点进行重点剖析，怎样对国外相对繁杂的证券监管机制和体系进行充分了解和准确把握，促进和国内现行制度的有效协调和对接，并且开展有创新意义的批判性吸收，更是一项复杂的难题。

第三，实践调研与案例分析。股权众筹融资相关法律问题的研究，既关乎金融法理论层面如何容纳这一金融创新，也关乎现实发展与制度之间是否适应，这直接影响到我国金融法治水平和金融市场的开放程度。这要求笔者必须综合运用多种社科调研方式，对国内现行资本市场体系和股权众筹融资操作进行调研与评估，构成了本书写作的一大挑战。

四 研究方法

（1）规范分析方法。对我国现有的股权众筹法律法规进行全面的梳理，按照法治的标准对其进行评判分析，找出我国股权众筹法治化的症结所在。

（2）价值判断方法。在分析股权众筹的政策目标、功能定位和具体的制度设计时，以经济法的基本立场和原则为出发点，立足社会本位，着眼于整体社会利益的实现。

（3）实证研究方法。通过收集股权众筹的发展经济数据并进行横向和纵向的比较分析，以描绘我国以及国际股权众筹的实际发展情况，为研究论证提供实际数据。

（4）跨学科研究方法。股权众筹属于金融领域的研究对象之一，涉及金融学、经济学、制度经济学、行为心理学、商学等其他学科的基础理论。笔者在写作中，将立足于不同的学科视角进行交叉分析研究。

（5）历史沿革与比较研究方法。有关股权众筹的理论研究和实践在我国历时较短，但在国外有丰富的理论研究和实践基础。在研究过程中，笔者将对国外理论研究和相关实践资料进行研读和分析，提炼有益的经验依据，结合我国的现实状况比较分析，提出有益于我国的基本思路。

第一章

股权众筹的基本原理

厘清"股权众筹"概念的初衷是旨在以法律上的权利义务关系和证券法理念形塑金融领域中的金融创新,以实现此类金融创新的法律地位的具象化和转化。从学术研究与实践来看,学术界将"股权众筹"这一概念引入、诠释并探讨其在法律技术层面的设计,实务界也出台了政策文件推动股权众筹的发展与投资者保护,但事实上二者并不匹配甚至形同实异。针对这一现象,对"股权众筹"概念的重新阐释实有必要。本章是全书论述的基础,梳理了股权众筹的概念、特征、商业模式以及本土化立法基础。

第一节 股权众筹概念的明确

一 "股权众筹"概念的厘清

综观股权众筹的相关文献,对股权众筹概念的定义在字面意思上大同小异,较为完整的定义为:基于网络平台这一媒介,具有融资需求的发行方或企业将证券向潜在投资者进行出售股权份额,以此获得小额资金的大量募集,获得企业发展所需资本。[1] 简明的定义界定了股权众筹的内涵,

---

[1] ACMAC, *Crowd Sourced Equity Funding*, *Discussion Paper*, Australia Corporations and Markets Advisory Committee, September 2013, p. 8.

但仍需对其中的各个要素和外延进行深入分析。从语源来看，"股权众筹"，译自英文"equity crowdfunding"或"equity-based crowdfunding"，由"股权"和"众筹"两部分组成。本节拟从这两个要素入手，对股权众筹这一概念进行详细描述。

（一）众筹

"众筹"，即"crowdfunding"，这一概念源自国外。首次出现于2006年，该名词的提出者Micheal Sullivan是美国经济学领域的学者，他将众筹解读为：群体之间通过对资金的有效汇集，来对目标组织或个人进行支持的一种合作。[①]

1. 众筹的历史变迁

尽管众筹被认为是一种新兴的融资现象，但从字面上理解，众筹并不是一种新出现的模式，历史上众筹融资的例子比比皆是。音乐家贝多芬和莫扎特都曾通过大众捐赠来举办音乐会和印发音乐手稿。美国自由女神像也是通过法国和美国民众的捐赠得以建立。近几十年来最为成功的众筹项目则是1997年的英国摇滚乐队Marillion，该乐队通过粉丝捐赠的6万美元完成了他们的北美音乐之旅。[②] 虽然众筹由来已久，但未获得大众的普遍关注，直到互联网技术与众筹模式的结合才使其成为一种广泛可行的融资方式。以the Pepple Smartwatch和电影 *Veronica Mars* 为例，这两个项目都是通过著名的众筹平台Kickstarter完成的。2012年，the Pepple公司通过68929位投资者获得10266845美元的融资；在2013年，电影 *Veronica Mars* 则通过91585位投资者募集到5702153美元。[③]

众筹的飞速发展，主要是因为Web 2.0技术的出现和2008年金融危机。Web 2.0技术是指所有网站和应用软件允许互联网用户在网络上创造并分享所有类型的信息或资料。[④] "交互性"是Web 2.0技术的核心特征，相较于Web 1.0技术是由系统向用户展示内容，Web 2.0技术则是由用户主动获取并产生内容。最典型的例子是Facebook、Twitter和Wikipedia。

[①] 参见张雅《股权众筹法律制度国际比较与中国路径》，《西南金融》2014年第11期。

[②] 参见吴卫明《互联网金融》，中国人民大学出版社2015年版，第84页。

[③] See Kickstarter, "the Veronica Mars Movie Project", https：//www.kickstarter.com/projects/559914737/the-veronica-mars-movie-project? ref=discovery&term=Veronica%20%20mars.

[④] See Roberto Bottiglia, Flavio Pichler, *Crowdfunding for SMEs：an European perspective*, Palgrave Macmillan Studies in Banking and Financial Institutions, 2016, p. 7.

Web2.0 技术的交互性价值可以从 Facebook 和 Twitter 2010—2014 年每月活跃用户的数量上得到体现，Facebook 和 Twitter 的每月活跃用户在 2010—2014 年分别增长了 223%和 860%。[①] 众筹依托于 Web2.0 技术，实现了融资者与投资者之间的双向互动，从而有效提升了信息传递效率，拓宽了融资渠道。另外，2008 年国际金融危机在众筹的兴起中也扮演了重要的角色。在 2008 年国际金融危机之后，银行信贷出现了停滞，尤其是中小企业、个人信贷现象尤其明显，从而造成了一个信贷空白地带。而众筹融资作为一种信贷的替代方式，有效地填补了这一空白地带。不仅如此，随着银行信贷的复苏，众筹没有退出金融的舞台，反而成为中小企业和个人融资中，与银行信贷相互补的一种融资方式。

2. 众筹概念的语源

"Crowdfunding"一词由"Crowdsourcing"一词衍生而来。"Crowdsourcing"中文译为"众包"。众包最初的含义是指公司或机构通过公开招标，将一项原本由雇员来完成的工作外包给公司或机构外的某个群体或个体来完成。在互联网时代，众包的定义加入了互联网元素，并且明确规定群体对公司或机构的贡献必须限于生产或销售产品。因此，较为精确的众包定义为：这是一个将企业或机构面临的问题外包给公司以外群体，且从群体获得问题解决方案的过程。众筹由众包衍生而来，是众包的一种特定形式。在众筹中，群体被要求提供的是融资问题的解决方案，即，缺乏资本来源来启动一项商业计划。最初一批经由众筹获得资金支持的是那些创意性质或艺术性质的商业计划，比如音乐专辑、电影和书籍。但是如今，众筹发展出来多种模式，可以满足多样化的投资计划。

3. 众筹概念的界定

学术研究中，有关众筹概念的描述呈现出多样化的趋势，Belleflamme、Lambert 和 Schwienbacher（2011）[②] 是最早一批对众筹概念进行解释的，将众筹定义为一种通过互联网为商业项目或公司融资的手段。

[①] See B. Roberto Bottiglia, Flavio Pichler, *Crowdfunding for SMEs: an European perspective*, Palgrave Macmillan Studies in Banking and Financial Institutions, p. 8.

[②] See Paul Belleflamme, Thomas Lambert, Armin Schwienbacher, "Crowdfunding: Tapping the Right Crowd", *Journal of Business Venturing*, Vol. 29, No. 5, 2011, p. 588.

资金来源于大众，可以通过赠与、实物回报或金融回报的形式进行。Ramsey（2012）[①]将众筹定义为一个通过直接连接潜在投资者与融资者，从而将融资者承诺的商业创意转化为商业现实的过程。Younkin 和 Kashkooli（2016）[②]将众筹定义为一种基于互联网技术的融资手段，投资者通过互联网平台支持是商业计划的行为。Sebastiaan N. Hooghiemstra 和 Kristof de Buysere（2016）[③]则将众筹定义为一种集体性努力，众多个体通过互联网去支持别人的项目或创意。通过对这些定义的梳理，应包含四个要素：(1) 一个企业或商业计划需要融资；(2) 一个投资群体愿意自发的投资到这个企业或商业计划中，以实现这个企业或商业计划。该投资群体大多数是普通大众，而非专业投资者；(3) 有一个互联网环境可以使融资发生，并且投资群体有参与组织中去的机会；(4) 企业与融资群体之间有共同利益。

结合上述众筹的变迁、众筹概念的语源以及学者的观点，本书将"众筹"定义为大众通过互联网融资平台直接对感兴趣的商业模式投入小额资金的一种融资方式。其概念具有以下三个要素：

第一，建立在互联网信息科技的基础上。只要是众筹融资都要借助网络平台展开相关活动，因此也可认为众筹需将网络信息技术作为其架构的基础。一方面，互联网技术进步带来了信息处理、社交方式方面的诸多变化，由此众筹活动获得了技术相关层面的有力保障。另一方面，众筹活动之所以会诞生和兴起，其最初的目的便是通过网络科技来优化资源的合理配置，使得具有发展前景的初创企业能够得到资本方面的帮助，对当前不够完善的资本服务市场进行一定的弥补。

第二，参与者众。众筹，顾名思义就是集合了众人的力量进行资金的筹集，因此，此种融资活动的显著特征是参与的人数很多，具有多元化且不固定的倾向。参与者不但可能打破地域的限制，而且一般也有各不相同的人生经历、教育背景、知识结构、投资需求以及风险偏好。众筹就是将

[①] Yvonne A. Ramsey, "What the Heck is Crowdfunding?" *Business People*, Vol. 25, No. 11, 2012, p. 55.

[②] Younkin Peter, Kashkooli Keyvan, "What Problems Does Crowdfunding Solve?" *California Management Review*, Vol. 58, No. 2, 2016, p. 21.

[③] Sebastiaan N. Hooghiemstra, Kristof de Buysere, "The Perfect Regulation of Crowdfunding: What Should the European Regulator Do?" *Crowdfunding in Europe*, Springer, 2016, p. 136.

上述存有诸多不同而又有着相同投资需要的人集合一起,通过集体智慧来对项目进行投资,来判断定项目融资的成功与否。

第三,直接融资。在互联网时代会产生众筹此种融资模式,原因在于:一方面,以往的融资方式、渠道不能有效帮助一些初创企业获得需要的资本;另一方面,小额投资者也需要新的投资路径来优化配置手中闲置的资金。可以看出认为在金融管制以及抑制的情况下,受到互联网新兴经济模式的刺激,众筹作为一种小额、直接融资的模式才得以产生并迅速获得发展。

4. 众筹的类型划分

按照不同的融资以及回报的方式,可将众筹分成以下四种类型:第一种,捐赠型众筹(donation-based crowdfunding),具有公益性,投资者不需要任何回报。第二种,奖励型众筹(reward-based crowdfunding),投资者获得产品或奖品作为回报,一般为艺术类项目,或已经进入流水线作业的产品项目。第三种,债权型众筹(debt-based crowdfunding),投资者与融资者为借贷关系,投资者获得利息回报。第四种,股权型众筹(equity-based crowdfunding),投资者与融资者为股权关系,投资者获得股权收益作为回报。

(二) 股权

股权众筹从语词来看,其第二个语词元素是"股权"。股权众筹译自"equity crowdfunding""equity-based crowdfunding"或"securities-based crowdfunding"。

1. 公司法上的"股权"概念

根据《元照英美法词典》的定义,股权等同于公众公司股份,代表公司型企业所有人(股东)对于企业之所有者权益。[①] 根据我国《公司法》的规定,股权则是指股东基于自己对公司的股份所享有相应的股东权,简称股权。股权还可具体划分成不同类型:其一,股东自益权,这是法律赋予股东出于对自身合法权益的维护而能够进行单独主张的权利,常见的比如资产收益权。其二,股东共益权是指股东为公司利益兼为自身利益而行使的权利,如股东大会出席权、表决权等。股东的某些共益权只能

---

① See Bryan A. Garner ed., *Black's Law Dictionary* (9th ed.), West, 2009, p. 619.

通过股东大会实现。①

2. 证券法上的"股权"概念

就证券法视角而言，所谓股权众筹包含两个关键名词，其中股权在相当于经济法层面的证券，也是多数国家证券法或公司法中所指代的内容，比如澳大利亚对于此种股权的界定，便将企业债券、股份等包含在内。②

尽管我国现行《证券法》在对证券进行概念界定时，所描述的基本类型仅包括债券、股票等形式，并未将股权众筹包含其中，但在缺乏分散法律规制的状况下，已先行颁布了具备统一规范作用的法律，实现了更广泛领域的调整，此种做法有其进步意义。③ 股权众筹的证券性质可以借鉴其他国家有关"证券"的概念进行。以证券市场自由宽松闻名于世的美国，在1934年《证券交易法》中界定证券④相关概念的时候，采用的是列举的方式，此种界定使得证券的内涵和外延相对更加宽泛，且将证券的其余相关凭证和权益都包括在内，此种界定具备概括性兜底的特征。

3. 股权众筹的"股权"概念分析

股权众筹中的"股权"一词同时涉及公司法领域与证券法领域。从公司法的角度看，尽管在私募股权众筹中部分投资者可以获得完整的股东权利，但股权众筹中的投资者注重的是股权收益权，其股权属性侧重于股东自益权的范围。从证券法的角度看，股权众筹中的投资者与融资者之间

---

① 参见刘俊海《公司法》，中国法制出版社2008年版，第78页。
② 参见杨峰《证券欺诈群体诉讼制度研究》，中国社会科学出版社2007年版，第46页。
③ 参见吴志攀《〈证券法〉适用范围的反思与展望》，《商法研究》2003年第6期。
④ 根据美国1934年《证券交易法》，"证券"是指：任何票据、股票、库存股份、公债、利息单据，或者在任何利润股份管理中的分成或在任何石油、汽油或其他矿产产地使用费或租赁中的利息单据或分成，任何附属信托单据，团体组建前的单据，或是认缴费单据，可转让股份，投资合同，股票信托单据，存款单据，以上所列作为一种证券或任何卖方的选择权，付款通知权、使对方在一定期限内按某一价格收交货的权力、买卖的特权，或者对任何证券、存款单据，或团体或证券指数的优惠权（包括其中的任何股权或在其中的价值基础上的股权），或者是进入与外汇有关的国家证券交易所的任何卖方的选择权、付款通知权，使对方在一定期限内按某一价格收交货的权力、买卖的特权或优惠权或者，通常被一般视为一种"证券"的契约；还指任何股权单据或者是对上述任何一项的分成，或作为其暂时或临时单据，或作为其收据或保证书，或对其认购或购买的权力；但不包括货币或任何纸币、汇票、交易所账单，也不能包括具有自签发之日起不超过9个月的到期日（其中不包括宽限日期或任何该到期日另有限制的延期）的银行承兑。

签订的是股权投资合同，具有证券属性，需要遵循各国证券法的监管。

由股权概念可知，股权众筹实际上涉及公司治理与证券监管的交叉领域。但股权众筹实际上是一个融资过程，而非公司管理的模式，因此，本书主要从证券法的角度进行分析，在此并不过多涉及公司治理①。

二 "股权众筹"概念的多重特征

（一）从 Web2.0 技术到"参与式文化"

"Crowdfunding"概念的兴起和扩散与互联网技术息息相关。Web2.0 技术的出现，其最引人注目的不是该技术本身，而是通过该技术改变了我们与其他人、与其他企业之间的关系，这种改变表现为既是技术的，也是文化的。一直以来，互联网都是一个培养"参与式文化"的沃土。2006 年传播学家 Henry Jenkins 将"参与式文化"定义为：一种文化模式，具有相对低的交流和表达门槛，一般而言具有某种不正式的制度，其中的参与者并非传统意义上的专家。参与式文化中的成员自发地参与其中，并相信自己的贡献是有意义的，并与其他参与其中的成员有某种意义上的社会连接。② 互联网使一种网络化交互的创意思维成为可能，这是股权众筹得以迅速发展的原因之一。互联网是一种理想的传递思想的技术，因为互联网不仅仅是一种简单的媒介，更重要的是一种时刻活跃的开放系统。除此之外互联网的高速传播速度、宽阔的传播广度、灵活度、匿名性、交互性、低进入门槛以及对其他传媒形式的包容性，都决定了互联网是一种绝佳的交互系统。

1. 超越时空

众筹是依托于互联网出现的一种新现象。互联网的传播速度、广度和丰富的承载能力降低了进入一个融资项目的门槛。互联网作为一种虚拟的事物，能够实现时空层面的无界限延展，将本来明晰的物质世界的界限全都打破。③ Web 2.0 诞生之后，在线上线下边界被突破的同时，一种具备全新意义的社交空间被建立起来，此种空间具备全方位无时空约束的特

---

① 股权众筹中的公司治理是一个复杂的问题，在本书中不会深入分析，但在第四章中会结合"股权众筹运行机制"进行相应探讨。

② See Henry Jenkins, *Convergence Culture: Where Old and New Media Collide*, NYU Press, 2006, p. 48.

③ 参见王迪、王汉生《移动互联网的崛起与社会变迁》，《中国社会科学》2016 年第 7 期。

征，网民能基于自身需求而认为设置交际圈子，由此能自主展开信息的传递和交流，实现人与人之间的网络互动。① 就传播速度和传播广度而言，互联网作为一种即时交流平台，信息、创意交流都可以快速地传播，虚拟的改变了传统的时间概念，从而加速了创意的发展。另外，互联网的传播广度直达全球各地，只要能够上网，就有互联网的存在。这意味着互联网对人们的联结超越了地域性，可以使处于不同地域的人迅速联结和交流。与虚拟的网络时间相互补，这种全球化的传播广度，也创造了虚拟的网络空间，消除了以往空间对交流和传播的限制。在互联网技术的支持下，文化上的传播和社会化的交流得以超越时间和空间。历史上，电报、电话的发明大大消除了时间和空间上的限制，使国家与国家、地区与地区、个人与个人都整合在了同一个文化视角里。总体而言，超速传播和同时性创造了一种时间上的灵活性。互联网可以与任何用户的需求保持一致，不同的速度安排和使用模式结合在一起可以使商业项目获得一种合作性的安排，既可以使同时性的，也可以是异时性的。

2. 时间上的灵活性

与互联网的传播速度和传播广度相对应的是，互联网同时也是一种异时性的模式。这是指网络上的 BBS 模式以及相近的应用软件可以使用户在上面发布评论和创意，当用户发布评论和创意时，就会虚拟在网络时间上形成一个固定的时间点。尽管互联网的传播速度会使用户的信息传播变得很迅速，像时间一样容易流逝，但异时性允许其他用户在信息发布后仍可以对之前的信息进行评论。这就像留下便利贴一样，使没有同时存在于一个时间点的人，仍然可以毫无障碍地交流。② 在这一剧变中，"异时性并非简单地消灭了现实时间：转化的过程才是关键"③。在信息经济时代，异时性较之传统的时间概念，大大压缩了信息传递的时间周期，有利于信息与资源在实践上的共享。

3. 互联网是一种匿名媒介

用户可以在网络上创造属于自己的虚拟身份。在一个聊天室或 bbs 论

---

① 参见何明升《中国网络治理的定位及实现路径》，《中国社会科学》2016 年第 7 期。
② See Barbara Adam, *Time and Social Theory*, Cambridge: Pohty Press, 2000, p.125.
③ ［英］曼纽尔·卡斯特：《网络社会的崛起》，夏铸九、王志弘等译，社会科学文献出版社 2001 年版，第 4 页。

坛上，人们可以创建一个新的人格或新的身份来展现自己和自己的兴趣。匿名性对网络上的交流和合作的重要作用在于观点的交流与表达相对自由，免受权力、身份等因素影响。有关非语言交流的研究表明[1]，肢体语言、在一个聊天室中所站的位置都会暗示出在这一交流中的权力分布。但是在互联网环境之中，人们可以免于非语言交流的限制，从而自由地交流和表达自己的观点。在参与文化的生成中，匿名性可以使人们免于身份政治和交流动作的限制，用户拥有相当大的交流权限。可以说，互联网是一个真实虚拟的沟通系统。置身其中的网民，其实是处在一种技术手段连接起来的虚拟的空间中，此种空间和人类的意象实现了有效地对接，通过一个非真实的世界，使得真实世界中的人们可纵横其中展开交际和沟通。[2]

4. 互联网的交互性

互联网技术是一种交互性的技术，在此基础之上，平台往往通过用户与用户之间的交互和用户与平台之间的交互，达到汇集信息的作用。这不仅仅是一种简单的，如传播媒介一样，传递信息的模式，互联网技术还能够鼓励持续不断地共同创造和共同发展。基于互联网的共同创造，并不单纯局限于自上而下的模式，在需要的时候也能基于自下而上展开，必要的时候还可开展横向交流及流动，这与以往企业中的创造有所不同，企业中往往是一种自上而下的科层级的领导与被领导的模式。[3] 互联网用户具有自主传播信息、挖掘被埋藏的信息和创造创新的意识。可以看出，互联网用户是潜在的问题解决者。

5. 互联网准入的低门槛

互联网技术使各种活动的准入门槛降低了。在以上所述的层面，互联网的传播速度和传播广度导致时间和空间上的门槛降低了，使人们既可以同时性地，也可以异时性地进行交流。但从另一个更深远的层面看，互联网技术降低了信息获取和传播的门槛，使以往无法接触到的专业性的知识和有用的工具，成为可能。股权众筹即是最好的案例，众筹的形式虽然存

---

[1] See Anne Beamish, "Communities online: Community-based Computer Network", MA thesis, Massachusetts Institute of Technology, 1995, p.76.

[2] ［英］曼纽尔·卡斯特：《网络社会的崛起》，夏铸九、王志弘等译，社会科学文献出版社2001年版，第463页。

[3] See Michael Borrus, "The Future of Networking", Berkeley Roundtable of the International Economy, January 1, 1993, p.26.

在已久，但却因为时间和空间以及传播交流的限制无法得以广泛运用，在互联网技术的兴起后才迅速发展起来。中小企业以往的融资模式是银行信贷、民间借贷以及天使、私募投资，股权众筹的出现，为中小企业的融资提供了更多的可能。

准入的低门槛使 Web2.0 技术下广泛的交互传播成为可能。在股权众筹中主要表现为企业与投资群体之间的交互。在传统的融资中，以需要融资的企业为主导者，按照其产品、规模寻求融资，投资者在整个商业环节中处于较为被动的地位。而在众筹中，投资群体则具有一定的控制权，可以影响到企业的融资行为。这是因为，在公开交流的众筹平台上，投资群体偏好通过融资规模、宣传广度、好评率等得以表达，在一定程度上将影响企业生产经营方向，最大化兼容企业管理和开放交互的优点。如果控制权在企业端，则投资群体则仅仅是企业整体目标的一个棋子。融资的好处就会更多地向企业倾斜，投资群体的进入则只是基于宣传等公开原因。而如果控制权在投资群体端，比如像是 Wikipedia 或者其他开源软件项目一样，群体完全处于自治的状态，提供其自己的策略目标，那么企业只是偶然性地参与了群体的项目之中。① 低门槛的好处在于便利信息与资源在群体中群体共享，而企业则只是一个汇集或呈现公共资源的平台。企业和群体之间的交互是众筹的关键，因为交互性确保了共同利益的实现，这是以往企业与投资群体难以通过其他渠道达到的。在股权众筹的立法设计时，应充分考虑投资者与融资者双方利益的平衡协调，在保护投资者与融资效率之间找寻平衡点。

（二）依托于群体智慧的"众筹"

互联网和其他新媒体技术为众筹的出现提供了技术上的支持，当这些技术上升到一定的高度，众筹可以被理解为一种群体性智慧或群体性智力的新现象。在融资过程中，重新分配了投融资双方的话语权利，极大地影响了社会动员、群体心理以及集体行动。② 在互联网飞速发展的背景下，人们能够更方便、更快捷地对自己的行动进行表达并对其意愿加以分享，

---

① See Cliff Ennico, *The Crowdfunding Handbook: Raise Money for Your Small Business or Start-Up with Equity Funding Portals*, AMACOM, 2016, p. 36.

② 参见杨疏影《股权众筹平台的交流渠道监管——基于群体智慧理论》，《财经问题研究》2017 年第 10 期。

正是因为存在"随时随地"的特点,传统互联网在信息发布以及意愿表达等方面的缺失得到了较好的弥补,便捷性不单单能够让人们的需求得到满足,同时人们对于社会表达以及自我呈现也会有更大的渴求。在这种社会表达方式之下,社会话语权进行了重新洗牌——就"前互联网"时代而言,通常由少数人掌握文化资本以及话语权,对于重大事件或者是社会事实,在整个社会上会表现出"滞后知情"或者是严重的信息不对称。普通社会大众现在拥有了更为广泛的知情权、表达权以及传播权,社会舆论已经走向了"全民发声"的时代。通过互联网,社会表达会引发群体心理的协同变化并因此带来集体行为。这些集体行为会从网络向线下蔓延,因为移动互联网的存在,现代社会本来并不相干的人通过微信、QQ或者微博等聚集到了一起,能够随时随地地呼应、交流并且相互感染,由于一些外部条件的存在,有可能会造成集体情绪集聚进而迸发出集体行为。动员范围更大、效率更高。这样的转变有可能是积极的,也有可能会走向网络话语暴力或者是群体无理性,但这些都是群体极化现象的表现。[1]

(三) 股权众筹的投资合同属性与证券属性

在我国股权众筹第一案中,从合同法的角度对案件进行了审理。有学者评价这个案件的审理思路主要是从私法的视角展开,并没有从股权众筹的基本性质,从其作为证券的独有属性出发来进行思考和衡量。[2] 实践中,我们可将股权众筹看作一种商业活动,相关活动的开展必须遵循以合同法为代表的民事和商业法律的约束。更有甚者,基于股权众筹的概念,可以认为此种交易本身便是许多合同构成的,其中占据绝对中心地位的是投资合同。通过上述分析可知,在探讨和分析股权众筹相关法律问题的时候,基于其投资合同的属性展开研究,能够推动我们对股权众筹逻辑特征及本质属性的深刻理解和掌握,促使对相关法律进行清楚明白的梳理和透析。

股权众筹通常被视为一种股权形式的直接融资结构,但就法律性质而言,其本质是法律上的合同束。如前所述的股权众筹的概念为:融资项目

---

[1] 参见王迪、王汉生《移动互联网的崛起与社会变迁》,《中国社会科学》2016年第7期。
[2] 参见许多奇、葛明瑜《论股权众筹的法律规制——从"全国首例众筹融资案"谈起》,《学习与探索》2016年第8期。

的发起人（一般指融资人）基于网络平台而将融资项目的状况和信息进行公布，通过项目或股权份额的出让来获得投资者的资金注入，投融资双方之间结成合作意向，在投资者注入资金后给予其约定的股权。① 上述定义揭示了融资者与投资者之间的投资合同是股权众筹的核心。美国 Howey 案明确了投资合同的检验标准，其核心内容为：相关方案有无关联到特定的共同项目的金钱投资，且完全是因为其他人的付出和努力才会形成相关收益。所以，Howey 检验标准的关键要素有四个，分别是：存在一项共同事业；存在金钱投资；收益预期；（收益）全归功于其他人的付出和努力。②

基于其作为投资合同的属性而言，股权众筹在内容层面和传统的贸易类契约或合同有很多相似之处，有差异的地方在于此类合同的达成主要依赖于融资者的努力，而投资者的权利内容不是在当下，而是未来的某个时日才能获得。从作为合同内容的权利义务的视角观之，股权众筹可以分为两类：一类是与领投人签订的投资合同，此类合同的参与者各自形成相应的权利义务，融资者有勤勉谨慎经营公司的义务，领投人则负有监督、协助公司经营的义务；另一类是与一般投资者签订的投资合同，该合约项下双方当事人之间的权利义务是不对等的，融资者有勤勉谨慎经营公司的义务，而投资者主要依靠融资者的努力来获得未来收益，一旦投入资金，投资者就基本无其他义务需要履行。实践中更为复杂的股权众筹模式，都是在上述两种模式组合而成。

不过，如果只是将股权众筹进行法律层面的界定，并且将其等同于合同，由此其更深层面的法律本质属性便会被掩盖。和普通的互易、买卖合同比起来，在股权众筹模式中的投资合同，具备一个显著的差异在于"双方履约时间的错位"。投资合同一经订立，投资者缴纳出资的义务会立刻履行，而融资者的经营义务则会在合同约定的时间里，一直持续履行。双方履约时间上的错位，这并不单纯代表在履行约定的时间方面，投资方和融资方之间产生了分离的问题，而且还促成了合同在功能层面的彻底改变：原本只是一种法律文书，其目的在于推动交易的达

---

① ACMAC, "Crowd Sourced Equity Funding", Discussion Paper, Australia Corporations and Markets Advisory Committee, September 2013, p. 8.

② 参见朱伟一《美国证券法判例解析》，中国法制出版社 2002 年版，第 30—31 页。

成；现在则变化成具备交易性质和功能的证券——一种金融属性的商品。之所以发生上述变化，根源在于双方履约时间发生错位，并由此衍生出一些特征：

第一，投资合同不但是一类法律上的义务和权利关系，更是一种权利凭证。

在合同签约日起，如果标的公司有足够的信息，同时有进行交易的股权众筹二级市场，投资者可以将预期收益与市场价格相比较，从而判断在何种情况下可以收益最大化，以此决定继续持有或卖出标的股权。不过，在投资合同约定的退出条件触发之前，这种收益是浮动的、变化的，随着标的公司发展状况的改变，持有股权和卖出股权的盈亏地位完全可能掉转过来。由此凸显了股权众筹的作为权利凭证的属性。依据传统惯例，合同的作用就是阐述当事方彼此间的法律关系，其法律效力仅限于签订合约的当事人之间，而股权众筹中的投资合同除了权利义务之外，在具有信息披露和交易市场的情况下，更直观地表现为一种权利凭证。

第二，股权众筹投资合同的可计价性，使得转让合约更加容易和方便。

在股权众筹之中，股权投资合同承载的价值通过中标企业的盈利和亏损情况得以彰显，所以是一种能够进行计价的合同。因为具备此种计价属性，在存在股权众筹二级交易市场的情况下，股权众筹投资合同的转让也比传统合同更为方便。例如，在股权众筹投资合同的退出条件触发之前，有看好标的公司营业情况的第三方当事人可以通过支付协商的对价购买股权众筹投资合约，从而获得标的公司的股权收益权。这符合证券的流通属性。

值得注意的是，在国家规定的交易所公开发行的证券，因为参与此种融资的人员数量较多，会达成一个获得普遍认同的市场价格，所以在进行转手的时候较为便利。股权众筹投资合同的交易属于证券场外交易，但是在我国场外市场还未完全健全的情况下，股权众筹的可交易性受到了很大的影响，这在后面的章节中将会详细探讨如何健全完善我国的证券场外交易市场，从而增强股权众筹的流动性。

第三，股权众筹投资合同意味着当事人之间存在共同利益，这为互联网技术的进入和群体智慧提供了条件。

股权众筹投资合同的存在，表明在订立合约的时候，关于标的企业的发展，当事各方的利益一样，在此种情况下构成了共同利益。参与股权众筹中的各方当事人利益在一定程度上具有正相关的关系。

这一点与之前所述的互联网技术带来的革新和群体智慧的发挥是契合的。股权类投资合同存在已久，股权众筹得以飞速发展，就是因为互联网技术与群体智慧等为初创企业的融资提供了高效率、低成本的可能性。

第二节 股权众筹的商业模式分析

一 我国股权众筹市场发展现状

2013年在我国互联网金融发展史上具有重大意义，而这一年也被普遍誉为是国内的互联网金融元年，此后，互联网金融产业在我国得到了迅猛的发展。初期P2P网贷率先兴起，2014年股权众筹则迅猛崛起，并且一跃发展成国内网络金融的主导力量。按照世界银行的预计，全球股权众筹的市场规模2025年将超过960亿美元，而我国市场将占据500亿美元的巨大份额。股权众筹在国内兴起之后，互联网企业以及各类金融机构都跃跃欲试，从国内第一批股权众筹在2011年建立起到2014年中，我国已经拥有30多家的股权众筹平台，而各类线下平台也日渐增多。①

到2015年时，国内主流互联网企业均确立了以重点发展股权众筹为核心的金融战略，由此在股权众筹领域引发了国内互联网金融的新一轮激战。中证众筹在2015年年初上线，该平台可和地方股交所之间实现互联。另外更多的券商也加入新兴的股权众筹市场，促进了整个金融生态圈的发展。归纳可知，2015年国内比较有代表性的股权众筹模式包括：第一，互联网和传统金融机构结合形成的股权众筹平台，比如"天使汇"；第二，"中证众筹"平台等有"国家队"干预的形式；第三，"大家投"等民间股权众筹平台，此类平台的特点是全民均可参与；第四，"人人投"等和周边店铺相连的股权众筹；第五，"京东东家"等和新三板构建直联关系的股权众筹；第六，和区域股权交易市场进行

---

① 参见杨东《股权众筹现状与趋势》，《中国经济信息》2016年第5期。

直接对接。[1]

面对股权众筹如火如荼的发展局面，2015年国内先后出台了相关的意见和政策，对于整个市场进行了一定的规范和引导。2016年，百度、苏宁、360等互联网行业的巨头纷纷进驻私募股权众筹相关领域。基于目前的判断，未来国内股权众筹的发展将呈现以下特点：第一，各大证券公司的加入，势必会对行业的格局形成整体的变革，而且相关变革主要集中在私募股权众筹行业；第二，将来和新三板进行对接，这是股权众筹发展的必然结果。实际上，此种对接是以双向的形式展开的，既可以将新三板融资方面的需要引向现有的股权融资平台，使得新三板关于投资者的条件有所降低，新三板股权的收益能够为更多的公众投资者获得，促进新三板流动性的提升。另外，通过对接，更多的初创企业能够利用股权众筹这一平台，吸引更多的潜在投资者，完成向新三板的成功过渡。

尽管我国的股权众筹监管规则尚未出台，但股权众筹作为新兴的中小企业融资渠道，其在我国的发展呈现出了繁荣之象，其商业模式也纷繁多样。本节选取了具有代表性的"大家投""天使汇"和"FundersClub"这三种股权众筹进行详细分析。

二 股权众筹模式之"大家投"

（一）"大家投"主要特点

"大家投"是我国较为早期的股权众筹平台，于2012年9月创办，借鉴了天使投资的融资模式，私募股权融资的"众帮天使网"是它的前身。就其运营模式而言，"大家投"是我国较为典型的以普通公众作为融资对象的股权众筹平台。简单来说，"大家投"的融资流程一般分为以下三个步骤。第一，注册和申请项目。融资者需要根据"大家投"制定的条件要求，策划融资项目并拟写提交"项目商业计划书"，融资金额、付款方式以及股份出让的比例等都需要详细说明。第二，审核项目，平台按要求审核已提交的项目商业计划化，包括但不限于资料齐全与否、商业模式可行与否、项目估值合理与否等，一般对于项目会提出市场上具有高成长性、商业模式上颇具创新力等要求。创业者如存在兼职创业、多项目同时

---

[1] 杨东：《股权众筹现状与趋势》，《中国经济信息》2016年第5期。

进行或者自己不投资的情况,平台会进行示警。第三,在平台上发布并宣传推介融资项目,在项目通过审核之后就能够把项目基本情况以及融资相关信息在平台发布。融资者可以利用筹资页面的创建以及视频的上传等形式来宣传融资项目,平台则会采用现行流行的如微博、微信等宣传工作来介绍推广融资项目。相较于其他主流融资平台,"大家投"的特色较为鲜明,具体如下:

1. 投付宝

和兴业银行一起,大家投开展了"投付宝"业务,这也是股权众筹资金第一次交由第三方托管。做法如下:有意向投资的投资者直接把投资资金汇入"投付宝"账户,待出资人相关手续如工商登记等办理完成后,由出资人授权,相应款项才会转而汇入创业者账户。实际操作中,投付宝还可按照融资者和投资者之间的约定,根据创业进度进行资金的分次划拨,不仅出资人利益得到了保护,也很好地规避了创业者跑路或圈钱的行为,另外对于资金情况创业者也能有更明了的预期,可以对资金作出更为合理的调配以及更为妥善的安排。

2. "有限合伙"和"领投+跟投"相结合

领投人指的是投资经验丰富且专业知识扎实的专业投资者,出资额在融资总额的占比应不低于5%,而且对项目的整个过程都要追踪。资本筹集完成后,带头组织有限合伙企业的设立同时具有普通合伙人身份,其他跟投人相应地就是有限合伙人。为了对领投人予以激励,融资企业一般都会给予股份激励,让领投人能够和跟投人及融资企业捆绑在一起成为利益共同体。[①] 对于这种"领投+跟投"的模式而言,不单单项目会因领投人本身的信用而增级,可以很好地解决融资方存在的资信较低问题,推动行业的发展,同时还可以让风险得到有效的防范及控制,领投人和跟投人成为利益共同体,是激励机制也能起到约束作用,可以很好规避领投人存在的"道德风险",让其专业特长得到有效发挥,同时投资也越发谨慎;而且,专业投资者参与经营管理中来,确保专业的事情由专业的人来做,可以集聚管理权,管理者对于投资风险也能更好地把控,从而获取利益最大化;另外,《证券法》有明文规定公开发行应当在200人以内,这个模式

---

① 参见成琳、吕宁斯《中国股权众筹平台的规范化路径——以"大家投"为例》,《金融法苑》2014年第2期。

刚好进行了合理的规避，很好地规避了可能存在的刑事违法风险。

3. "草根众筹平台"的大众化定位

"大家投"平台对跟投人设置了非常低的投资额度，在融资额度中占比2.5%就能够踏入"天使出资人"的门槛，这种模式和"众筹"所具有的内涵是最为贴合的。对于一般投资者平台设立了非常低的审核标准，注册之后就能够成为投资者，有权查看公布在平台上的全部项目的全部关键信息如商业计划书等。由于极低的门槛以及极为简单的操作，"大家投"已经成为拥有投资者最多的平台，在行内都颇有名气。

4. 风险补偿金制度

为了对诈骗风险加以防范，"大家投"平台设有"风险补偿金"，项目一旦提出，其投资收益中的2%就会划拨到风险补偿基金中来。项目运作开始的两年时间内，一旦融资者出现诈骗行为，这里不包括正常投资失败的情况，由司法机关作出判决后，对于出资人50%的出资本金从风险补偿基金中划拨补偿，进而让投资者存在的投资风险极大地降低。

（二）法律关系梳理

就"大家投"平台而言，牵涉的法律主体共有四个，即投资者、融资者、第三方托管机构以及股权众筹平台，法律关系较为复杂。

1. 投融资双方和"大家投"平台有委托—代理关系

具体为："大家投"在投资者的委托之下，初步审查拟融资项目，初步判断其可行性等；在融资者的委托之下，遴选投资者；资金募集完成以后，在投融资双方的委托之下，办理相应登记手续。另外，对平台上发布的项目投资者有意向并且做出出资决定时，为让风险得到隔离，以"投付宝"为中间账户连接投融资双方的资金往来，平台可以和双方资金独立开来运作，资金托管方和投资者也就有了委托关系的存在。

2. 投融资双方和"大家投"平台还有居间合同关系

"大家投"对项目资讯进行公示，充当信息中介的角色，同时提供的居间服务也能对交易进行撮合。实际操作中，"大家投"平台会提供财务、管理以及融资时机、金额、价格等的咨询服务，在某种意义上可以视为服务内容的纵向延伸。融资者会在"项目商业计划书"中列示融资金额、股权出让的方式和比例等，平台尽管有义务进行审核，但也只是从投资价值、资料真实性、项目可行性以及资料完整性等方面作出判断；未来利益分配以及项目估值等投资者（领投人承担的责任更多）应自行分析并由谈判来确定,"大家投"已经在网站明确说明其收费是"居间服务费",尽管收取时是以 5% 的融资总额计算,但考虑到双方并没有签署分销协议,"大家投"平台也不会涉及双方交易,只是一个居间服务者,目的是撮合交易的达成。①

3. 领投人和跟投人形成合伙关系

通过"大家投"的撮合,融资期限内投资者全部认筹完毕以后,领投人和跟投人会一起成立一个有限合伙企业,合伙人关系就此形成,权利和义务依照相关法律享有。对于融资者而言有限合伙就可以凭借股东身份依法介入,融资者和投资者会签订股权转让协议,两者间的股权投资关系就此形成,并且在《公司法》的管辖范围之内。

三 股权众筹模式之"天使汇"

(一)"天使汇"主要特点

"天使汇"也属于众筹融资平台,其定位是"助力天使投资者搜罗优质初创项目,助力初创企业迅速获取天使投资"。人尽皆知的优质产品如"滴滴打车""大姨妈"等创业资金都是借助天使汇平台募集到的。从工作流程来看,天使汇和"大家投"存在很多相似点,包括认证投资者、提交创业项目、平台作出审核、投资者进行项目筛选、投资者和融资者线下约谈、签约转账以及办理后续手续等。但是和"大家投"有所区别的是,"天使汇"运用的天使投资模式要求所有投资者必须取得相关投资资质,具体如下:

1. 对于投资者作出严格限定

对投资者来说,"天使汇"有一套极为严格的审核标准。首先,对以前的投资经验提出了极高的要求,投资者注册时"天使汇"会要求其提供之前有过的成功投资的案例从而说明其投资经验较为丰富且对于风险有一定的承受能力。其次,身份认证不再单纯地利用传统身份信息,而是采用微博加 V 或者是职业证明资料的上传等方式,实际上身份认证信息已涵盖在内,但显然这里的审核有着更高的标准。平台未作出认证前,只会有极为有限的项目信息显示,投资也是无法参与的。投资者实际上是被限定

---

① 参见成琳、吕宁思《中国股权众筹平台的规范化路径——以"大家投"为例》,《金融法苑》2014 年第 2 期。

在资产能力较高且投资经验丰富的范围内,带有私募性质。

2. 快速合投业务

第一,"领投+跟投"模式在"天使汇"中也有体现,风险承担能力以及风险识别能力比较高的业内人士作为"领投人",其他跟投人在其带领下共同投资,领投人可以和跟投人一起分享收益并且还会有股份奖励(从跟投人处获得投资收益的5%—20%,从项目创业者处获得的股权奖励为1%)。考虑到该平台的投资者不是普通公众而是具有一定投资经验的,因而和"大家投"相比,"天使汇"对于"领投人"会提出更为严格的要求。第二,"快速合投"业务的推行,将"快速团购优质创业公司股权"这一概念发挥到了极致。对于创业项目平台会进行严格的筛选,不单单能够让项目得到更加专业且更为清晰的展示,同时还可以助力创业者实现商业计划书、投资协议以及估值模型等的优化,让项目能够得到快速融资同时让其价值得到快速实现;就融资项目而言平台的投资周期设置为30天,目标投资额一旦达到就宣告融资已经完成,创业者能够以最快的速度筹措到目标资金,产品开发以及推广都能先入为主。

3. 创业指导更加全面、线下撮合服务更为贴心

通过线下服务可以让创业者及投资者尽快达成投融资协议,首先"天使汇"的投资者本身就有着极高的专业度,因而提供的线下活动可能让创业者和投资者实现私密对接,创业者可以进行时长为八分钟的项目展示,投资者可加以指导并提供相应的建议。"大家投"只是注重资金方面提供的支持,而"天使汇"本身就有专业投资团队,在技术方面是有优势的,创业指导以及服务的提供也会更加全面,具体如下:融资开始前,在商业企划撰写、投资协议、估值模型、融资谈判以及财务预测等方面给创业团队提供指导,让创业者能够发现自身优势并能将优势表达出来。融资完成后,投资者团队不单单会提供资金支持,在完善商业模式、企业管理以及营销策划等方面都会加以指导并提供技术支持,这种投资指导与PE/VC更为接近,可以让企业得到更好的发展。而且对于初创企业"天使汇"还会提供包括A轮和后续融资在内的持续不断的融资支持。①

(二) 法律关系梳理

和"大家投"一样,投融资双方和"天使汇"平台也存在委托代理

---

① 《天使汇领投人规则》,http://help.angelcrunch.com/leadinvestor,2017年11月12日。

关系以及居间合同关系。"天使汇"撮合以后，融资期限内投资者全部认筹完毕以后，领投人和跟投人一起成立"有限合伙企业"或者依托于协议代持（投资者少于 3 人时协议代持，超过 3 人则设立有限合伙），融资者和投资者会签订股权转让协议，两者间的股权投资关系就此形成。

四 股权众筹融资模式之"FundersClub"

（一）"FundersClub"模式

2012 年，美国"FundersClub"正式上线，从真正意义层面上来说这才是股权众筹融资平台。从形式来看和"天使汇"平台是比较接近的，具体表现在：

1. 对于投资者也作出了"获许投资者"的限定：高于 100 万美元的净资产或者是高于 20 万美元的年收入

投资额度必须不少于 1000 美元。融资目标的范围是几万美元到 100 万美元。只有合格投资者才能查看项目基本情况以及哪些投资者或投资机构参与了此次投资。依托于投资投资者能够得到项目股份，公司上市后或者是被收购后就可以获取相应股权收益，平台则从中抽取高额的手续费。

2. 严格审核各投资项目

考虑到平台只有在投资者取得了股权收益的情况下才可以获取相应收益，所以平台挑选创业项目时必定会尽心尽力。选择以及审核项目时会更加严格也会更切实际，对创业项目也会做出易被投资者接受、高成长性、乐观的市场前景以及高收益性等方面的要求，在分析项目可行与否时也会更偏向于从商业回报的视角上看待，为创业者提供的指导以及服务也会更具针对性。譬如投资者可以采取组合型投资方式，投融资双方能够有更多的机会在线下交流，投资者提出的疑问有人工服务热线热心解答等。

3. 项目可以因此而吸纳到更多投资

受限于美国《JOBS 法案》，该平台能够募集的最大融资金额为 100 万美元。但是融资完成以后，平台多重筛选的项目或者是创业公司极易吸取到私募公司、银行或者是对冲基金等的注意。平台本身就是如此，募集到的融资总额为 60 多万美元，但不久之后又取得了 600 万美元的风投资金。

（二）"FundersClub"的主要特点

"FundersClub"和"天使汇"平台尽管在形式上表现出了相似性，但本质上还是有区别的，具体表现如下：

第一，组织形式方面，"大家投"和"天使汇"都是依托于股份代持或者是有限合伙的设立来规避有可能存在的行政制裁或者刑事违法风险，"FundersClub"则与此不同，投资者股权的获取是通过直接投资方式的。《JOBS法案》颁布之后，这可以看成美国立法层面的最为直接的支持。

第二，资金管理方面，"FundersClub"是借助一家风投基金来募集投资者资金的，资金筹集完成后才会汇入初创公司。就每个"FundersClub"基金而言，这些资金都是在单独的托管账户保管的，并不由"FundersClub"平台直接经手，这和"大家投"的做法相似，但是和"天使汇"是存在区别的。

第三节　公私二元界分视角下股权众筹本土化立法基础

一　我国股权众筹的立法基础及规则发展

（一）我国公私二元界分的证券法框架

我国《证券法》旨在建立一个公开发行的证券法律框架，最初的版本并未涉及非公开发行，2005年修订的《证券法》第10条首次对非公开发行进行了界定。"公开发行"与"非公开发行"[①]之间存在着明显的界分关系。此后，2019年修订的《证券法》仍然沿用了此种界定方式。这表现在：第一，"公开发行"受到监管者的关注较多，从监管制度来看有四方面特征：强制信息披露、监管机构审批、对出售方式的限制以及责任制度。第二，"非公开发行"则只要是在法律规定的"非公开"的范围，仍然属于较为契约自治的状态，其回报方式、发行方式、发行对象、权利义务等都可以通过投资合同来进行个性化的定制。法律规定则主要集中于如何划定"非公开"的范围。《证券法》的一个不足之处在于，未针对非

---

① 在本书中，"非公开发行"一词等同于"私募"，包括小额发行豁免和私募发行豁免。

公开发行范畴做出明确而直接的规定，采取的是反推理的方式来针对相关范畴进行界定，同时又在《刑法》中通过"非法集资""非法吸收公众存款"等罪名进行了进一步限制。

（二）我国股权众筹监管规则框架

1. 我国股权众筹监管规则的总体发展情况

2012年，"美微会员卡在线直营店"在淘宝网成立，这也是国内首个股权众筹实例，用户缴纳120元用于会员卡的购买，并获得该公司原始股100股，短短四个月内该公司募集到了超过120万的资金。但是因为触碰了"公开募集"这一条红线证监会对其叫停，同时责令所有募集到的款项都应退回。此后，由于对股权众筹的监管处于真空地带，2012—2015年股权众筹平台都在进行不同的商业模式尝试，探索股权众筹在公私二元界分的证券法框架中的定位。随着股权众筹的野蛮生长，监管者认识到股权众筹涉及公开发行的属性，在没有有效监管规则的情况下，可能会对金融市场产生严重的危害。十部委联合出台了《股权众筹风险专项整治方案》，对涉及互联网股权融资的非法金融活动进行集中处理。依照私募发行的标准，股东人数超过200人的、采用公开劝诱方式进行宣传的、向不特定对象募集资金的股权众筹行为皆属于非法公募发行的范畴。至此，监管层面正式将股权众筹划入了私募发行的范畴。

国务院各部委、证监会、中国证券业协会陆续出台了一系列针对股权众筹发展的政策。国家层面的宏观政策一直倡导股权众筹对国民经济发展的作用，积极推动和鼓励股权众筹的发展。但具体行政监管层面的法规、规章以及指导意见中对股权众筹具体规则设计表现出了犹疑的态度，股权众筹在我国证券法中定位模糊（见表1-1）。

表1-1　　　　　　　　股权众筹相关监管政策

发布时间	相关政策
2014.12	中国证券业协会发布《私募股权众筹管理办法（试行）》
2015.8	中国证券业协会发布《关于调整〈场外证券业务备案管理办法〉个别条款的通知》，通知明确将《场外证券业务备案管理办法》第2条第10项"私募股权众筹"修改为"互联网非公开股权融资"
2015.9	国务院发布《关于加快构建大众创业万众创新支撑平台的指导意见》，要求"稳步推进股权众筹融资试点，鼓励小微企业和创业者通过股权众筹方式募集早期股本"

续表

发布时间	相关政策
2015.9	国务院办公厅发布《关于推进线上线下互动加快商贸流通创新发展转型升级的意见》鼓励通过线上线下多种模式发展互联网非公开股权融资
2015.10	商务部发布《关于加快居民生活服务业线上线下融合创新发展的实施意见》鼓励引导居民生活服务企业，通过互联网非公开股权融资等方式获取金融资源
2015.12	国务院发布《关于进一步显著提高直接融资比重优化金融结构的实施意见》
2016.1	国务院发布《国务院关于印发推进普惠金融发展规划（2016—2020年）通知》提出推动修订证券法，夯实股权众筹的法律基础
2016.4	国务院十部委联合发布《股权众筹风险专项治理方案》规范互联网股权融资行为
2018.4	证监会发布《2018年度立法工作计划》，以服务国家战略为导向，提升服务实体经济能力，进一步增强资本市场直接融资功能，改革完善发行上市制度，制定《股权众筹试点管理办法》

2.《私募股权众筹管理办法（试行）》

在此背景之下，《私募股权众筹管理办法（试行）》在2014年出台，共计7章29条，对私募股权众筹的监管基本原则、平台准入条件、合格投资者制度、备案登记制度、信息报送制度以及平台自律管理方面进行了规定。尽管该管理办法的层级较低，并且将私募股权众筹类比于私募股权投资基金，移植《私募投资基金监督管理暂行办法》中的条款和规制思路，并没有充分考虑到私募股权众筹本身的特性，导致其某些制度与市场实际需求相违背，但这是当前和股权众筹相关的仅有的比较具体的规章制度。实践表明，和私募股权众筹相关的大多数商业活动大都依据该管理办法来规避法律风险。

为满足我国现行《证券法》第9条之规定[①]，《私募股权众筹管理办

[①] 《证券法》第9条："公开发行证券，必须符合法律、行政法规规定的条件，并依法报经国务院证券监督管理机构或国务院授权的部门注册。未经依法注册，任何单位和个人不得公开发行证券。证券发行注册制的具体范围、实施步骤，由国务院规定。

有下列情形之一的，为公开发行：

（一）向不特定对象发行证券；

（二）向特定对象发行证券累计超过二百人的；

（三）法律、行政法规规定的其他发行行为。

非公开发行证券，不得采用广告、公开劝诱和变相公开方式。"

法（试行）》第 12 条明确要求：禁止所有的融资者利用公开或变相公开的方式进行证券的发行。当前，股权众筹在我国只能采取非公开发行的私募方式，即（1）投资者必须为特定对象（即合格投资者）；（2）累计投资者数要限定在 200 人之内；（3）只有经过实名认证且注册的用户，才能得到平台的项目推荐和有关信息，平台和融资者均不得进行公开劝诱、推介或劝诱（即公开劝诱禁止）。

其中"公开劝诱禁止"和"合格投资者"是限制私募股权众筹发展的两个重要条件，将在下文中详细论述。就"200 人的人数限制"这一要求而言，实际上，在私募股权众筹中规定不超过 200 人的限制可能并不会影响私募股权众筹发展。SEC 规定，在 AngelList 上通过"领投+跟投"进行融资时，每个项目投资者总数不能超过 99 人。对此 SEC 给出的解释是，通过控制投资者人数并提高每个投资者的最低投资额度，能够在一定程度上证明投资者的投资能力，也即，能够有助于平台检验合格投资者是否符合标准。尽管美国实务界对此规定持有反对看法，[①] 但我们暂时倾向于认同 SEC 的官方意见。因此，可以沿用我国现有股份有限公司（不超过 200 人）、有限责任公司（不超过 50 人）和合伙企业（不超过 50 人）中的人数规定。实际上，国内已有私募股权众筹平台通过设置每位投资者的最低投资额度，来确保项目达到预期融资额度时，投资者人数不会超过 200 人。但这种做法是否会对私募股权众筹的发展形成过多制约，还需要更多的实践活动加以印证。

《私募股权众筹管理办法（试行）》出台对我国私募股权众筹发展的推动功不可没，规则主体框架已经基本涵盖私募股权众筹的各个方面。《私募股权众筹管理办法（试行）》把股权众筹划定在私募的范畴内，同时指出应对其作出规制，就现有法律法规而言这可能是制度上的最大化创新。[②] 但也必须承认，其中部分规则仅考虑到下位法对上位法《证券法》公私二元界分模式的遵守，而并没有考虑到股权众筹市场的实际需求，仍需进一步调整。

[①] Feld Thoughts, "The 99 Investor Problem", http：//www.feld.com/archives/2014/01/99-investor-problem.htm, March 2, 2018.

[②] 参见罗久仰《股权众筹定位困局及解决思路》,《法制与经济》2016 年第 7 期。

二　公私二元界分视角下我国股权众筹的立法困境

政策制定者主张以实践为导向，在传统的公私二元界分的证券法框架下构建私募股权众筹法律制度，不过，相关制度建立之后，在某种程度上受到社会发展固有规律和相关经济政治制度的约束，导致其内在驱动力和外在的推动力都有所不足。不管是实践中还是学术领域，都存在不同程度的无法协调甚至相互抵牾。

（一）现行证券法律对股权众筹的制度供给不足

首先，和股权众筹相关的金融法在当前还有很多的不足和缺陷。比如其中第9条从总体上界定了公开发行证券的相关行为，明确了我国证券需要注册制。同时证监会根据此规定，颁布了一系列相关的实施细则，对公开发行股票必须满足的各项条件作出了细致的规定。在刑法和金融法交叉的领域里，《刑法》也规定了"非法吸收公众存款罪"和"非法集资诈骗罪"。从而，对公募发行的边界作出了极为严格的规定。由于公募发行的成本巨大，不适合中小企业，由此通常只能选择向无须担负很高法律成本的方式——私募发行。

基于当前的《证券法》，其实只有一种发行豁免制度——私募发行。《证券法》没有直接界定私募发行，而是根据第9条的规定对私募发行进行了间接界定，私募发行具有以下四个条件：（1）禁止针对不特定对象进行证券的发行；（2）证券发行对象必须在200人之内；（3）证券发行禁止采取公开劝诱、广告或变相公开的方式；（4）现有法律等明文禁止的发行活动。虽然股权众筹可以直接适用私募发行规则，同时证券行业协会也发布了《私募股权众筹管理办法（试行）》，但实际上，仍然存在着与股权众筹自身性质无法协调的情况。首先，股权众筹本身的商业逻辑导致其与私募发行之间存在不适切之处。这是因为股权众筹"小额、公众、公开"的性质在私募发行中，无法开展。股权众筹之所以能吸引到公众的投资，就在于其能够在互联网平台上进行公开宣传，但私募发行禁止公开劝诱的条款则直接将这条路堵死了。其次，在法律上，私募发行的设置仍然过于简单，就何种主体能够进入股权众筹以及如何保护投资者的利益，都没有在法律上清晰地说明。

现行金融法律对股权众筹的制度供给不足。一方面表现在股权众筹在现行金融法律框架中，没有适合股权众筹的制度路径；另一方面则表现为现行金融法律的硬性限制，严重抑制了股权众筹在市场中自发探索的可能性。

（二）立法者面对股权众筹立法的立场不明确

在正式出台立法之前，一般政策先行。政策作为立法的导向，对立法者的态度有所体现。当股权众筹立法没有正式出台之前，投融资者和从业者可以从政策中解读立法者的意图，从而起到引导和规范股权众筹发展的作用。但在我国立法者和监管者在政策文本中却体现出了对股权众筹定位的犹疑态度。在相关的官方文件中，对其概念界定不清，适用概念较为混乱，相继使用了"股权众筹""私募股权众筹""互联网非公开股权融资"等诸多概念。《私募股权众筹管理办法（试行）》中清晰呈现了"私募股权众筹"这一说法。十部委联合发布的《股权众筹专项整治方案》中则依然用的是"股权众筹"这一概念，虽然肯定了股权众筹公开、小额、大众的特征，但在具体的整治措施中，却还是将股权众筹限定在了私募发行的范围之内。而证监会的一则通告，则再次确认了股权众筹公募的特性。此后，在证监会的指导下，中国证券业协会对私募股权众筹的说法进行了修改，用"互联网非公开股权众筹"来代替。

由此可以看出，在股权众筹这一概念的定义中，立法者虽然认识到了"公开、小额、大众"的特征，但在采用公募还是私募发行时，仍存在摇摆。政策导向上的不清晰，导致对股权众筹的立法路径不明确，这加大了股权众筹的法律风险，不利于这一金融创新的探索。

（三）监管者的监管理念和形式落后——运动式监管

股权众筹出现伊始，监管者并未采取任何措施进行监管。在法律存在空白且监管不到位的情况下，股权众筹野蛮生长，乱象丛生。此后，监管者认识到了股权众筹可能会对金融市场产生严重的危害，于2015年十部委联合发布了《股权众筹专项整治方案》。为了防止非法金融活动，保护投资者的合法利益，将股权众筹框定在了一个非常严格的空间中，几乎扼杀了股权众筹的发展空间。这种短期、高频、强制性的运动式监管，虽然强有力地整肃了股权众筹的乱象，引导其规范创新，但在金融创新面前暴露出滞后性、片面性、单一性等弊端，不是长久之计。[①] 运动式的监管忽

[①] 参见许多奇、唐士亚《运动式监管向信息监管转化研究——基于对互联网金风险专项整治行动的审视与展望》，《证券法苑》2017年第4期。

视了股权众筹本身的商业逻辑,并未从根本上解决股权众筹的信用风险问题,导致股权众筹陷入"一管就死,一放就乱"的怪圈之中。

立法者认识到了股权众筹便利中小企业,促进实体经济发展的积极作用,但在我国证券法公私二元界分的框架下,对股权众筹制度进行建构,无异于削足适履。"制度供给不足""定位不明"以及"监管不合理"等问题,使得股权众筹总是面临来自法律和信用的双重风险,这对于此种融资模式的健康发展造成极大阻碍。因此,需要重新审视作为上位法的证券法的立法框架,借鉴美国公私二元融合之变迁,结合经济法之理论,寻求股权众筹的立法新思路。

第二章

证券法框架的革新：从公私二元界分到公私二元融合

美国及我国传统的公募发行与私募发行之间存在泾渭分明的边界。随着经济、社会的发展，金融创新驱动下的变革不断突破"公"与"私"之间的樊篱。尤其是中小企业与初创企业在融资上的需求，与大型公众公司相比较，投资者保护与融资效率之间的矛盾更难化解。这使得两种发行方式的融合呼之欲出。美国证券立法者与监管者也审慎地注意到了这一点，进而，采取相应措施逐步放松。制度变革是一种表象，其背后蕴含着证券法基础理念的鼎新革故。传统的证券法理念注重目的理性，即坚守证券立法和监管行为以"投资者保护和融资效率"这两个目的为导向，但两个目的之间并未形成良性互动。这需要我们借助经济法理论，以证券法的价值理性作为主观判断标准，从"社会公共利益"的高度，结合特定的社会经济状况、投融资者的个体利益等因素，对两个目的进行优劣评判，并据此完善有关立法规则。因循"价值理性—目的理性相统一"的逻辑进路，本书认为，公私二元融合模式的出现具有时代发展的历史必然性，同时也是对保护社会公共利益的良好回应，它可以实现投资者保护与融资效率之间利益平衡。

第一节 传统的证券法规范分析框架——公私二元界分

一 投资者能否自我保护——证券法发行公私二元界分的根本原则

美国证券法律制度框架[①]是围绕着1933年《证券法》而建立的。彼

---

① 为尽量减少语言和法律文化差异、体制差异所造成的误解。在此特对美国相（转下页）

时罗斯福新政出台，1933 年《证券法》得以颁布，由此建立了公募证券发行模式，也奠定了现代证券立法的标杆和范本。公募证券发行以保护投资者为目标，有四个核心特点：第一，公募发行人需对潜在投资者进行强制信息披露。强制信息披露是公募发行的核心制度。第二，SEC 需对拟进行的公募发行进行发行前的形式审核。第三，出售方式法定，必须有承销商。第四，严格的责任。其中的关键性内容是第 5 章，将所有未向 SEC 注册的证券售出和发行活动都界定成违法行为。但是彼时的立法者发现，如果相关发行工作不在证券法公募发行的界定范围内，或不牵扯公共利益，要求证券发行注册则是低效率的。所以针对第 5 章的相关内容，第 4（2）节提供豁免情况和权限：只要和公开发行无关的交易可不进行注册。[①] 上述法律出台之后，明确了只有完成 SEC 注册才能进行公开发行，但是如果不是公开发行，则不需要进行注册。

虽然美国 1933 年《证券法》通过第 4（2）节确立了公募发行与私募发行的二元界分模式，不过，关于构成公开发行或非公开发行的标准，立法者则持沉默态度。在经历了 SEC、各级法院等在适用上的争议之后，1953 年美国联邦最高法院在一起案例的审理过程中，终于做出了指导性决定，该原则也是此后公私二元界分的原则性依据。在这起 SEC v. Ralston Purina Co. 案件之中，作为一个从事农作物交易的商人，Ralston Purina 每年都会向其选择的部分员工发行普通股。在数年之中，400 多个员工购入相关股份，甚至为数众多的职位较低的员工也包含在内。上述案件进行审理的时候，引发议论的热点在于：能否用 1933 年《证券法》的相关规定来对本案进行审理，将此种发行活动看作非公开行为，依据 1933 年《证券法》第 4（2）节的规定，免于向 SEC 注册？初审法官持有的主张是，此案中的证券发行是一种在企业内部展开的行为，并未进行招揽性质的活

（接上页）关制度名称翻译作出解释。（1）"法案"一词特指由立法机关（联邦国会及州国会）宣布的命令、决议，法案既可能是通过一部完整法律的决议，也可能是通过某部法律修正案的决议。《JOBS 法案》是一项法律修正案决议，主要是为了刺激中小企业发展，而修订 1933 年《证券法》和 1934 年《证券交易法》，并要求 SEC 修改相应规则。（2）"法"一词均特指立法机关通过的法律。（3）"规则""条例"均特指执法机关所制定的法规，"条例"是为解决同一个法律执行问题或解释同一条法律条文，而由多条规则组合在一起的法规文本。

① 美国 1933 年《证券法》第 4（2）节的原文是"transactions by an issuer not involving any public offering"，俗称"九字条款"。

动,只是管理者在经过自行筛选后,确定具备升职潜力或在公司能够持续工作的员工进行证券的有限销售,① 由此判定此种发行不属于公开发行,需对其豁免注册。

不过,在经由联邦最高法院的审理之后,以上判定被彻底驳斥且推翻,主审法官主张应运用立法目的解释的方法,对1933年《证券法》进行解释。其立法目的是充分有效地披露影响决策的相关信息,给予正当投资者以应有的维护和保障。所以,无论是一级市场上的发行还是二级市场上的转售需要符合不必应用证券法的前提,此类交易才能豁免注册。所以,1933年《证券法》第4(2)节中所提及的对于交易的规定——没有牵扯任意一种公开发行,指的是发行行为的对象是具备自保能力的投资者。② 主审法官进一步明确,受让人的智识是最终决定是否可应用豁免的关键因素,所以需重点针对受让人有无需要证券法的相关保障进行调查。联邦最高法院最终判定的时候强调,此案中通过发行获得证券的员工不具备有效途径能够得到注册中完成披露的相关信息,所以此案中的证券发行行为并不符合1933年《证券法》第4(2)节的相关规定,不能适用注册豁免。③

自该案件之后,受要约人数不再作为判定公私二元界分的基本准则,新的判定原则是作为投资者的受要约人是否具有自我保护能力,从而无须证券法的额外保护。

以投资者是否有自我保护的能力在公募与私募之间划分界限,实际上是基于证券法保护投资者与便利融资这两大价值的权衡。以强制性信息披露为制度核心的证券法律规则的出现,增加了融资者的成本,进而导致了整个社会层面的金融交易抑制。所以,基于价值取向而言,证券法需对以下两个重要的市场目标——促进融资便利和强化投资者保护进行全面的衡量。基于理论而言,部分特定的投资者的确无须证券法提供相应保障,所以证券发行通常被界定成两种类型:一种是私募发行,另一种是公募发行,前者可免于进行注册,如此相关参与方无须额外承担重负。不过,证券法一般会通过相关规则的设置,对私募融资的公开劝诱加以制约,对投资者数量也会进行必要的约束。由此可见,传统的证券法律框架以"投资

---

① Securities & Exchange Comm'n v. Ralston Purina Co., 346 U.S. 119 (1953).
② See Securities & Exchange Comm'n v. Ralston Purina Co., 346 U.S. 119 (1953).
③ See Securities & Exchange Comm'n v. Ralston Purina Co., 346 U.S. 119 (1953).

者是否具有自我保护能力"作为划分公募发行与私募发行的基本原则。在此二元界分的框架下，公募发行领域中的没有自我保护能力的公众投资者，需要证券法严格保护，其价值目标也偏重于投资者保护；而私募发行领域中的投资者则具有自我保护能力，可以豁免证券的适用，其价值目标上则偏重于融资效率。

二 美国证券法公私二元界分模式下公募发行与私募发行的具体差异表现

SEC v. Ralston Purina Co. 案的判决具有深远的意义和价值，不但明确了对私募和公募发行进行有效区分的原则，也使得SEC、法院等担负起更多的职责，比如需明确受让人有无具备得到相关信息的渠道，受让人有无充分的自保能力等。关于此案的判决，在现实的适用中也呈现出多元化的特征。部分法院重点关注受让人整体数目以及信息披露的程度，部分法院关注投资者成熟度如何，部分法院对受让人和发行人间的关联进行重点调查。基于此，关于1933年《证券法》第4（2）节在现实适用层面的表现，有的学者做出了中肯的评价，认为由于相关法条对适用方面未做出明确的界定，致使在司法实践中无法对私募和公募发行进行有效区分，由此使得很多的发行人要承受过重负担，也增加了私募发行交易的费用和成本。[①]

针对上述问题，SEC在1982年出台了《D条例》506规则[②]，私募和

[①] See Cary Martin, "Private Investment Companies in the Wake of the Financial Crisis: Rethinking the Effectiveness of the Sophisticated Investor Exemption", *Delaware Journal of Corporate Law*, Vol. 37, No. 1, 2012, pp. 55-56.

[②] 《D条例》是SEC基于1933年《证券法》制定的补充性融资规定，主要是关于小额证券与私募证券发售豁免的规定。《D条例》包括500规则—508规则共9条规则：

500规则为《D条例》的适用范围；

501规则对《D条例》中所涉及的概念进行解释；

502规则为适用《D条例》的具体条件；

503规则为提交证券销售通知的规定；

504规则为豁免小额（不超过1000万美元）证券发行与销售；

505规则已失效；

506规则为豁免私募证券发行与销售；

507规则针对504规则和506规则项下的豁免资格，规定了资格取消条件；

508规则规定了不构成实质性影响的偏差仍然适用《D条例》。

公募发行的界限得以明确,实现了真正的公私二元界分。作为一个安全港规则,适用《D条例》506规则需符合下列要求:(1) 对获许投资者(Accredited Investors)进行发行,没有人数限制;(2) 向非获许投资者发行,不得超过35人;(3) 对发行额度没有限制;(4) 不得在证券发行中进行公开劝诱(general solicitation and advertisement prohibition)。获许投资者在明确界定之后,该规则还要求,如果是非获许投资者,则必须是发行方认为成熟或本身符合成熟要件的投资者。此处成熟指的是具备丰富专业经验和能力,能对交易收益和风险展开必要预估。①

获许投资者概念出现之后,曾经由于1933年《证券法》第4(2)节不明确的规定引发的适用混乱问题慢慢得到缓解。若非获许投资者在初期便被排除在外,则发行方就不必针对其他潜在的投资者进行关于成熟度的判定。SEC曾针对此情况进行剖析:为何获许投资者的出现,能够使得适用不明确的相关问题得到解决,原因在于这部分群体通常具备强大的自保能力,因此可摆脱注册保护相关条款,由此和《D条例》506规则第(1)(6)条相关规定相契合。②

《D条例》还对信息获取路径进行了界定:根据506规则的规定,对证券正式展开销售之前,发行人需在一定的合理时间之内,将关于发行的详细信息向全部的非获许投资者进行披露。尽管并未通过明确的条文要求对获许投资者进行详细信息的披露和提供,但要求获许投资者能够得到的信息,非获许投资者也能够从发行方获得。此外,以上两类投资者都可对发行方进行和发行活动相关的提问,并拥有获得答案的权利。③ 除《D条例》506规则中对私募证券发售信息获取路径的特殊规则外,《D条例》还通过502规则对私募证券发售和小额证券发售的要约方式进行了限制。《D条例》502规则第(c)条被称为"公开劝诱禁止"条款,即要求发行人或代表其行事的任何人均不得通过任何形式的一般招揽或一般广告发行或出售证券。④ 之所以要做出如此规定,原因在于相当长的期间内,公开发行的基本特征中蕴含公开劝诱一条,这是SEC所持的基本主张。所

---

① See 17 C. F. R. §230.501.

② See Proposed Revision of Certain Exemptions From the Registration Provisions of the Securities Act of 1933 for Transactions Involving Limited Offers and Sales, Securities Act Release No. 6339.

③ See 17 C. F. R. §230.506.

④ See 17 C. F. R. §230.502.

以，禁止公开劝诱相关活动，能够使得豁免发行的私募属性得到充分的保障。[①]

在美国，涉及私募发行的融资行为多种多样。比如，在发展的初期、成长阶段，中小型企业所展开的股权众筹等相关活动，基本都和私募发行有着千丝万缕的关系。从证券二级市场来看，涉及私募股权交易的典型是对冲基金和集合理财工具（private pooled investment vehicles）。

综上所述，笔者对美国证券公募发行与私募发行二元界分模式下，两者的主要区别用表2-1加以总结。

表2-1　　　　　美国证券公募发行与私募发行主要区别

	公募发行	私募发行
发行对象	投资者不受限制	投资者受到限制，以获许投资者为核心
发行方式	允许利用一般性公开方式，如播放广告等	禁止利用一般性广告或招揽，禁止公开劝诱
监管方式	核心举措在于反欺诈和强制信息披露	实行比较宽松的监督管理
法律责任	适用严格责任条款，核心在于反欺诈	和注册相关反欺诈条款无关，适用一般侵权责任条款

三　我国公募发行与私募发行的立法划分标准

我国是典型的公募发行与私募发行二元界分的立法模式，正如学者所言：在我国，私募是和公募相对立的存在。[②] 1998年《证券法》规定：只有和现行法律规定相符合，且得到相关国家证券监管机构的许可，才能进行证券的公开发行，否则不管是谁都不可公开发行证券。由于1998年《证券法》未能界定公开发行的概念和认定标准，致使私募行为的合法性也游离于灰色地带。结果，本应属于正当行为的私募行为反而无法得到旗帜鲜明的保护。变相公开发行的泛滥与私募行为的不明法律地位之间形成鲜明的反差。

---

① See Integration of Abandoned Offerings, Securities Act Release No. 33-7943.
② 刘俊海：《现代证券法学》，法律出版社2011年版，第50页。

此后，因循着"私募发行的行为更多地受合同法和契约自由规则的约束，而公募发行则要接受更多的公权力规制"① 这一标准，2005 年《证券法》修改时引进了公募发行的认定标准，并在此后的修订版本中得以沿用。该认定标准为：只有和现行法律规定相符合，且得到相关国家证券监管机构的许可，才能进行证券的公开发行，否则不管是谁都不可公开发行证券。具体而言，公开发行指的是和以下情形之一相符合的情况：（1）证券的发行对象属于不特定的；（2）如果证券发行对象特定，则需满足受让人多于 200 人；（3）其他法律法规界定的发行活动。比如，禁止任何非公开发行活动采用公开劝诱、广告等方式。分析可知，对私募和公募发行二元界分展开评判有三大标准：第一，有无特定发行对象；第二，发行对象人数有无达到特定数目并超过上限要求；第三，有无采取公开劝诱等方式。依据此划分标准，我国的私募被限定在了不得采用公开劝诱手段，向不超过 200 人的特定投资者募集资金的证券发行。

传统证券法对公募发行和私募发行的划分在一定程度上缓解了政府干预经济活动带来的弊端，将证券法执法的重点聚焦于公募发行中那些因为信息劣势而没有能力自我保护的公众投资者身上；并通过制定法律规则将有能力保护自己的投资者限定在"私"的范围内，减少证券监管的成本，通过合同法、公司法等私法自治的方式进行交易。

第二节　公私二元界分模式向公私二元融合模式的转化

一　美国公私二元融合的具体表现

虽然从形式上私募发行和公募发行间的边界通过法律和相关准则得以明确界定，但随着金融市场的高度发展，金融的创新力量总是在试图寻找突破点。各种金融创新产品、金融结构化设计出现以来，美国证券公募发行和私募发行的融合表现得越发明显。公私二元融合正是美国金

---

① 刘俊海：《现代证券法学》，法律出版社 2011 年版，第 51 页。

融监管尝试寻求"抓大活小"再平衡的表现,由此又开始回归《证券法》的基本法理和理念,即促进投资者和筹资人双方利益的有效协调。由公私二元界分模式向公私二元融合模式的转化并非出于美国立法者的主动转化,而是在证券法与金融创新的协同发展中逐渐发生的。对金融创新如何突破边界的分析,有助于我们更深入地观察这一转变的商业逻辑与内在动因。

(一) PIPE (对冲基金和私募股权基金管理公司的 IPO)

对冲基金和私募股权基金管理公司的 IPO 又称为 PIPE (private investment in public equity),是指私募股权投资上市公司,是上市公司通过向特定的投资者出售其未经注册的限制性普通股股票、可转换优先股、可转换债券、认股权证或其他证券形式以实现增资扩股的一种方式。美国 1933 年《证券法》规定上市公司未经注册的证券不得公开交易,除非得到豁免,而《D 条例》为 PIPE 提供了"安全港"豁免,允许上市公司使用 PIPE 发行、出售未经注册的证券以募集资金。虽然 PIPE 交易中购得的证券因未经注册而无法自由流通,但投资者会要求上市公司向 SEC 递交注册或转售申明并促使其生效,从而将 PIPE 交易中购得的限制性股票转为非限制性股票。注册或转售申明经 SEC 批准生效后,投资者通过 PIPE 购得的证券才可在公开市场自由出售。PIPE 是一种结构化的融资模式,通过一系列交易设计旨在绕开对私募发行流动性的限制,突破了公募发行与私募发行之间的界限,呈现出公私交融的特征。

根据发行人的不同需求,PIPE 的交易架构有多种模式,但其核心架构却非常一致:(1) 发行人与获许投资者之间签订股权转让协议;(2) 发行人通过 SEC 批准;(3) 获许投资者向公众出售股权,退出市场。

PIPE 交易之所以如此活跃,主要是因为其适应了投融资双方的特殊需求。对于这些中小市值,特别是寻求产业转型的上市公司来说,在公开市场募集资金较为分散,缺乏针对性,且公开发行股票审核严、周期长、成本高。而 PIPE 一般均可在双方确定交易具体条款后的较短时间内完成交割,这大大降低了融资门槛及交易成本,使这些成长型公司能够在较短的时间内获得相应的资金并投入使用。

对于投资者来说,由于 PIPE 交易购得的是限制性股票,在注册或转售申明生效前（通常需要等待 3—30 日）无法在公开市场自由出售，因此作为补偿，投资者通常可按市场价格以一定比率的折价（通常低于市场价格 5%—15%）购买上市公司的证券。在收益预期一致的前提下，投资者的利润空间大大增加。同时，投资者律师可进行尽职调查，查阅上市公司的非公开信息，从而更好地评估投资的合理性。再者，PIPE 投资者可与上市公司协商投资的具体条款，有望争取一系列的投资者权利，例如优先认股权、获取董事会席位或重大事项表决权等，为获得预期收益增加筹码。

PIPE 采用这样的交易架构的意义在于解决了私募发行的流动性问题。1933 年《证券法》第 144 条，又称 144 规则[①]规定私募发行的转售有以下限制：（1）不能进行公开转售；（2）不能因购买者的行为成为承销商；（3）私募发行中的投资者至少有一年的不得转售持有期。在公私二元界分的理论之下，承销商的定义仅与销售有关，而销售基本上与公开发行同义，进行私募发行的必要性就在于不涉及公募发行。144 规则对私募发行的转售进行限制，从而避免了因此被认定为公开发行。但这严重地限制了私募发行的流动性，获许投资者通过私募发行投资的目的在于获得收益，而收益的实现往往是通过转售股权得以实现的，转售持有期的限制以及私募发行的二级市场的不健全都导致了收益实现的延迟，从而增大了投资风险。因此，通过 PIPE 这一交易架构实现私募发行的获许投资者可以向公开的二级交易市场寻求收益，在一定程度上解决了私募证券的流动性问题。

（二）特定目标收购公司（SPACs）

特定目标收购公司是指为了并购其他公司而公开上市融资的特殊收购公司。SPACs 的作用是实现创新型初创企业的"曲线公开发行"，其具体交易架构为：（1）私募股权基金需设立一个 SPACs 公司作为特殊目的实体（special purpose vehicle）；（2）通过 IPO 上市；（3）收购意向中的企业，SPACs 一般只收购封闭型公司。[②]

现在，越来越多的"独角兽"都选择继续保持私有的状态，而且不

[①] 1933 年《证券法》第 144 条规定的是不属于需要注册为证券承销商的情形，其中涉及了私募发行的转售限制。

[②] See Endeavor Acquisition Corp. Registration on Form S-1, No. 333-1218440.

断展开多轮私募融资。长期依赖融资来"续命",并不能长远解决任何问题。初创公司在走过野蛮增长期之后,终归还是希望进入公开发行市场。而少数敢于走向 IPO 的创业公司,表现却难以让人满意。以"阅后即焚"为特色的社交软件 Snapchat 母公司 Snap 在 2017 年 3 月登陆美股市场后,目前已处于破产状态。送餐服务公司 Blue Apron 自从 2017 年 1 月上市以来,股价更是惨遭"腰斩"。市场研究机构 Pitchbook 的数据显示,2017 年第二季度美国风投项目数量和美国风投项目退出数量的比例达到 11.3 倍,2017 年上半年有 3917 个风险投资项目,但只有 348 个项目实现了退出。如果这样的状况持续,那么美国风投行业将会经历 2010 年以来最低的退出水平。这时,一些美国科技初创企业似乎发现了"曲线 IPO"的新捷径。[①]

一些硅谷的创业者将目光投向了本用于调整公司结构、分摊项目风险的"特殊目的实体"(SPV),并设立了"特殊目的收购公司"(SPAC),帮助"独角兽"实现"曲线 IPO"。比如,一家名叫"社会资本"的风险投资公司,于 2017 年 9 月中旬在纽约证券交易所上市。根据公司提交给美国证券交易委员会的申报材料,"社会资本"上市目的是从公开市场上募集至少 5 亿美元资金,这笔资金到手之后,这家自称 SPAC 的"社会资本"公司会与不下 150 家估值超 10 亿美元美国科技"独角兽"洽谈,寻求购入其中一些"独角兽"企业的股票,成为公司的股东。而"社会资本"公司在公开市场上交易的股票价格,则根据市场对于这些被投资的"独角兽"企业的预期和需求而波动。[②] 这样一来,被投资企业可以绕过传统公开上市的种种门槛和麻烦,直接通过"社会资本"公司获得来自公开市场的融资。而 SPAC 实际上就成了公开市场投资者对这家被投资的私有企业进行交易的"容器"。此外,被投资企业自身还可以绕过经营 IPO 业务的银行,省去大笔承销成本。

[①] 参见《特殊目的收购公司:独角兽"曲线 IPO"新捷径》,http://kuaixun.stcn.com/2017/0828/13598960.shtml,2018 年 3 月 15 日。

[②] See SPAC Analytics, "Summary of SPACs", http://www.spacanalytics.com, March 2, 2018.

(三) 144A 证券发行①

2007年美国金融界发生了一个具备开创意义的交易活动,彼时全美最具实力的对冲基金管理企业Oaktree将其15%的股权在"高盛未登记股权柜台交易市场"售出,并且获得高达8.8亿美元的回馈。其开创意义在于,金融从业者利用1933年《证券法》144A规则打破了公开发行与公开转售之间的必然联系,使私募发行证券可以大规模地被转售,试验出了一种增强私募证券流动性的交易方法。这为私募证券在实践中的适用拓宽了范围,也一定程度上解决了中小企业的融资问题。

144A规则的出台,使得企业能以承销商为中介,面向符合条件的投资者和机构进行证券的售出和发行,由此便可避开公募发行,通过此规则的出台,对美国私募市场的成长壮大形成了有力的刺激。通常来说,私募发行具备流动性折价,而144A规则颁布之后,流动性折价可因为在特定渠道进行销售得以降低。该规则一方面未形成对美国彼时已有法律的违背;另一方面则促进了美国金融领域和资本市场向更加纵深和广阔的层面发展。

不过,尽管144A规则早已存在,但美国企业在发行股票的时候能够用私募发行来取代IPO,却是对冲基金交易之后。而对冲基金这种融资模式产生得到原因如下:(1)《SOX法案》致使公开发行的成本提高;(2) 144A规则证券交易市场逐渐形成,例如,纳斯达克②的出现提高了

---

① 1933年《证券法》中144规则和144A规则都是关于私募证券转售的规定。144规则规定了私募证券转售的限制条件,而144A规则提供了144规则的例外情况适用条件,即只要满足144A规则就可以不受144规则在持有期限和转售量方面的限制。此类证券就被称为"144A证券"(144A securities)。144A规则豁免条件包括三个:

一是受让方必须是合格机构购买者。合格机构购买者是机构投资者,在自主基础上投资与发行人无关联实体发行的证券至少达到1亿美元。银行和储贷协会满足1亿美元证券投资和具有经过审计的2500万美元净资产才能成为合格机构购买者。

二是不可替代。出售证券与在全国市场上市交易的证券或纳斯达克上市交易的证券不属于同一种类。

三是购买者通知。规则要求转让方采取合理措施确保购买者意识到转让方依据的豁免规则。除此之外,按照美国1934年《证券交易法》的规定,如果一个公司证券持有人达到500人,该公司证券要上市交易,就必须履行公开披露的义务。因此,在实践中,为避免触发公开披露的义务,满足144A规则豁免条件进行转售要避免转售后股东人数超过499人的上限。

② 纳斯达克专门为私募证券的交易和转售提供的系统,主要用于144A证券交易。

这些证券的流动性。

但不可否认的是，144A规则的明显效果就是模糊了公募发行与私募发行二元界分的模式，原因在于上述规则允许私募发行采取和公募一样的方式进行证券的销售以及推销活动，比如募集方能够先向承销商售出证券，之后由后者采取路演、电话等方式进行证券的推销，还可基于投资者的倾向等相关信息完成证券价格的制定，之后才和投资者之间完成证券的交付。[1]

（四）公募发行价格与私募发行价格挂钩

基于公募发行确定私募发行的价格，是使得两种发行方式被混淆的另外一种设计，此种情况下公募发行在实践中可能并未展开。比如2000年玛雅网络公司进行了部分债券的发行，后来这部分债券的实际转股价格和初期产生了较大的差异，而于公募股权在发行的价格及时间上产生较大关联。此部分债券到期时间是2005年，若在2001年11月1日—2002年11月1日这段时间内完成了公募股权发行，按照设计转股价格必须等同于初始股价的九成，或低于公募发行股价的九成。此种设计使得此次私募发行活动获得了对没有发生却存在的IPO进行销售的机会。基于投资者视角而言，此种设计增大了私募发行方式的吸引力度，原因在于通过进行此种投资，受让方能够获得低于后期IPO价格的投资契机。简单来说，如果投资者参加了此次私募发行活动，则能够在IPO之前便以更加优惠的价格购入证券，从而在企业完成IPO之后得到差价利润。对于玛雅网络公司而言，因为在时间的推移中转股价格肯定会降低，由此推动它们提前进行IPO。

SEC比较忧虑的地方在于，企业进行类似上述的私募发行，没有进行备案和登记，也没有进行必要的信息披露，却能根据公开发行完成定价，并促成私募发行活动的顺利展开。[2] 笔者认为，通过价格上的关联对公募和私募两类发行进行巧妙的设计，促成了两种方式间的有机融合，而市场通常是基于价格来推动竞争。即使没有公募发行中的制度保护，价格信号也可以起到很好的指引作用。

---

[1] See Wiiliam K. Jr. Sjoestrom, "The Birth of Rule 144A Equity Offerings", *UCLA Law Review*, Vol. 56, No. 2, 2008, p. 77.

[2] See Joseph A. Grundfest, "The Ambiguous Boundaries Between Public and Private Securities Market", *Case Western Reserve Law Review*, Vol. 51, No. 3, 2001, p. 109.

二 美国证券法公私二元融合的原因

无论是美国证券法的发展，还是我国证券法的发展，在当代都面临巨大的压力和挑战。压力来自证券法的目标之间的平衡取舍：投资者保护、稳健安全的金融系统以及中小私有公司寻求更广泛的融资渠道，在这一复杂的经济环境中对监管部门能力的考验。太多目标需要考虑，但资源和预算却相对紧张。我们需要多大程度的证券监管与我们愿意为之付出多少成本之间存在极大的反差，并且双方都有坚定的支持者。此外，挑战来自科技革新与金融创新。由于科技进步，不断涌现出创新的金融产品，甚至创新的金融市场。它们都不断冲击着传统的证券法理论以及已有的制度安排。金融市场变得越来越复杂不透明，也越来越碎片化。新的入场者和新的金融安排不断出现，使监管者疲于应对。来自政治博弈的压力与来自金融创新的挑战是相互交缠在一起的。金融创新要求证券法和立法者积极回应，同时也打破了此前各目标之间的平衡，而这些汇集一起成为政治博弈的压力。私募和公募两类发行方式在美国能形成如此多的融合，笔者归纳原因如下。

（一）资本市场供需状况由于监管引发不平衡

私募股权在美国资本市场上通常能够实现较高的收益，不过该国的证券监管相关法律将私募股权基金排除在公开市场之外，使得广大投资者无法参与其中，原因在于认定普通投资者不具备足够的能力对高风险投资进行把控。不过，因为私募股权在作为财务杠杆、风险管理和高收益等方面的优势，很多公众投资者千方百计想要参与私募股权融资活动，但是，在监管部门及相关法律的约束下，其投资需求被严重的抑制。在此情况下，通过创新设计来使私募发行同时具备公募发行的一些优势和特征，便在市场上逐渐出现。[1]

（二）私募发行的优点逐渐显现

相对来说，一般认为，公募发行对于企业具备更多的效益，比如能够树立成功企业的优良形象，在二级市场上获得更好的流通，能得到更加理想的发行价格等。不过，公募发行同时也需支付昂贵的成本，消耗较长的

---

[1] See Steven M. Davidoff, "Black Market Capital", *Columbia Business Law Review*, No. 1, 2008, p. 76.

准备周期，当然信息披露制度对于企业的约束也更加严格。私募发行无须付出昂贵成本，且在流程和准备方面也比较简易，尽管其流动性不够强大、发行价较低的问题也存在。此外，《SOX 法案》[①] 等强化了对于公众企业的监督管理，由此企业如果采取公募发行的方式，需支付更为高昂的成本代价。比如研究表明，在《SOX 法案》的约束下，公众公司在 2006—2007 年进行证券发行，通常需要支付 60 亿美元左右的成本。[②] 正是因为通过公募发行各类成本不断上涨，由此更多的企业开始倾向于私募发行，为了对此种发行方式的弊端进行有效克服，资本市场竭尽所能地触探非公开发行领域的界限。比如，以互联网为依托，更多的投融资者选择股权众筹方式，由此能够通过更低的成本，更为便利地完成投资和融资的相关交易。可以说，在证券法法律制度与金融创新的不断博弈中，重新定义了美国的公募发行市场和私募发行市场，证券法的公私二元界分模式逐渐向公私二元融合模式转化。

（三）全球资本市场竞争

对于私募发行和公募发行的二元融合，SEC 开始逐步在监管上降低力度，以促进资本市场综合竞争力的维持和提升。相对于美国一向严格的监督和管理，欧洲市场采取了比较宽松的态度应对私募发行的崛起，由此许多美国发行者采取境外融资的方式，这在一定程度上使得美国资本成规模地流向海外市场。对此，SEC 受到压力而改变监管态度，以宽松的方式来对待同时具备私募发行和公募发行特点的融资模式。比如，在《JOBS 法案》中大幅度调整了证券法的监管框架，在第三章中制定了公募型众筹，放松了对股权众筹的监管要求，同时在第二章中增加了《D 条例》506 规则第（c）条，取消了私募发行中的公开劝诱禁止。[③] SEC 早就认识到了公开劝诱禁止在保护投资者方面重要性开始逐步下降，其阻碍私募发行融资的缺点日益突出，其存在的合理性不在于投资者保护的必然要求，而是证券法区分公募发行与私募发行的产物。在公私二元融合的视角下，这种

[①] 《SOX 法案》于 2002 年由美国国会颁布，它是在美国安然公司、世通公司等财务欺诈问题暴露后，针对公司治理、内部控制、财务报表真实性、高管责任等方面加强监管的法规。该法案的出台使公众公司的信息披露成本大幅上升，进一步提高了公募发行的融资成本。

[②] See William J. Carney, "The Costs of Being Public After Sarbanes-Oxley: The Irony of 'Going Private'", *Emory Law Journal*, Vol. 55, No. 1, 2006, p. 104.

[③] 彭冰：《美国私募发行中公开劝诱禁止的取消》，《社会科学》2017 年第 4 期。

特意为之的界限并不具有必要性。

(四) 科技带来的改变

就科技对证券法公私二元融合的影响的第一方面，已经被法学界和金融学界广泛地探讨过了。高新科技产业迅速发展已经成为美国创新生产力的主要生力军。在此过程中，也兴起了天使投资和私募投资的热潮。天使投资和私募投资的加入使高新科技企业在一系列私募股权融资合同安排下，可以飞速地发展。减少了对公开发行融资的需求，同时也使高新科技企业可以通过天使投资者的声誉（reputational enhancement）和人脉关系，使发行人可以更高效地接触到融资资源，因为天使投资者具有声誉加强的作用。[1]

但尽管天使投资者和风险投资者愿意忍受在一段时间内股权无法交易流转，但美国证券法律仍然有许多限制：风险投资者在企业成功运营之后，一般会安排一个合理的退出机制，IPO 通常被认为是一种理想的退出机制，但由于公开发行和公众公司的监管成本非常昂贵，这导致很多风险投资者选择 IPO 进行退出时产生了犹豫。

这些在退出机制方面的限制给了风险投资者更多的流动性压力，因为股权交易冻结太久对于私募股权融资产业建立的初衷相违背。另外的影响是对股权激励的员工。他们在退出时获得的股权收益同样被这样的不易流动性所困扰。在股权交易冻结的这个时间段里，有可能会出现拥有股权激励的员工已经离职，股权激励无法起到正面作用。

这也引起了科技影响公私二元融合的第二个方面。这是一个更纯粹的科技问题。如今，流动性问题即使在传统的交易所以外，也很容易得到解决。信息交换和交易程序在科技不断发展的时代，其成本是廉价的。在公开发行市场之外，建立多层次的资本市场，以替代公开发行市场是完全可以实现的，同时这也获得了 SEC 的支持。[2] 建立多层次资本市场有助于拓宽二级交易市场的广度，能对 1933 年《证券法》进行有效规避，实现了对成本的大量节省。

---

[1] See Hugh M. J. Colaco, Amedeo De Cesari, Shantaram P. Hegde, "The waiting period of initial public offerings", *European Journal of Finance*, Vol. 24, No. 5, 2018, p. 365.

[2] See Roberta S. Karmel, "Turning Seats into Shares: Causes and Implications of Demutualization of Stock and Futures Exchanges", *Hastings Law Journal*, Vol. 53, No. 2, 2002, p. 367.

科技的发展给传统的二级市场带来了压力,电子信息的可获得性使低成本的广泛信息传播成为可能。电子交易为资本市场中的投资者提供了新的路线,使他们可以不选择传统的媒介进行交易,同时传统的券商一般很少为客户提供向小企业投资的服务,这导致了券商的减少。[1]

在1964年之前,证券交易市场可以被清晰地分为交易所市场和场外交易市场。但情况很快就发生了改变。场外交易市场与纳斯达克交易市场之间通过复杂的科技发生了关联,场外交易市场也可以像交易所市场一样进行实时报价和实时执行交易命令。最终导致纳斯达克交易所市场变成一个自我场内交易的市场。这种转变为不愿意在交易所挂牌上市的公司提供了证券公开交易的新空间。但是,即使是在这样的情况下,场外交易对中小企业和初创企业仍然是不友好的。在1971年之前,券商想通过场外交易市场进行交易,仍然只能通过"粉红单市场"[2]进行。[3] 而在同一时期,纳斯达克交易所已经开始采用电子报价系统。到了20世纪90年代,SEC

---

[1] See SEC, *Final Report of the Advisory Committee on Smaller Public Companies to the U. S. Securities and Exchange Commission* (2006), http://www.sec.gov/info/smallbus/acspc/acspc-finalreportd.pdf, 2006.

[2] 美国粉红单市场发展至今,大概经历了下列几个阶段:在1904年之前,各种各样的柜台交易市场在美国全面分布,而且都在各个地区进行分散式的布置,相互之间没有进行信息的有效沟通,也未开展规范化的管理和统筹,导致股票的交易和报价情况无法让客户和券商得到有效及时的了解。为了使以上问题获得解决,美国1904年出现了专门为投资者和券商提供专业报价服务的机构,将超过5000种证券和10000种交易股票的交易数量、价格等印刷在粉红色纸张之上予以公布,并且将相关证券的报价信息制作形成刊物,定期向全国各地进行印刷,由此形成了粉红单市场。1968年构建"全美证券商协会自动报价系统"(NASDAQ)的设想出台,1971年系统研制完成并启动,从粉红单市场之上选择了在业绩、规模、成长性方面都位居前列的超过2500家的股票展开报价交易。1NASDAQ股票市场经过发展,在1990年创建了OTCBB市场,因为其具备全国性电子报价系统的卓越优点,而且和粉红单市场一样未形成报价方面的限制,不会对公司进行强制性做信息披露的要求,该市场逐渐取代粉红单市场。该市场在1999年年后被严肃整顿,需要相关上市企业定期进行财务方面的信息披露,如若不遵从要求将被该市场剔除,由此许多股票返回粉红单市场进行报价。在长达1年的严肃整顿后,在OTCBB市场上进行报价的股票数量锐减,只有3300多支,与之相对应的是粉红单市场却在逐步增添新的报价股票。到2005年下半年,粉红单市场占据了超过7800支报价股票,多数是在该市场上进行单独报价。粉红单市场在1999年构建电子报价系统后又开创信息网站,极大提升了报价效率,促进了其在新时期的快速发展。

[3] Michael K. Molitor, "Will More Sunlight Fade the Pink Sheets? Increasing Public Information About Non-reporting Issuers in Quoted Securities", *Indiana Law Review*, Vol. 39, No. 2, 2006, p. 309.

在议会的要求下，为了增强分值股票的传播，在场外交易市场中也引入了电子报价系统。此后，互联网技术的加入，使场外交易信息的传播进入了互联网时代。

然而，其中面临的问题是，这种公开的流动性市场很容易导致在场外交易市场上交易的企业突破500股东的人数限制，使其不得不转为公众公司，承担周期性的持续披露义务。此外，科技也同样给传统的公司人数限制提出了挑战。在电子交易中，证券往往握在券商的手里，当证券流转交易时，证券证书并不直接转让给实际的权益受益人。这导致登记在册的股东人数与实际购买权益的人数不符合，实际拥有股权权益的人数往往更多。大额交易在电子时代更容易发生，这在传统的纸质交易中是不容易发生的。这导致法律层面上登记在册的股东人数与实际经济层面上实际人数之间的错位，其中存在可操作的空间。

作为这一现象的结果，如 SecondMarket 和 SharePost 这样的交易平台开始兴起，据统计，仅在 2010 年就达到了 46 亿美元的成交量。[①] SecondMarket 重组了 eBay 的股权设置，通过卖家发布一个出售股权的意愿，买家则在平台上进行议价、协商来达成交易。SecondMarket 对于不想上市而又需要进行股权交易的公司而言，是非常诱人的。在这些股权交易中，SecondMarket 的员工会审查买家资质，确定其是获许投资者并且已经得到卖家的同意。此后，还会确认此项交易的合规性。SharesPost 则与 SecondMarket 不同，侧重于线上信息分享，并且已经在 2012 年向 SEC 注册为券商。

因为私募股权的交易市场相对较小，SecondMarket 和 SharesPost 都积极地提供一个信息充分披露的环境以促进股权公平交易。比如，SharesPost 会对曾经在平台上交易成功的证券进行信息统计，不仅包括最近的交易价格，还包括此后的利润收益、来自第三方机构的价值评估以及交易前估值。

尽管这些市场为以往难以进行交易的私募股权提供了交易平台，但需要注意的是这些中介的交易模式与传统的证券交易所模式并不相同。传统

[①] Richard Teitelbaum,"Facebook Drives SecondMarket Broking ＄1 Billion Private Shares", Bloomberg Markets Magazine（Apr. 27, 2011），http：//www.bloomberg.com/news/2011-04-27/facebook- drives-second.

的证券交易所模式中，做市商往往是自己购买上市公司的股票之后再于二级市场上出卖给其他买家。在这些市场中没有做市商，仅是中介平台，本身并不持有证券。

这些新的证券交易市场为私募股权提供了流动性，但是，它们的影响力仅限于"不是资本集中型"（not capital intensive）高新科技行业的成长型股票。SecondMarket 在 2011 年交易的 50 支股票中，没有一支股票进行了分红，并且进行股权交易的公司并不都是经营状况良好需要大笔资本进入的公司。[①] 这些中介平台更像是卖家的代理人，公司股份在平台上发布之前，该发行公司可以决定股份交易的频率、现在的雇员是否有资格购买股票（上市公司的内部交易条款往往会阻止公司出售股权给内部雇员）、机构投资者如对冲基金等是否可以购买股权以及哪些信息可以在平台上发布。

其他股权交易平台为了提高私募股权的流动性，还设计出了许多金融权益，如拍卖利率债券、限制性股票、破产债权、有限合伙股权以及资产证券化债券、固定收益债券。比如，PORTAL Alliance 和 FBR PLUS 这两个平台主要针对的是 144A 证券。

面对这些兴起的私募股权二级市场，监管规则方面也进行了相应的修改以促进私募股权的流动性。1933 年《证券法》规定了转售期限为三年，此后，通过 144 规则将转售期限规定为一年，同时一些转售期限豁免证券（比如通过《条例 A》发行的私募股权）。随着这些私募股权二级交易市场的发展，我们面临着与 1964 年之前完全不同的境遇，这些封闭型公司的股权可以广泛进行交易，但又可以不受到 1934 年《证券交易法》的限制。[②]

科技的不断进步，在加强了私募证券的流动性的同时，也起到了更好保护投资者的作用。一个很好的例子是粉红单市场从线下转为线上，场外交易市场不断完善和加强。当发行公司没有提供最基本的信息时会出现一个"停止交易"的标识；当更严重的风险出现时，会出现一个"禁止交易"的标识。这些都在提高流动性的同时保证了交易环境，是科技带来的

---

① See Felix Salmon, "How SecondMarket Works", Reuters（Apr. 12, 2011）, http: lblogs/reuters. com/felix-salmon/2011/04/12/how-secondmarket-works/.

② 15 U.S.C. § 77c（b）(4).

改变。

三 革新的证券法框架——公私二元融合视角下对证券法立法的挑战

虽然当前仍旧以投资者是否具备自我保护的能力来对公私两类发行方式进行分界,不过,在两类发行方式逐渐融合的趋势下,双方的界限却呈现日渐模糊的倾向。特别是在公开劝诱禁止、潜在投资者的认定、转售的限制等方面显得尤其突出,都给传统的证券法提出了新的挑战。

(一) "公开劝诱禁止" 规则之衰落

对公私两类发行方式进行区分的重要方法之一在于,有无通过广告等公开的方法展开证券的宣传和销售,不过,1933 年《证券法》中未针对公开方式做出具体的界定。①

1. 对公开劝诱禁止的解释

《D 条例》明确了私募发行能使用的发行方式,其中 502 规则第(c)条要求证券的销售和发行不得采取一般性的招揽方式,具体而言涵盖但不仅包含:(1) 广播、报纸、电视或广告等公开交流的场合或情况;(2) 凭借一般性招揽方式邀约参会者的会议或研讨会等。② 虽然 "一般性招揽" 在此规则下貌似进行了明确的界定,不过在司法实践中对相关行为是否属于一般性招揽进行判别实际具有较大难度。③

尽管《D 条例》502 规则第 (c) 条对公开劝诱没有明确定义,但通过对 "事前实质关系" 理论的构建,SEC 主张:发行方需和目标受让人之间构建能够使得后者对财务信息进行充分了解或达到成熟状态的事前实质关系。④

公开劝诱禁止并非为了保障投资者利益而创设的机制,而是证券法上公私二元界分的产物。不过,尽管从表面上看公开劝诱的禁止和私募发行中存在的非公开特性是相符的,但如果站在学理的视角上进行深入探究,

---

① 参见郭雳《美国证券私募发行法律问题研究》,北京大学出版社 2004 年版,第 9 页。
② 17 C. F. R § 230.502 (c) (1) — (2).
③ See Todd A. Mazur, "Securities Regulation in the Electronic Era: Private Placements and the Internet", *Indiana Law Journal*, Vol. 75, No. 1, 2000, p. 283.
④ See Patrick Daugherty, "Rethinking The Ban on General Solicitation", *Emory Law Journal*, Vol. 38, No. 1, 1989, p. 67.

这就和当初 SEC 用人数标准来界定私募发行和公募发行一样，本身并不具备合理性。

2. 公开劝诱禁止实际上并未能给投资者提供真正的保护

禁止公开劝诱尽管能够对欺诈的传播起到很好的限制作用，但对于投资者而言并未给出很好的保护。在公开发行证券时，为了对投资者加以保护通常会引入强制信息披露制度，不过，基于私募发行来说，投资者自身具备足够的能力，是保障其利益的最重要条件。所以，尽管获取投资者概念建立起来，但是，他们通常并不需禁止公开劝诱原则的保障。

从形式上看，公开劝诱在发行方式方面呈现出和私募发行截然相反的特征，不过只需最终购买者是和获许投资者要求的标准相匹配的，那么对于公众投资者就不会带来损害。当然，考虑到私募发行是很难对虚假陈述责任进行追究的，证券欺诈信息很有可能因公开劝诱的允许而得到大范围扩散，公众投资者也更易获取。但是，这里所提及的公众投资者本来就是不具备获许投资者资格的，他们既不具备资格也不能进行私募发行证券的购买，所以，即便在公开劝诱中有一些欺骗性的处理方式，他们的利益通常也不会因此被损害，大多数是在时间上的消耗。

所以，就算证券欺诈行为的确会因公开劝诱的禁止而实现有效减少——一旦不能用公开劝诱的方式进行欺诈发行时，自然会让受骗投资者得到显著的减少。然而对于其中的利弊我们应当仔细考量：为了让这些欺诈信息不至于传播到公众投资者处而从源头上对公开劝诱予以禁止，如此将引发部分获许投资者无法获知发行讯息，进而阻碍企业的集资活动；不过，普通投资者在现实中也不可能买入此种具备欺骗性的证券，投资损失自然也是无从谈起。① 在对获许投资者提出一贯要求的情况下，相较于收益来说禁止公开劝诱需要的成本是非常之大的。

3. 公开劝诱禁止对信息交流带来了阻碍

在公开劝诱禁止之下，发行人真正能披露的信息受到较大的约束，由此违背了证券监管的初衷，也和资本市场主张的信息公开原则不符。不论是投资者、监管者还是发行人都会因之而遭受损害。

鉴于私募信息是不可以在公开场合出现的，所以，对私募信息而言，一般投资者是无从获取的，自然对其具有的价值也是无从得知的。这样一来，

---

① 参见彭冰《美国私募发行中公开劝诱禁止的取消》，《社会科学》2017 年第 4 期。

一些原本符合获许投资者条件的投资者很有可能会因得不到相关信息而从未涉足过私募领域，原因在于如若没有成为获许投资者，就没有机会对私募市场进行了解。对私募筹资者来说，由于无法在市场上进行公开竞争，因而不仅存在获取不到合理价格的可能，而且还会因无法和更多的可能投资者接触而有可能面临巨大的筹资成本。投资者并没有通过私募发行方获得足够的信息，因此难以做出最优的投资选择。监管者则会因私募信息的不予披露而使得在私募方面基本上陷入"黑箱"监管状态，存在的欺诈行为将会很难被发现，不同的私募发行所提出的条件也很难作出比较。①

4. 企业会因禁止公开劝诱而面临巨大的融资成本

私募发行理论认为投资者和发行人之间应存在事前关系，自然也是有存在的价值的：（1）存在事前关系表明对于发售人或者发行人，受要约人是有一定的了解的，或者说是能够获取相关信息的；（2）由于事前关系的存在，出售方能够据此判断出潜在投资者成熟与否，这点是最为重要的。但是，在对受要约人作出成熟与否的判定时事前关系并不是唯一的方法，就某些场合而言连主要方法都谈不上。所以，这种方法只是程序性方法，是出售方用来对受要约人成熟度作出判定的，不属于决定性方法的范畴，更不可作为一般性规则来看待。

用事前是否有实质关系的存在对公开劝诱进行界定，会让小企业以及创业企业面临巨大的融资成本。证券发行实际上也属于销售的一种，也有开展市场推广的客观需求。受到公开劝诱禁止的影响，发行方不能展开此种具有必要性的推广活动，这样一来，就私募发行而言，大企业因为客户群体体量大可能不会受影响，中小企业要想寻求私募投资者基本上是不太可能的，就连私募发行服务也很少有投资银行愿意提供，说服的难度也非常之大。② 因而有的学者认为，"就证券法而言，公开劝诱禁止基本上可以说是对小企业融资最大的障碍了"③。

---

① See William K. Sjostrom, "Relaxing The Ban: It's Time to Allow General Solicitation and Advertising in Exempt Offering", *Florida State University Law Review*, Vol. 32, No. 1, 2004, p. 1.

② See Alexis A. Geeza, "Put Your Money Where Your Mind Is: Protecting the Markets in the Age of Post-JOBS Act Rule 506 Offerings", *Seton Hall Law Review*, Vol. 45, No. 2, 2015. p. 581.

③ See Stuart R. Cohn, Gregory C. Yadley, "Capital Offense: The SEC's Continuing Failure to Address Small Business Financing Concerns", *NYU Journal of Law and Business*, Vol. 4, No. 1, 2007, p. 36.

创业企业和小企业面临巨大的融资缺口。从企业者消耗完自己筹集的资金和亲友资金,到其能够发展出较为成熟的商业模式获得风险资本的投入,中间存在巨大的融资缺口。在这个阶段的企业,仍然处于发展早期,因为没有稳定的收入来源和现金流,以及没有担保财产,无法获得银行融资的支持;但由于商业模式上不成熟,也很难获得风险资本的青睐。这个阶段本来是天使投资者提供融资的领域。但按照统计,美国早期创业企业的融资缺口每年在600亿美元左右,每年天使投资提供的融资只有300亿美元——并不是天使投资者的资金不足,而是因为天使投资者和企业之间信息不匹配。

由获许投资者的要求可知,2012年美国大约有870万人达到了获许投资者资格,其财富总值在所有美国人的财富中占比超过了70%,但是2012年,其中仅仅9.1万名获许投资者投资了创业企业以及小企业。也就是说,只有大约1%的获许投资者参与投资,尽管是有部分人并不乐意参与到这种投资中来,但还是有部分人是止步于公开劝诱禁止的,由于和投资银行或者是私募发行人并不存在事前关系,所以就被动地从私募投资圈剥离开来,与私募融资相关的信息无从取得。有的学者指出,早期创业企业融资时往往容易出现缺口,这里的企业和投资者之间存在的信息不对称是主要诱因。[①]

(二)"获许投资者"规则之不足

从上述分析可见,"获许投资者"是界定公募发行与私募发行的核心要素。一般而言,私募发行的对象局限于具备自我保护能力的投资者,但是此种约束对公募发行并不存在。

不过,基于现实而言,美国证券监管法律法规框架体系极为庞杂,形成了各种对投资者进行的分类,[②] 而相关概念彼此间的差别极小,由此在适用何种法律方面产生了较大的选择障碍。

1. "获许投资者"概念的发展

近年来,由于金融创新等带来的公私二元融合,所以,私募发行市场

[①] See William K. Sjostrom, "Relaxing The Ban: It's Time to Allow General Solicitation and Advertising in Exempt Offering", *Florida State University Law Review*, Vol. 32, No. 1, 2004, p. 1.

[②] 获许投资者的英文是 accredited investor,合格投资者的英文是 qualified purchaser,成熟投资者的英文是 sophisticated investor。

中也逐渐可以见到公众投资者的身影。另外，1982年才颁布了获许投资者的界定标准，而随着社会的进步和时间的推移，经济形势的变化巨大，几十年前制定的标准很多时候在今天已经不适用，很多专家主张重新界定获许投资者的概念。①

2007年，SEC增加了获许自然人以及大获许投资者的新概念，② 同时也重新修订了关于获许投资者的概念，形成了新定义如下：当发行人对投资者持有足够的信任态度，或后者符合八种证券销售过程中的一种情形，则即为"获许投资者"。《D条例》501规则第（a）条下所列举的八种情形是：（1）机构投资者；（2）私人商业发展公司；（3）总资产超过500万美元的公司、合伙和免税组织；（4）发行人的董事、执行经理及一般合伙人；（5）个人，或者和配偶一起，净资产超过100万美元；（6）最近两年，个人年收入超过20万美元，或者和配偶一起年收入超过30万美元；（7）总资产超过500万美元的信托；（8）所有股权拥有人都是获许投资者的实体。其中，机构投资者包括：银行，储蓄贷款协会，注册经纪商和交易商等。

对于"获许投资者"的修改建议③笔者归纳如下：（1）《D条例》501规则第（a）条中新添了对自有投资进行替代的标准；（2）明确界定了"联合投资"的概念和内涵；（3）构建能够基于通胀状况而对获许投资者涉及金额标准进行调整的机制；（4）新增介乎大获许投资者和获许投资者之间的实体；（5）新增"获许自然人"，对具备特定理财需求的投资者进行标准上的界定。

笔者认为，SEC的修改建议表明了美国证监部门始终在不遗余力促进相关法律和时代的契合，形成更精准的界定标准，明确具备自我保护能力的投资者，并对公众投资者进行必要的保障，且试图对和获许投资者相关的概念和定义加以有效的规范和统一。实际上，"获许投资者"制度的改进，很大程度上是因为对公开劝诱禁止的取缔，由此投资者便可脱离证券法的相关保障。所以，应当完善"获许投资者"概念，让其

---

① See Wallis K. Finger, "Unsophisticated Wealth: Reconsidering the SEC's 'Accredited Investor' Definition under the 1933 Act", *Washington University Law Review*, Vol. 86, 2009, p. 745.

② 大获许投资者指 large accredited investor，获许自然人的英文是 accredited investor。

③ 17 CFR Parts 200, 230, and 239 Revisions of Limited Offering Exemptions in Regulation D, Proposed Rule.

成为能够真正衡量投资者自我保护能力的标准,这是提高投资者保护水平的表现。以下是对"获许投资者"标准中存在的不足的分析。

2. "获许投资者"概念问题之与成熟投资者概念存在混淆

《D条例》506规则第(b)条对"成熟投资者"进行了定义,它指出"成熟投资者"必须具备在投资领域非常丰富的经验和相关的专业知识与能力,而且其自身可以对投资的项目进行风险认知和价值判定,这样的个人或者机构组织才是符合"成熟投资者"条件的。① 而作为判定机构的法院,在对"成熟投资者"进行考量时,也需要参考更多的因素,从不同的角度来进行分析。主要是投资者的专业能力和投资经历,同时还有其年龄和教育程度,甚至是个人资产。②

目前美国正在适用的司法制度是"获许投资者"制度,这种制度中的获许投资者也是符合一定资质和能力的投资者,获许投资者和成熟投资者经常出现概念的交替和混合。有的法官提出,获许投资者也是具备很高专业技能和知识,也是有着相关成熟经验的投资者,其本身也符合成熟投资者的标准。③ 有的法官认为,在证券市场中,如果投资者是获许投资者,那么他的专业能力和经验足以让他们在市场中站稳脚跟,可以不被市场冲击或淘汰。④

对此概念,笔者并不认同,这两个概念背后的规则逻辑还是有着较大的差别。"获许投资者"更加看重投资能力,也就是他的个人资产和收入必须达标。这种标准主要是以金钱为衡量手段。而"成熟投资者"则侧重于投资者自身所具有的风险识别及投资估值等能力,将投资经验作为其进入私募发行的门槛。两者的侧重不同,不能想当然地将两者混同起来。财富标准只能代表投资者的风险承担能力,但就风险识别能力上却存在不足。但作为成熟投资者,他却能很好地找到投资中的风险和价值,可以做出更加专业的判断。因此,可以将专业知识和能力、过往投资经历等内容

---

① Rule 506 of Regulation D, "Sufficient Knowledge and Experience in Financial and Business Matters to [be] Capable of Evaluating the Merits and Risks of the Prospective Investment", U. S. Sec. & Exch. Comm'n, http://www.sec.gov/answers/rule506.htm.

② See Banca Cremi v. Alex. Brown&Sons, Inc., 132F. 3d 1017, 1029 (4th Cir. 1997).

③ See Poth v. Russey, 99F. App'x 446, 455 (4th Cir. 2004).

④ See Commodity Futures Trading Comm'n v. Zelene, 373F. 3d 861, 862 (7th Cir. 2004).

也加入获许投资者的概念中来。①

3. "获许投资者"概念问题之假设标准存在争议

获许投资者的标准首先保障了其投资的能力和投资风险的承担能力，也就是这样的投资者必须达到一定的财富水平。以财富多寡来衡量投资者的自我保护能力存在的争议主要有二：一是获许投资者制度的建立，是让参与的投资者具有获取投资相关信息的能力，让他们掌握一定的投资情况，从而可以对投资风险进行识别。简单地将财富多寡与信息获取能力及风险识别能力等同起来，这在逻辑上并不成立。二是财富在投资中的作用并不是重点，投资的能力和经验、风险和价值的判断更加重要。投资者的财富并不能代表其之前投资是成功的，是有经验的，也可能另有来源，与投资者是否具有投资经验无关。② 一个符合获许投资者标准的富二代可能完全不具有信息获取能力和风险识别能力，而一个并不富裕的金融学博士也许更能在私募发行中保护自己避免遭受投资风险。

4. "获许投资者"概念问题之投资者层次化缺失

目前获许投资者的判定标准太过于强调财富情况，没有真正对投资者的能力和专业性进行评估，这也导致获许投资者能力差异很大。获许投资者的资产标准也进行了相关的改动，将投资者的自有自住的住宅从投资者的资产中划分开，保障投资者的所有投资资产不会影响到投资者的基本生活。目前来说，老年人有较多的资产，但这部分资产却是其养老资源，是老年人维持生计的根本。如果拿这部分资产进行投资，一旦出现投资失败，那么老年人今后的生活就会出现困难，甚至是无法生活。所以，笔者提出投资者的资产必须进行区分，首先要确定哪些是生活必需资产，尤其是养老资产。在排除这些后，其他的资产才能用于投资。每个投资者的资产都是各不相同的，在他们进行投资时，必须根据每个人的实际情况来区别对待，进行有效的控制和监督。将每个人的投资比例进行划分，设定投资上限，保证投资的适当性。避免过度投资失败而出现影响投资者的基本生活。这样明确的区分才能实现对投资者更好的保护，同时也促进了投资资本的形成。

---

① 参见王才伟《美国私募发行中获许投资者制度研究——以乔布斯法案为视角》，《政法学刊》2015年第2期。

② 参见彭冰《投资型众筹的法律逻辑》，北京大学出版社2017年版。第147页。

(三) 以 PORTAL 为代表的 OTC 交易市场助推私募发行证券转售

在美国证券监管法规中，私募发行的证券一般被认定为 144 规则中的"限制性证券"，这是一种会遭遇转售制约的证券，一般是通过 144 规则和 144A 规则加以限定。PORTAL 平台曾遭遇过一段时间的消沉，但当 144A 证券的发行迅猛扩大之后，PORTAL 平台也开始彰显出其强大的实力。

PORTAL 平台的诞生，是受到互联网信息技术推动的，不过却因为 144A 规则得到了快速的壮大和发展。PORTAL 平台通过大量实践，试图逐步构建起私募证券二级交易市场。在此之前，只有 OTC 等相关市场中才能开展转售限制性证券的相关活动，由于投融资双方能够直接进行协商，所以无须展开集中报价活动。① PORTAL 平台出现之后，因为其较为强大的运作效率，相关市场获得了进一步的发展。此外，通过向合格机构投资者推荐发行信息的方式，PORTAL 平台对于整个私募证券一级市场的发行也产生了一定的推动作用。

SEC 在 2007 年准许 PORTAL 平台开启自动化的集中交易，合格机构投资者得到配套的密码保护系统，由此第一次真正建立起限制性证券和私募发行可进行透明交易的二级市场。虽然该平台的重点始终在私募发行和转售层面，不过，在线系统却只能在转售方面应用。

PORTAL 的新交易系统重点关注以下几个层面：第一，经纪交易商第一次购入且向合格机构投资者售出的证券是该平台的指定证券。第二，PORTAL 的交易商中允许纳斯达克会员，充当经纪商代表客户展开交易，或者自行开展相关交易。第三，机构需完成特定用户协议的签署，由此跃升为平台的获许投资者。在该协议中，机构承诺严格遵循 144A 规则等从事交易活动。虽然上述投资者无法在系统中直接进行下单和报价，但是能够经由特殊渠道进行报价的查阅，并对交易执行状况加以了解和处理。

TRACE（Trade Reporting and Compliance Engine Service）要求纳斯达克将定期将 PORTAL 的交易情况以报告的形式予以展示，另外还需向平台参与者以匿名的方式进行相关报告的披露。不过，PORTAL 本身具备限制性特征，所

---

① See R. Brandon Asbill, "Recent Development, Securities Regulation—Great Expectations and the Reality of Rule 144A and Regulation S; The SEC's Approach to the Internalization of the Financial Marketplace", *Georgia Journal of International and Comparative Law*, Vol. 21, No. 1, 1991, pp. 145, 148.

以报告接受者无法对系统和平台外的其他人进行信息的披露。与此同时，纳斯达克也可不对广大公众投资者披露和发布 PORTAL 市场的信息。

PORTAL 平台诞生之后，众多的投资银行反应是最为敏捷的，市场上各类私募发行和限制性证券交易系统如雨后春笋般涌现。比如，以高盛、美林等为代表的华尔街投行纷纷在 2007 年构建了各自的开放性交易平台，用来开展私募证券相关交易活动，许多风险资本企业也开始了构建相似平台的步伐。2007 年年底，私募发行市场的主要参与方达成一致意见，决定构成 PORTAL 联盟，在平台上展开密切的合作。其中，高盛、花旗、雷曼兄弟、美国银行等众多的投行及证券企业都参与其中，而这些曾经也是最早加入个人私募系统的成员。此项行动促使 PORTAL 系统进行了全方位的改造和升级，相关参与投行均形成了和自身系统最相匹配的先进技术，而且可对平台的交易功能展开充分利用。

以上阐释的是一场发生在十余年前的美国资本市场的演变，由此 SEC 需应对更加严峻的监管层面的任务和挑战。首先，PORTAL 联盟成立之后，是否会对私募发行市场造成整体垄断，是监管部门最为忧虑的事情。其次，虽然纳斯达克表明构建了相应机构，对有无遵循 144A 规则中合格机构投资者条款进行判定，不过很多人主张纳斯达克实际上是利用注册程序来试图对私募发行市场进行初步垄断实验。最后，对于平台是否创建注册豁免，持有一定的争议。不过，纳斯达克主张，只要参与该系统和平台，便进行了注册豁免，因此 SEC 对此是持有肯定还是否定态度意义重大。

另外，PORTAL 联盟和平台以及别的私募市场平台怎样展开合理分工，也是一个重要的问题。联盟的成立，意味着纳斯达克和各大投行间需进行高度的整合，实现一体化发展，因此，针对投行的监督与管理，以及纳斯达克在市场的开拓和扩张层面，有诸多利益纠纷存在。怎样对联盟、平台和其成员间的关系进行合理界定，是有效缓解冲突的关键。

第三节 公私二元融合的学理解析——以经济法基础理论为支撑

一 证券法目的理性之解读

德国著名的社会学家马克斯·韦伯探寻了人类理性的内在结构，将人的理性分为目的理性与价值理性。目的理性,指的是"通过对外界事物的情况和其他人的举止的期待,并利用这种期待作为'条件'或者作为'手段',以期实现自己合乎理性所争取和考虑的作为成果的目的"①。而价值理性,则指的是"通过有意识地对一个特定的举止——伦理的、美学的、宗教的或作任何其他阐释的——无条件的固有价值的纯粹信仰,不管是否取得成就"②。这一划分在一定程度上解释了人类理性的两大基本特征,因而得到了学界的普遍认可。目的理性的特点是根据目的、手段和附带后果来作为行为取向,通过对各种可能的手段、后果与目的相比较,作出合乎理性的权衡,这就是目的合乎理性的行为。③

以往有关证券法理念的阐述主要停留在目的理性层面,往往认为证券法遵循的是目的理性,在保护投资者和融资效率之间寻求平衡。但两者之间依据怎样的标准进行平衡,却鲜少学者论及。这也就导致了证券法两个目的之间的协调路径变得模糊,"保护投资者和融资效率之间的平衡"成为一句空话。以目的理性为导向所建立起来的证券法,忽略了保护投资者与融资效率之间相互协调、相互作用的关系,简单地将两个目的分开来看待,从而建立了公私二元界分的证券法框架。公募发行以"保护投资者"为目的,其中的投资者需要证券法的特别保护,而私募发行以"融资效率"为目的,维护的是私人经济利益,证券法只需对投资者的人数和资质进行限定,确保参与其中的投资者都有能力进行自我保护即可。正如有的学者所认为的,"公开发行简称'公募'。定向发行简称'私募'。公募与私募相对。公开发行行为涉及不特定的投资者的社会公众利益,因此必须置于公权力和社会公众的强力监管之下"④,而私募发行行为仅针对特定的投资者,具有一定的风险抵御能力,"更多地受到合同法和契约自由规则的约束,如同其他任何民事活动一样"⑤。"证券法的基本原理就是通过

---

① [德]马克斯·韦伯:《经济与社会》(上卷),林荣远译,商务印书馆1997年版,第56页。

② [德]马克斯·韦伯:《经济与社会》(上卷),林荣远译,商务印书馆1997年版,第56页。

③ 参见王春福《公共政策决策责任的工具理性与价值理性分析》,《学术交流》2004年第4期。

④ 刘俊海:《现代证券法》,法律出版社2011年版,第50页。

⑤ 刘俊海:《现代证券法》,法律出版社2011年版,第50页。

公开的手段去达到保护投资者的目的。"① 可以说，公私二元界分的证券法模式是保护投资者与融资效率两个目的二元界分的具象化。

证券法公私二元界分的传统路径是建立在"经济—社会"这种稳定的框架中进行的，一旦纳入经济发展，尤其是快速发展这一异常活跃的变量，此种模式将可能无法实现对社会的回应功能，更无法实现其目的。将保护投资者与融资效率这两个目的分开来看待，从而建立起来的公私二元界分的证券法模式，随着经济的发展和金融创新，这种僵化日益明显。比如，公募发行过分强调强制信息披露制度，导致发行成本巨大，发行效率低下，不少上市公司转而寻求 PIPE（对冲基金和私募股权基金管理公司的 IPO）的模式引入资本，增强其融资效率；而私募发行的范围被法律限定在过于狭窄的范围内，导致私募融资者通过各种结构化的设计试图突破私募发行的法律边界。出现这种情况的原因在于，"经济—社会"的发展变动导致这两个目的之间的关系由传统的相互竞争和冲突转变为平衡协调。而如何平衡协调其评判的标准就是价值理性。正如马克斯·韦伯所言：行为、目的与理性价值取向之间的契合，就其本身及所处关系而言总是有差异存在。② 在相互关系的协调上，应以价值合乎理性作为指导，按照轻重缓急的序列展开相关行为③。

所以，基于证券法而言，价值理性与目的理性彼此形成上下位阶的关联，投资者保护与融资效率这两个目的之间的冲突协调，应以社会公共利益作为价值评判的标准。

二 对证券法价值理性的解读——社会公共利益

"价值合理性关注的是道德责任的履行、道德良心的召唤。受价值合理性支配的行为，不计成败得失和功用效益，以道德命令、政治信念、人生理想为取舍标准，实质合理性即价值理性。"④ 在证券法中，社会公共

---

① 朱锦清：《证券法学》，北京大学出版社 2011 年版，第 79 页。

② ［德］马克斯·韦伯：《经济与社会》（上卷），林荣远译，商务印书馆 1997 年版，第 57 页。

③ ［德］马克斯·韦伯：《经济与社会》（上卷），林荣远译，商务印书馆 1997 年版，第 57 页。

④ 参见马晓琴《"合理化"的内涵与实现——哈贝马斯的"交往行为理论"》，《宁夏党校学报》2013 年第 6 期。

利益是其价值理性。

（一）基于实质正义对"社会公共利益"的解读

就"社会公共利益"而言，该词由社会、公共和利益三个名词复合而成，尽管我们可以对这三个词语分别进行界定，但是，一旦将其组合，其界定难度倍增。这是因为，社会公共利益这一客观事物过于庞大、抽象和复杂，一般人很难观察到其全貌，更难通过语言准确描述。虽然法律概念都具有不同程度的不确定性，但与其他法律概念相比，公共利益具有更高程度的不确定性，属于不确定概念的范畴。[①] 因此，任何一个社会公共利益的定义，都只能反映其一些局部特征，而非本质的属性。这就决定了对社会公共利益的理解更多的是去体认，特别是需要在具体场景中结合个人利益进行理解，而不是刻意选择精确的语句表述。[②] 从这个角度来审视，社会公共利益是国家干预者人为建构起针对特定领域、特定人群的一种利益关联。在当代自由主义的重要代表哈耶克看来，诉诸"社会的"便意味着"将社会成员以特定的方式组织起来，并成立一个将社会成员的各种努力协调起来的权力机构去实现某种被视为正义的特定分配模式"[③]。

就社会公共利益的合理性而言，笔者认为，应从实质正义的角度出发来理解。相对于体现普遍化价值的形式正义而言，实质正义反映的是一种具体化的价值。这于利益的享有主体方面，意味着局部的、特定的个体或群体的价值；于利益的实现程度方面，意味着现实的享有与满足。在这种意义上，所表达的社会公共利益，并不止于为社会成员提供有助于其追求各自目的的工具，经由促进个人追求个人目的而达致普遍利益，即哈耶克所指的"整体的抽象秩序"，而着力积极寻求社会成员具体的、现实的利益享有的途径，因而，人为的努力、有意识的设计与理性的建构对于达致这一特定结果凸显出特别的意义。

在强调形式正义的传统法治观看来，法律的普遍性、规范性、稳定性、自主性与逻辑性是具有决定意义的，其中心目的便在于经由规则的确定化束缚政府的权力。尽管"也可以采取范围较规则更为广泛、阐述也更

[①] 参见王轶《论物权法的规范配置》，《中国法学》2007年第6期。
[②] 张忠军、朱大旗、宋彪主编：《擎社会责任之光》，法律出版社2012年版，第184页。
[③] ［英］哈耶克：《自由秩序原理》（上册），邓正来译，生活·读书·新知三联书店1997年版，第231页。

为模糊的原则形式，或为实现某种社会、经济目标而接受政策的指导"，承认"法律的安排受制于人们根据社会生活的需要和公平正义的要求所作出的定期性评价"，但是，在普遍与特殊化，规范性与事实性，稳定性与变动性，自主性与回应性，逻辑性与经验性诸对并立的概念范畴中，他们更侧重于前者。① 其间暗含的理论假设是坚守规则自治，形式至上，个体便可获致追求自身利益的机会与条件，而诉诸干预者的政策指导抑或定期评价，只会损害个体追求自身利益的自由。

然而，伴随着社会经济生活日趋复杂，秩序变动逐渐频繁，那种"列出一些事实作为国家可以正当地进行干预的条件，并确定一些国家可以运用的措施作为法律后果"的传统规范模式往往落后于社会的发展，法律呈现反形式化并进一步趋向实质化。在哈贝马斯看来，"实质化产生于这样一个事实，即'法律自由，也就是做自己愿意做的事情的法律许可，如果没有事实自由，也就是没有事实上选择所允许之事的可能性，是毫无价值的'，而社会受益权利的根据，则在于'在现代工业社会的条件下，大量基本权承担着的事实自由的物质基础并不存在于他们所支配的环境之中，而根本上依赖于政府的活动'"②。这种政府活动，具有明显区别于古典意义上的反应性的、两极性的和选择性的干预行政的特征，而呈现出面向未来的趋势。这一趋势在诺内特与塞尔兹尼克的社会理论中被进一步明确化为一种新的法律类型，即"回应型法"。基于此，我们可以搭建起"社会公共利益"的逻辑关联：国家以社会利益为价值诉求，实为回应社会成员满足其自身具体、现实的利益需要。

（二）社会公共利益与个体利益

如前文所述，社会公共利益的合理性建立在实质正义的基础之上，也可从社会利益的享有主体层面揭示社会公共利益与个人利益之间的关系。

社会利益也是个人利益，但不能完全经由个人利益的自主实现而当然获得；社会利益并非个体利益之简单汇总，相对于个体利益亦并非处于绝对优位；社会利益与个体利益并非居于利益天平的两端，亦不是模糊地交

---

① 参见［美］罗斯科·庞德《法律史解释》，邓正来译，中国法制出版社 2002 年版，第 177 页。

② 参见［德］哈贝马斯《在事实与规范之间》，童世骏译，生活·读书·新知三联书店 2003 年版，第 431 页。

织而难以辨识，社会利益与个体利益之间不能一劳永逸地划定绝对性的疆界。社会利益乃经由不确定多数之个体利益的协调与平衡而落实于具体、现实的利益。社会公共利益能否实现，个人是决定性因素。因为个人在追求自身利益的同时，一方面会不自觉地促进社会公共利益，另一方面则可能损害社会公共利益。[1] 正如亚当·斯密所言："一般来说，单个的个人实际上既没有增进公共利益的打算，也不知道他的行为增进了多少公共利益。但是，由于他具有支持本国产业而不是外国产业的偏好，他保护了自身的经济安全；由于他以产品价值最大化的方式来管理他的产业，他增加了自身的收入；个人在这一过程以及其他许多过程中，都是由一只看不见的手引导着并增进了社会的利益，虽然这最终的结果并非出自其个人的意愿。"[2] 但是个人和社会、个人利益和社会公共利益是一个始终无法平衡的矛盾体，在资源有限的条件下，个人追求利益的行为，必然和他人特别是社会公共利益发生冲突。因此，社会仅仅允许个人自由地追求自身利益还不够，还必须为每个人的自由设置一个基本前提，即不损害人们的共同利益。缺少这一前提，必然会出现个人利益无限增长，而社会公共利益则不断萎缩的状况。正如有学者指出的，社会利益是"利益结构的一个终结点"[3]，从利益分配角度来讲，社会利益本身不能用于分配或再分配，而是利益分配的结果。

就法律层面而言，社会利益是国家干预者有意识引导之下的个体利益彼此协调后的产物。这意味着它"不是仅仅作为一种'普遍的东西'存在于观念之中，而且首先是作为彼此分工的个人之间的相互依存关系存在于现实之中"；不是一种无可名状的"神秘的精神共同体"，它所表明的是"个体的意志，如同个体的习惯和愿望一样，因观念的相互影响而改变"[4]；还意味着"在分配和行使个人权利时决不可以超越的外部界限"[5]。由此可知，社会利益是现实的、互相影响而彼此改变、恪守外部界限的个体利益。"社会的"存在于个体之间，个体愿望的实现乃基于与他人愿望

---

[1] 参见李昌麒、陈治：《经济法的社会利益考辨》，《现代法学》2005年第5期。
[2] ［英］亚当·斯密：《劳动管制与进口管制》，载［美］詹姆斯·L.多蒂、德威特·R.李编《市场经济大师们的思考》，江苏人民出版社2000年版，第47页。
[3] 岳彩申、袁林：《经济法利益分配功能之解释》，《社会科学研究》2002年第3期。
[4] 沈宗灵：《现代西方法理学》，北京大学出版社1992年版，第216页。
[5] 沈宗灵：《现代西方法理学》，北京大学出版社1992年版，第218页。

的协调及他人愿望的满足,是在使其中一个成员的境况变得更好又不使其他社会成员的境况变得更糟(即帕累托改善)的条件下实现互相利益的衡平,增进共同的福利。由此,社会利益既具体、现实化为个体的利益,又不等于单个个人所欲求的利益的总和,而是一个特定社会设定下通过个人的彼此协调而生产出来的事物价值的总和。但需要注意的是,社会公共利益是一种相对的平衡而非绝对的优位,社会公共利益并不凌驾于个人利益之上。因此,若将衡平取舍简单地理解为放弃个体利益而选择社会利益,势必又回到将社会利益视为完全超然于个体利益的逻辑轨迹之上,再次陷入究竟什么是"社会的"责难。

如前所述,"社会公共利益"既关涉具体、现实化的个体利益,又是一个特定社会设定下通过国家干预者有意识协调个人利益而产生的利益价值的总和。因此,证券法中的社会公共利益在"不同的环境和不同的条件下会有不同的体现。以主观性和客观性的标准加以衡量,证券法的价值是公平与效率的统一"[①],具体而言,公平与效率的统一体现为实质正义和社会整体经济效率的统一。这需要证券法的立法者与监管者综合特定时期、特定群体、特定条件进行判断,最后制定出合乎证券法"社会公共利益"的证券法规则与监管行为。

三 公私二元融合与"价值理性—目的理性统一"

证券法中价值理性与目的理性之间存在上下位阶的关系,投资者保护与融资效率这两个目的之间的平衡协调,应以实质正义和社会整体经济效率作为价值评判的标准。公私二元融合的证券法框架革新正是这一理念的具象化。

无论是美国证券法的发展,还是我国证券法的发展,在当代都面临巨大的压力和挑战。压力来自证券法目标之间的平衡取舍:投资者保护、稳健安全的金融系统以及中小私有公司寻求更广泛的融资渠道,在这一复杂的经济环境中对监管部门能力的考验。太多目标需要考虑,但资源和预算却相对紧张。我们需要多大程度的证券监管与我们愿意为之付出多少成本之间存在极大的反差,并且双方都有坚定的支持者。挑战来自科技革新与金融创新。由于科技进步,不断涌现出创新的金融产品,甚至创新的金融

[①] 陈洁:《证券法的变革与走向》,法律出版社 2011 年版,第 13 页。

市场。金融市场变得越来越复杂不透明，也越来越碎片化。新的入场者和新的金融安排不断出现，使监管者疲于应对。来自证券法各目的相互平衡博弈的压力与来自金融创新的挑战之间是相互交缠在一起的。金融创新要求证券法和立法者积极回应，同时也打破了此前各目标之间的平衡。这需要证券法的立法者与监管者综合特定时期、特定群体、特定条件进行判断，最后制定出合乎证券法"社会公共利益"的证券法规则与监管行为。而公私二元融合的证券法框架正是在此背景之下的产物，具有历史必然性。

(一) 特定时期：金融抑制缓和的经济时期

E. S. Shaw 和 Ronald I. Mckinnon[1]（1973）构建了"金融抑制"相关概念：在新兴资本市场中，因为政府在相关经济活动中进行了过分的干预，试图利用宏观调控等方式，来促成某个时期的经济目标。相对来说，我国金融机构中国家持股由始至终都占比较高的股权份额，政府能够形成对证券市场 IPO 总量的严格管理和控制，由此可知，国内存有比较严重的金融抑制问题。正是相关问题的存在，国内才会形成民间和正规两类彼此分割的金融市场。不过，现代信息技术的发展推动了互联网金融的兴起，上述两大市场在将来的某个时间或许会实现高度融合，由此推动新时期金融资源体系更加合理的配置，且民间金融能够与互联网进行充分结合，由此民间市场分化成各具特点和规模的两类形式：一是传统社会网络型民间资本市场；二是互联网型民间资本市场，在某种程度上延展了传统民间资本市场的规模，且慢慢建立起和新时期互联网金融相匹配的制度模式。[2]

基于金融权益分配视角而言，在金融权益的享有方面，企业和公民之间具备相同的价值和权利主张，都可对各类形式的权益进行合理分享。金融权益是财产权的一个特定形式，而任何一个公民都依法享有财产权，此项权利不应被特定组织垄断。基于传统而言，政府机关和国家是金融资源的实际占有者，由此造成了事实上的金融垄断问题，而这对于广大民众来说，是对他们享有权益的一种剥夺。今天，民众的权益思想慢慢得到发展，对于金融权益的追求更是刷新历史，当前的法律、制度和政策也逐渐

---

[1] See E. S. Shaw, Ronald I. Mckinnon, *Financial Deepening in Economic Development*, Brookings Institution Press, 1973, p. 35.

[2] 参见岳彩申《互联网时代民间融资法律规制的新问题》，《政法论丛》2014 年第 2 期。

呈现对金融权益的重视和保障,由此一度占据绝对优势的金融垄断机制面临着现实的巨大挑战。①

实际上,金融体制的变化与革新,是因为受到包括企业融资需求等诸多因素在内的影响,是诸多合力共同作用的成果。也正是伴随民间金融市场的顽强发展,才能推动国内金融体制方面的变革,而在互联网时代大力崛起的各种网络金融新模式,在推动金融行业产业进入发展新高峰的同时,也引发了有关部门对于金融垄断及金融产业发展模式的深刻思考。推动互联网金融在发展的状态中更趋于理性,是立法以及政策层面需共同应对的重点问题,也是未来开展金融体制改革的关键。

(二)特定条件:大数据时代中信用内涵的扩张

"金"是一种坚固的金属物质,而"融"又是一种融化的状态,是可以流动的。要将金变成融的状态,就需要加火。这个火就是信用,信用是金融得以发展和流通的关键与核心。互联网金融虽有别于传统的金融模式,但其本质并没有超越金融属性,在互联网这个平台上,更加需要信用,②自然也会出现信用风险。③传统的金融活动,在信用方面是指借贷和偿还的能力与信誉。这个信用体系是以银行为核心载体来构成的。

《大数据时代》是一本非常重要,有着划时代意义的书籍,其作者是维克托·迈尔和肯尼思·库克耶,他们认为大数据成为一个新的时代标志。④作为新的时代,金融信用在大数据中也有了新的内涵和变化。其涉及的范围更加广泛。利用大数据可以更好地分析各种交易、价格及市场情况,可以很快给出信用的评价及风险问题,这些都是新的金融内涵。通过大数据的不断推广,社会更多的层面都在利用大数据来进行分析和总结。这种功能对于传统金融格局也是一个重大的破坏,过去客户的信息只有从金融机构才能获取,客户的信用问题都是隐藏的。但大数据打破了这种信息的垄断,客户的信用信息等都可以从大数据的分析中获取。这样也可以

---

① 参见徐祥民《自然资源国家所有权之国家所有制说》,《法学研究》2013年第4期。
② 参见李爱君《互联网金融的法治路径》,《法学杂志》2016年第2期。
③ 参见杨东《互联网金融的法律规制——基于信息工具的视角》,《中国社会科学》2015年第4期。
④ 参见[英]维克托·迈尔、肯尼思·库克耶《大数据时代:生活工作与思维的大变革》,周涛译,浙江人民出版社2013年版,第9页。

根据客户的基本情况来设计更加有特点的、符合客户的新产品。在我国的金融信用发展过程中,"互联网+"对于金融的信用扩张有着巨大的推动性。

信用必须跟随时代的脚步,要符合互联网发展的需求。在这种情况下,过去的民间金融信用体系已经在瓦解,过去的信用很多都是基于血缘,或者同地区的地缘,或者同行业的业缘来形成。但现代金融,尤其是互联网金融则完全抛弃了这些。以国家法律法规为指导,建设现代的信用体系,以大数据的计算和预测来帮助现代金融体系快速发展。

在现代金融体系下,政府和金融市场的信用必须树立。第一,政府所发挥的作用要改变,从过去对市场的管控到现阶段不过度干预市场,让市场自由运行,减少政府行政权力对市场的破坏,尤其是存在乱用行政权力而让市场的运转遭到破坏,各种违规现象充斥着市场,金融机构的关注点更多地聚焦于"寻租"成本上,它们放弃了交易效率的提高。行政权力对金融市场的干预更多的是负面的,不但让市场交易成本大大增加,而且不确定性也在增多,产生了更多的管理寻租。政府的这种干预让整个市场的秩序被打乱,这种情况下无法建立成熟的信用体系。第二,金融市场的信用体系要不断强化。必须建立完善的信用记录制度,让整个市场的各种交易及信用行为都得到有效的记录,这样可以让整个市场的信息都得到充分的展示,避免了信息不对称,也打击失信的市场个体行为。整个市场中的企业或个人的信用记录越完整,金融市场就越有保障。市场中的任何人都可以查询了解到市场其他人的信用情况,这才是重要的诚心保障。但是这个诚信体系的建设必将经历一个漫长的过程。

(三) 特定主体:"互联网+"时代下的金融主体

1. 金融主体更加丰富多元

互联网金融业务,相对来说,其客户群更加广泛,客户种类也多种多样,而且互联网金融的技术更加先进,可以避免传统金融的各种弊端,总的来说,互联网金融市场包容性强,开放度高。目前,我国金融行业也在随之发生改变,这也是"互联网+"所带来的。具体为:(1)客户更加频繁地使用互联网,并利用网络来进行对外的沟通和信息的传递,而且这种情况逐渐在金融行业内出现并发展。(2)"互联网+"带来的大数据、多种信息的集合和运算，也让很多过去非常复杂的事情变得简单，这种变化也在金融行业出现。这种新的金融形态是将每个人都加入金融服务中。[①] 互联网金融，简单地说，是互联网和传统金融的一种结合。互联网可以给人们提供更多的金融服务，这是传统金融无法比拟的。在多元化的互联网金融服务中，每个人的金融需求都得到了满足，不管是高收入人群还是低收入人群。而且通过大数据的对比和云计算的加入，让金融风险得到了更好的计算，可以更加有效地进行金融风险管控。过去的几年是互联网科技飞速发展的时期，传统的金融已经遭到了重大的冲击而不得不进行转型。金融市场主体的改变和多元化发展，行业的激励竞争，都让互联网金融不断出现新的服务产品和模式。但总的说来，金融的核心功能没有改变，都是社会经济的衍生物。不管是互联网金融还是传统金融都是为客户服务，提供给客户更好的金融产品。也就是说，互联网金融并没有对金融的核心进行颠覆性的改变，只是利用互联网技术对传统金融进行一次优化和革新。

2. 主体目标诉求呈现普惠化趋势

普惠金融作为概念首次出现于党的十八届三中全会，对于整个金融市场尤其是互联网金融的壮大与发展意义深远。在金融法的时代背景下，在一定程度上，新时期的金融市场发展必将产生普惠性的内在要求。就像专家们所说的：金融的社会化发展，意味着只有少部分人垄断金融市场，依据财务工具攫取巨额利润的历史将被中止，未来金融活动势必发展成全员参与的一种常态经济活动。[②] 在普惠金融发展起来之后，社会全体成员都能够得到适合其投资或发展的金融服务或产品，在网络信息技术的支持下，相关服务和产品的成本在不断降低，各种新型预防和控制金融风险的方式方法被创造出来，整个市场的金融准入条件将会大幅度降低。另外，投资者在普惠金融的发展过程中，更容易获得金融平等和自主，不再居于被动的角色，开始转变为主动选择的一方，针对金融活动的内容以及途径都可进行独立自主的选择。在普惠金融发展的过程中，广大民众参与金融活动的诉求得到重视，由此推动金融服务、产品的研发和设计，金融活动不再为中高端客户所独占，这应该是互联网金融环境所带来的最为剧烈的

---

① 参见何大勇、张越、刘月《个人金融新格局》，中信出版社 2016 年版，第 34—58 页。
② 参见冯果、袁康《社会变迁与金融法的时代品格》，《当代法学》2014 年第 2 期。

冲击和变革。

普惠金融以促成好金融的达成与实现为终极目标。部分专家主张，基于伦理基础而言，普惠金融总是和金融民主息息相关，因此促成整个人类世界实现真正的平等与自由，繁荣与发展，是金融民主这一概念所界定的最终目标。① 在《金融与好的社会》中，学者罗伯特·希勒认为，金融民主是一个内涵深厚的概念，蕴含着强大的理想主义精神，推动全人类财务和资源实现公平合理的分配，推动逐步破解金融精英所垄断的特权，这便是金融民主化的深刻理念。②

在 2008 年国际金融危机发生之后，许多学者展开了关于社会发展和金融角色的深思，Shiller 教授由此开始探究怎样利用金融来为全人类服务，并在研究的过程中构建了金融民主化的概念，认为其目标在于研发出合适的金融投资计划或方案，为广大普通民众提供相应的金融教育，使人们能够基于理性思维来参加各类金融活动。他还主张，广大民众和金融机构间存有千丝万缕的关联，而这是促进社会正常发展的基本关系之一。从长远意义而言，发展并推广普惠金融，是实现与达成金融民主化的必然选择，也是促进人类共同发展目标实现的客观要求。

---

① 参见黎四奇《中国普惠金融的囚徒困境及法律制度创新的路径解析》，《现代法学》2016 年第 5 期。

② 参见［美］罗伯特·希勒《金融与好的社会》，东宇译，中信出版社 2012 年版，第 1—25 页。

第三章

公私二元融合视角下股权众筹法律制度分析与功能解释

美国《JOBS法案》是公私二元融合的证券法革新的产物，法案的第二章和第三章分别建立了私募股权众筹与公募股权众筹。研究借鉴《JOBS法案》可以为我国的股权众筹制度建构提供有益的思路。从本质上看，美国的公募股权众筹与私募股权众筹内在逻辑具有一定的相似之处，代理成本与信息不对称的处理基本类似。不过，由于双方的核心困境存在一定的区别，其具体制度也从不同的角度在传统的公募发行与私募发行制度上进行了融合。相较于公募股权众筹而言，私募股权众筹的制度设计更为成功，更适合作为我国借鉴移植的范本。

第一节　《JOBS法案》与股权众筹立法

在21世纪初期，美国的证券市场出现了一定程度的变革，很多公众公司退出市场，企业的IPO大范围减少。在安然公司2001年丑闻出来之后，该国政府为了能够促进资本市场信息丰富，避免信息不对称现象，颁布了一系列相关的法律法规，如2002年颁布的《SOX法案》和2010年颁布的《Dodd-Frank法案》等。很多学者对这两部法律进行深入研究，认为其对于资本市场的监管过于强化，加剧了企业融资的合规成本，但同时并没有良好地应对信息不对称问题。2012年美国颁布了《JOBS法案》，该法案旨在提高融资效率，降低企业合规成本，推动经济更好地发展。总体来看，《JOBS 法案》共有七个部分的内容，第二章和第三章涉及股权众筹。

一 《JOBS 法案》评述

纵观美国市场经济，在 2000—2002 年三年之内，发生了一系列财务欺诈丑闻，其中安然公司破产事件最具影响力。安然公司的高管人员为了自身利益设置了离岸账户，进行资金的随意调遣，并且采用了极其隐蔽的手段隐藏亏损。此事件导致美国政府在颁布《SOX 法案》的时候，对公司的财务管理制度进行了全面的修订。为了更好地推动审计规范化开展，促进信息披露更加准确与合理，该法案中增加了相应的刑事责任，同时还建立了公众公司会计监督委员会。[①] 这种严厉的财务管理形式，虽然能够帮助监管者严格监控公司的财务状况，但也相应地造成公司在法律以及审计方面的成本过高。为了应对 2007 年次贷危机，美国在 2010 年所颁布的《Dodd-Frank 法案》中进一步提升了上述法案中的审计标准。不仅仅局限于上述内容的限制，因为科学技术的快速发展，大量信息技术涌现，对于投资者的具体行为产生了重要的作用，很多金融中介逐渐开始将自身的目标放在短期交易中，同时也因为互联网的快速发展，使得传统经纪商的发展受到了影响，银行投资的回报不断降低。在这种状况下，做市商在股票做市的时候，比较青睐于选择那些流动性较高的大公司，这在很大程度上不利于小公司的发展。在美国《Dodd-Frank 法案》和《SOX 法案》颁布以后，为了进行自身规模的扩展，很多小公司开始采用并购的形式，只有企业的整体规模足以支撑上市的巨额成本，才考虑上市。

《JOBS 法案》颁布的主要目的在于将政府对资本市场的管制合理放松下来，推动初创企业更好地发展，以便对国内就业压力进行缓解。该法案还具有另一个目标，即推动新型公司顺利进入公共资本市场，以此来实现就业机会的增加，推动经济的良好发展。美国的《重建 IPO 通道——促进新兴企业和就业市场重返增长之路》是在 2011 年提出来的，对新兴的成长公司进行了科学的定义，并建立了与其发展相符合的制度，提出了解决其发展问题的一系列对策，很多比较详细的内容被记录在了《JOBS 法

[①] 参见 [美] 约翰·C. 科菲《看门人机制：市场中介与公司治理》，黄辉、王长河译，北京大学出版社 2011 年版，第 175 页。

案》中。

通过对美国近十年来的具体数据进行分析可知,新兴成长公司 IPO 出现了大范围下降的现象,公司上市前的筹备时间不断增加,由以往的五年转变为了现在的九年。1991—2000 年,美国基本上每一年都会有 500 多家公司参与到 IPO 中;而 2001—2010 年,则每年基本上只有 100 多家公司会参与到 IPO 中。① 产生这种情况的原因是多方面的,最为主要的原因在于政府对其监管发生了变化,监管更加严厉,使得公司上市需要花费更多的资金,这不利于公司上市积极性的提升,并且对投资者的意愿产生了一定的影响。根据具体的统计数据可知,公司进行 IPO 的整体费用大约是 250 万美元,而在上市之后需要进行一系列信息披露,需要花费的金额每年大约为 150 万美元,这对于发展期的小公司而言是一笔不小的数目。②

就融资渠道而言,虽然小型公司不仅能够通过 IPO 上市的形式,还能够通过小额发行和私募豁免的形式,但后面这两种形式的融资效果并不理想。在美国 1933 年《证券法》中对私募发行豁免进行了详细的规定,"禁止公开劝诱"是其核心规则。这一规定使得人们对其理解更加笼统,很多该方面的学者认为,在投资的时候相应的投资者必须与公司进行当面沟通,否则就与该规定相背离。而在 1982 年美国 SEC 对小额发行豁免制定进行了全面化规范,目的在于降低信息披露要求,更好地将降低发行成本。由于美国联邦政治体制具有特殊性,这在很大程度上决定了其"联邦法律体系—州法律体系"的二元法律结构,相关的证券活动需同时符合这两个法律体系的约束。这意味着,小型公司运用私募发行豁免和小额发行豁免进行融资,不仅要符合 1933 年《证券法》这一联邦法律,还会受到各个州的全面审核,这导致私募发行和小额发行的融资成本仍然高企。比如,美国堪萨斯州为应对欺诈型公司和虚有性融资,在 1911 年出台了《蓝天法案》。③ 这使得在该州从业的公司需要同时符合堪萨斯相关州法和联邦法的双重规制。

---

① See Brian Howaniec, John Niemeyer, "The IPO Crisis: Title I of the JOBS Act and Why It Does Not Go Far Enough", *Pepperdine Law Review*, Vol. 845, 2015, pp. 845-847.

② 鲁公路、李丰也、邱薇:《美国 JOBS 法案、资本市场变革与小企业成长》,《证券市场导报》2012 年第 8 期。

③ 参见郭雳《美国证券私募发行法律问题研究》,北京大学出版社 2004 年版,第 194 页。

二 《JOBS 法案》中的公募与私募股权众筹

《JOBS 法案》的第二章、第三章中分别涉及了私募和公募股权众筹方面的内容，其设计理念与规则如下。

(一) 公募股权众筹的"五项原则"

在公募股权众筹的制度设计之初，无论是实践界还是学界，都对这样一种依托于互联网的新兴融资方式抱有很高的期待。其中最具影响力的是由 Bradford 教授率先提出来的五项原则，该系列原则旨在寻求开放融资渠道、降低融资成本和保护公募投资者之间的平衡，也成为《JOBS 法案》中公募股权众筹制度设计的重要思维基础。[①] 该五项原则为：（1）发行成本应当能够被相关的公募股权众筹网络人员和发行人员所接受；（2）避免投资者障碍的存在；（3）有效分析并提示潜在风险，同时为了避免相关人员的全部资产被损失掉，会对其个人投资进行一定程度的限制；（4）该方面的网站应当做好自身职能的发挥，及时为投资者说明风险和责任；（5）开设公开性的交流渠道，合理采用公众力量及时进行欺诈行为的甄别。

但是，由于股权众筹公募发行涉及公众利益，其制度设计一直饱受争议，"五项原则"理念勾勒了股权众筹公募发行的理想形态，但就具体制度设计而言，却很难同时满足，这需要"高明的立法技术"[②]。因此，最终的《JOBS 法案》相对保守，仅在已有的公募发行理念基础上加入了特别的信息披露规则，以便更好地对投资者进行保护。

(二) 私募股权众筹的"豁免理念"

与公募股权众筹相比来看，私募股权众筹方面的争议较少，《JOBS 法案》对美国当前现有私募发行的内容进行了有效调整。美国在 1933 年《证券法》中将私募发行的公开劝诱禁止制度进行了一定范围的放松，这意味着在进行公开劝诱的时候相关人员可以采用较多的形式和途径，比如

[①] See C. Steven Bradford, "Crowdfunding and The Federal Securities Laws", *Columbia Business Law Review*, No.1, 2012, pp.117–148.

[②] See C. Steven Bradford, "Crowdfunding and The Federal Securities Laws", *Columbia Business Law Review*, No.1, 2012, pp.117–148.

电视、网络、报纸等。不过，通过《条例 D》506 规则第（c）条[①]所开展的融资行为也同样被作为私募性质来进行发行。而对于《条例 D》506 规则第（c）条的修改则为相关人员的验证做了较好的基础，在该内容的基础上对证券信息披露"表格 D"进行了修改，明确规定相关的发行人应当对自身的发行标准进行审核，并明确自身是不是在《条例 D》506 规则第（c）条的要求范围内。《条例 D》506 规则第（c）条范围内的发行可以豁免公开劝诱禁令，相关的发行人能够对自身进行恰当的宣传，能够采用不同类型的网站进行宣传等，这就使其能够更好地拉拢投资者。

从整体来看，《JOBS 法案》是美国政府对自身市场深入管理的基础，也是政府重新深入开展资本市场管理信心的体现，合理降低监管标准，能够更好地满足新型融资者的需求，拓宽融资渠道，这就能够推动资金与供需者实现更好的对接。

三 公私二元融合视角下股权众筹的立法逻辑——解决投资者保护与融资效率之间的平衡

站在全球视角分析可知，欧洲和美国是股权众筹平台设立最多的地区，基本达到了全球总量的 85%，其他的则零散分布在澳大利亚、加拿大和巴西。[②] 这种融资主要是将中介和网络作为基础的，小型公司能够对自身的融资需求进行发布，而投资者则能够将自身手中的闲置资金投入具体的融资中，从而双方实现了良好的对接。这对于小型公司来说，能够解决其资金问题，为其提供新的融资渠道，而从投资者的角度来看，则能够推动参与方式不断丰富。[③] 当前，股权众筹逐渐发展开来，呈现出全球化的趋势，很多发达国家的众筹网站得到了良好的建设，服务水平和范围不断

---

① 《条例 D》506 规则原本特指私募发行豁免安全港制度，但《JOBS 法案》增加了 506 规则部分内容，使得该规则分成两个主要部分，即 506 规则第（b）条和第（c）条。其中，前者为传统私募发行豁免，而后者则特别指私募股权众筹发行豁免。后文表述中 506 规则泛指 506 规则第（b）条和第（c）条。该规则的详细介绍参见本文第三章。

② See Javier Ramos, "Crowdfunding and the Role of Managers in Ensuring the Sustainability of Crowdfunding Platforms", JRC Scientific and Policy Reports（2014），http：//ftp.jrc.es/EURdoc/JRC85752.pdf.

③ See C. Steven Bradford, "Crowdfunding and The Federal Securities Laws", *Columbia Business Law Review*, No.1, 2012, pp.10-14.

延伸和拓展。不过，同时有部分学者开始为投资者权益保护方面的事项担心，并提出了相应的疑虑。美国的评论员 Kevin Wack 认为，通过众筹能够为初创企业提供更多的优势，使其从不同层面取得较多的发展资金，但是也为那些骗局设计的人员营造了发展的基地。[1] 所以，在进行众筹平台拓展，为初创企业提供便利的同时，也应当做好相应的风险和欺诈防范，这也对不同国家设立该方面制度提供了借鉴范本。然而，因为不同国家的法律规范不同，体系也不同，在股权众筹方面的规定也存在一定的差异，不过，从本质来看，都具有一定的统一性。股权众筹与传统证券融资活动类似，都需要在投资者保护与融资效率之间寻求平衡，具体而言，主要需解决以下两个方面问题。

（一）信息不对称

信息不对称是指发行人掌握着投资者不了解的信息，其导致的直接结果是逆向选择，并最终使股权众筹市场陷入失灵。一旦潜在投资者意识到发行人往往掌握很多未公开的重要内容，很难以现有信息辨别发行人质量高低，投资者会进而降低对该市场中所有发行人的评价，优质发行人难以获利并最终被迫退出，而市场中仅仅留下劣质公司，即出现"柠檬问题"。Ibrahim 认为，这种现象在公募股权众筹市场中表现更为明显，[2] 这也成为公募股权众筹发展的主要困境。有学者认为优质投资者更加倾向于将资金投向更可靠的私募股权众筹市场，而被筛选后剩余的次优或者劣质项目才会进入公募股权众筹市场。[3] 因此，在未能有效解决信息不对称问题时，公募股权众筹市场发展前景堪忧。私募股权众筹市场也存在信息不对称问题，但作为资金提供方的投资者不仅具有更强的规则设定权，[4] 可以要求发行人完善或进一步提供其认为能够影响投资决策的重要信息，而

---

[1] See Kevin Wack, "P-to-P Regulatory Risks Exposed in Crowdfunding-Fraud Case", AM. BANKER (Winter 2015), https://www.americanbanker.com/news/p-to-ps-regulatory-risks-exposed-in-crowdfunding-fraud-case.

[2] See Darian M. Ibrahim, "Equity Crowdfunding: A Market for Lemons", *Minnesota Law Review*, Vol. 100, No. 2, 2015, pp. 587-589.

[3] 参见彭冰《"诺米多"诉飞度"人人投"股权众筹合同纠纷案评析》，《中国法律评论》2016 年第 2 期。

[4] 参见杨东《互联网金融的法律规制——基于信息工具的视角》，《中国社会科学》2015 年第 4 期。

且投资者投资经验相对丰富,能够甄别信息真实与否。因此,尽管私募股权众筹中同样存在信息不对称问题,但能够通过多元化的措施加以应对。

在股权众筹方面进行立法,主要目的在于为投资者获取更加全面的信息提供基础,使得其能够对信息进行有效的甄别,并做出正确的投资决定。Ibrahim 认为信息不对称是股权众筹发展中的重要问题,解决该方面问题的形式可以分为三种:信用中介形式、群体智慧形式和信息披露形式。[1] 第一种方式是以设立银行为典型模式的形式,即在信息不对称的融资双方加入银行作为信用中介和风险隔离主体,从而使融资行为在社会中可以普遍发生,是中心化的信息交流方式。第二种方式则主要运用于具有信息整合能力的人员之间,并以建立松散的社交交流网络为基础,是去中心化的信息交流方式。第三种方式则是最为传统的、广泛运用的信息提供方式,其理论基础是:交易双方都具有同样的信息甄别能力,只要要求交易双方完整、真实地披露信息,即可保证双方信息对称且地位平等。通过对这些内容进行分析可知,不同国家能够对该方面的立法进行有效地选择,以便更好地解决信息不对称问题。英国和美国是该方面立法的代表性国家。英国在立法中采用了信用中介形式,而美国采用的是其他两种形式。

(二) 代理成本

在制度经济学中,代理成本是比较重要的内容。诚如 Jensen 和 Meckling 所言:"委托人希望不费分文就使代理人(受托人)按照自己的观点做出看来是最优的决策,这几乎难以实现。"[2] 因为代理人通常希望自身的利益能够最大化,而并不会对受托人的利益进行考虑,这会导致双方之间存在矛盾,也就必然会导致相应损失的出现,这个过程中所耗费的成本就是代理成本。

如何解决代理成本是两类股权众筹所面临的共同问题。一方面,公募股权众筹表现出更为明显的控制权与所有权分离,发行人可能利用经营管理特权侵占投资者利益,这实际上也是发行人和投资者之间的博弈过程,

---

[1] See Darian M. Ibrahim, "Equity Crowdfunding: A Market for Lemons", *Minnesota Law Review*, Vol. 100, No. 2, 2015, pp. 593–603.

[2] M. C. Jensen, W. H. Meckling, "Theory of the Firm: Managerial Behavior, Agency Costs and Ownership Structure", *Journal of Financial Economics*, Vol. 305, 1976, pp. 312–320.

投资者希望发行人能够尽职尽责管理公司,而发行人也意识到,投资者在不能确保有效控制代理成本的情况下亦不会轻易做出投资决策。另一方面,传统风险/天使投资已经基本形成了解决代理成本的一整套措施,而将传统风险/天使投资转化到互联网环境下的私募股权众筹后,则相关措施还需稍作调整。

第二节 美国公募股权众筹的规则与功能分析

从我国当前的法律规范来看,还没有关于公募股权众筹的制度文本,该内容在我国还处于探索阶段,因此,笔者就《JOBS法案》中该方面的内容,以及《众筹条例》的发行规则、集资门户额外规则、中介规则、豁免规则以及其他方面的规定内容进行了探究和梳理。然后就群体智慧和信息披露方面的内容进行了探究。从信息披露方面来看,在公募市场中信息披露具有一定困境,容易导致柠檬市场的产生,所以做好该方面成本的有效控制,并有效融入群体智慧,能够更好地解决信息不对称问题。不过,群体智慧也会在一定程度上走向反面,比如会出现信息瀑布、羊群行为等,为了更好地推动该功能的实现,应当建立有效的交流渠道,合理进行交流信息的监管,更好地对其中存在的恶意欺诈进行规避和管理。

一 公募股权众筹的核心困境与立法逻辑

在公募股权众筹过程中,出现了一个争议,那就是小的企业到底有没有大的企业好?经过研究能够看出,认为小的企业比大的企业好的研究人员还是相对较多。尤其是在2008年世界经济危机中,正是由于很多大型金融机构出现了问题,才导致金融危机的爆发,造成了社会动荡,以及市场秩序的失灵。而且在应对金融危机方面,小企业在其中发挥了巨大的作用,数量众多的新兴企业为社会创造了大量就业岗位,有效地满足了人们的就业需求,推动了经济复苏。尽管《JOBS法案》宣布大型公司不再受国家特殊政策的优待,与其他企业一样参与同等市场竞争。不过,在立法过程中却没有考虑周全,因为大型公司在实际融资过程中,其融资收益要远远大于现有的监管成本。此外,由于公募股权众筹对初创企业的规模有一定要求,在融资方面有相对限制。尽管这种模式的目的是确保公司上市的便捷性，但是这种妥协后的折中模式也导致了投资者合法权益无法得到有效保护，而且容易造成初创企业无法有效成长，发展规模容易受到限制，也会使公募股权陷入困境，具体如下。

（一）核心困境：投资者的非理性决策行为

公募股权众筹主要建立在投资额度限制理论以及群体智慧理论的基础之上，以此来规避投资者盲目投资的行为，并且能够避免因为盲目不理性投资而造成的严重损失，有效降低损失的比例。对投资额度进行限制是股权众筹的创新之处。[1] 这个标准从一定层面来看是相对合理的，主要是以投资者的角度考虑，能够有效降低投资者风险，一旦投资失败，投资者也能够承受起对应的风险。在个人投资过程中，主要根据个人收入水平以及净资产数额来确定投资者的投资范围以及投资额度。但是，公募股权众筹还面临质问和指责，美国著名经济学研究者Thomas L. Hazen认为《JOBS法案》中对于投资者保护的设计实际上是很幼稚的，并对放松监管的观点提出严重质疑——"对几百美元的小额投资的保护价值难道低于大额投资？小额投资者利益难道不值得进行保护么？"[2] 主要原因是在《JOBS法案》当中运用了反欺诈以及信息披露制度，尽管这种制度的目的是保护投资者。在公募股权众筹研究方面，主要存在两种观点：一种持反对观点，认为公募股权众筹必将无法适应社会的发展需求，失败是早晚的事情，持这种观点的主要以Michael B. Dorff[3]为代表。另一种则持支持观点，认为在群体智慧理论的基础上，公募股权众筹还是可以发挥其应有作用的。

美国法律之所以对公众投资进行限制，主要原因是考虑到公众承担风险的能力以及投资者的投资水平。虽然市场上的投资者比较多，但大多投资者没有专业投资理念，投资判断能力比较弱，对风险抵抗能力比较弱，因此，需要采取对应的保护措施，并且要求上市公司要按照法律规定做好信息披露，以确保市场投资者能够获得有效投资信息，保障投资者的合法

---

[1] 参见彭冰《公募众筹的理论基础》，载郭锋主编《证券法律评论》（2016年卷），中国法制出版社2016年版，第54页。

[2] See Thomas L. Hazen, "Crowdfunding or Fraudfunding-Social Networks and the Securities Laws-Why the Specially Tailored Exemption Must Be Conditioned on Meaningful Disclosure", *North Carolina Law Review*, Vol. 90, No. 5, 2012, pp. 1757-1760.

[3] See Michael B. Dorff, "The Siren Call of Equity Crowdfunding", *Journal of Corporation Law*, Vol. 39, No. 3, 2014, p. 178.

投资权益，当然，这种规定会让企业的成本有所提高。

1933年，为了缓解信息披露与投资者之间的矛盾，美国在其证券法中确立了新的政策，不要求私募股权以及小额发行公布相应的公司信息。而公募众筹与这种政策是相似的，都是豁免权的一种类型。尤其是在美国《JOBS法案》当中，提到了相应的豁免内容，具体表现在三个方面：其一，公募众筹当中，众筹企业每年的众筹额度不可以高于100万美元；其二，在信息披露方面需要根据对应的发行额度披露对应的信息；其三，众筹平台自身具有监督管理平台的职责。

美国现有的相关众筹制度主要借鉴了美国早期证券法的相关内容，主要表现在四个方面：其一，信息披露具有强制性要求，筹资人必须按照规定披露对应信息；其二，实施监督管理，制定了完善的信息披露流程和规范，并按照规范要求对众筹企业进行监督管理；其三，允许证券中介机构的存在，并对其行为活动进行监督管理；其四，制定了对应的反欺诈监管制度。

不过，很多学者通过研究发现，现有的逻辑制度无法有效满足公募股权市场的发展需求，这就使得"交流渠道"成为现有逻辑的主要内容，人们通过群体智慧来有效实现市场投资。当然，这些逻辑理论在具体实施过程中，还存在一些问题，主要表现在以下两点。

第一，信息不对称问题无法通过信息披露进行有效解决。首先，信息披露内容都属于专业的财务报表内容，具有规范性、统一性、专业性，是上市公司通过专业会计部门所制定、审核、公布的，对于一般投资者而言是很难看懂这些内容的。其次，在股权众筹中，即便信息得以充分公布，但投资者并不是完全理性的，往往受其他投资因素的影响较大，很少通过专业财务信息数据做出科学理性的投资决策。[1]

第二，群体智慧并不十分稳定，而且容易受主客观因素的影响，群体所做出的决策并不一定完全科学。美国著名经济学教授希勒[2]在研究中提到，群体智慧是理智与疯狂的结合体，理智与疯狂是相互竞争的，当理智

---

[1] 参见傅穹、杨硕《股权众筹信息披露制度悖论下的投资者保护路径构建》，《社会科学研究》2016年第2期。

[2] 参见[美]罗伯特·J.希勒《非理性繁荣》，李心丹等译，中国人民大学出版社2016年版。

大于疯狂时，群体智慧就能够充分发挥出来，投资者就会获得有效收益；相反，如果疯狂大于理智，那么群体智慧就会失策，对投资者而言是非常不利的。是否具有群体智慧受文化因素、市场机制因素、心理因素等多方面影响。

（二）公募股权众筹立法逻辑之争

在公募股权众筹当中，推动其立法的主要人群是众筹立法的支持者，这些支持者也成为推动立法落实的核心力量，在众多支持者当中，公募股权众筹的创始人 Bradford[①] 最具代表性，在其发表的相关理论研究内容中提出了一些利于公募股权众筹发展的基本原则。此外，Cohon[②]、Heminway[③]、Schwartz[④] 等学者都是支持派的典型代表。以上学者在研究过程中，主要对公募股权众筹的含义、特点、意义、制度等方面进行了论证。从整体而言，支持派多以理论研究为基础，直至 2015 年《众筹条例》才真正通过并予以实施，在立法实践方面还是比较匮乏的。当前，美国各州在具体立法过程中，主要的参考依据就是《JOBS 法案》。不过，由于《众筹条例》公布得比较晚，所以很多州在该制度公布前就已经制定了相应的地方股权众筹法规。但是，这些措施并没有引起社会的广泛关注，尤其是对发行人没有产生太大的影响，发行人积极性不高。[⑤] 之所以出现这种情况，研究者认为，地方法规在一定层面影响力较弱，没有相对的权威性和影响力，需要通过国家层面予以确立，这样才会发挥更大的作用。[⑥]

---

① See C. Steven Bradford, "Crowdfunding and The Federal Securities Laws", *Columbia Business Law Review*, No. 1, 2012, pp. 10–14.

② See Stuart R. Cohn, "The New Crowdfunding Registration Exemption: Good Idea, Bad Execution", *Florida Law Review*, Vol. 63, No. 5, 2012, p. 244.

③ See Joan MacLeod Heminway, "How Congress Killed Investment Crowdfunding: A Tale of Political Pressure, Hasty Decisions, and Inexpert Judgments That Begs for a Happy Ending", *Kentucky Law Journal*, Vol. 102, No. 4, 2014, p. 278.

④ See Andrew A. Schwartz, "Crowdfunding Securities", *Notre Dame Law Review*, Vol. 88, No. 3, 2013, p. 423.

⑤ See Theodore Weitz, Thomas D. Halket, "State Crowdfunding and the Intrastate Exemption under Federal Securities Laws – Less than Meets the Eye", *Review of Banking and Financial Law*, Vol. 34, No. 2, 2015, pp. 554–556.

⑥ See Jason W. Parsont, "Crowdfunding: The Real and The Illusory Exemption", *Harvard Business Law Review*, Vol. 4, No. 2, 2014, pp. 292–293.

反对派对公募股权众筹是不认可的，认为私募股权众筹才能够在未来发展中占据主导地位，对公募股权众筹进行了全面否定。与此同时，反对派对私募股权众筹进行了充分的认定，主要是因为私募股权众筹在个人投资方面没有予以限制，对信息披露也没有过多要求，门槛较低，很多人都可以参与。这种模式相对更加自由，符合市场自由化的发展需求，其商业优势更加明显。私募股权众筹的优势主要体现在如下两个方面：第一，公募型股权众筹主要招揽的是公众投资者，每个人投资额度有限，并且可能面临募集失败风险。因此，发行人可能更加倾向于私募股权众筹，其人数有限，并且能够为发行人提供经验指导。实践中，较为有前景的优质项目都已经被私募投资者挑选，而剩余项目才会选择公募众筹。第二，从投资者角度看，公墓股权众筹中能够获得丰厚回报的概率并不大。其中可以进行两种解释：其一，没有好项目；其二，即使是投资了优质项目，但从结果上看，能够获取暴利的可能性也不大。其原因在于：首先，投资者投资额度有限；其次，在经过股权众筹创业企业初轮融资后，优质的项目在之后必然会走上私募的多轮融资。而在其后的多轮融资中，最初公众投资者的股权将会被进一步稀释。因此，对于更容易吸引天使投资和风险投资的高科技企业而言，并不适合公募型股权众筹；而对于消费类和服务类的企业来说，适合通过公募型股权众筹来锁定消费者，使消费者成为股东，并以此来预测消费市场，并同时解决资金问题。[①] 由此也可以看出，公募股权众筹在发展过程中面临较多挑战，其挑战主要反映在两个方面：其一，私募投资者已经掌握了很多优质资源以及项目；其二，私募股权众筹的回报率要远远大于公募，而且私募股权众筹的发展水平和速度都要比公募更为成熟。[②]

二 公募股权众筹的具体规则——《JOBS法案》第三章

（一）发行限制方面

在发行限制方面，主要依靠两个基本的原则：累加原则以及上限额度

[①] 参见彭冰《"诺米多"诉飞度"人人投"股权众筹合同纠纷案评析》，《中国法律评论》2016年第2期。

[②] See Jason W. Parsont, "Crowdfunding: The Real and The Illusory Exemption", *Harvard Business Law Review*, Vol. 4, No. 2, 2014, pp. 292-293.

原则。所谓额度上限，主要是对发行方的股权发行数量进行限定。目前，在公募股权众筹方面的上限额度为每年100万美元，在此基础上，美国还制定了对应的累加制度。[①] 所谓累加就是股权发行方整体发行股权的数额总量。在累计模式中，学者之间也存在较多的争议。具体而言，发行限制主要包括以下五个方面的内容。

其一，在公募股权发行中，发行人最多每年的发行数额不应该高于100万美元，该数额限制不包括发行人通过其他方式获得的融资，具有相对的独立性。

其二，对于投资者而言，对其投资额度也具有相应的限定，对于每年净收入不超过10万美元的收入者而言，其购买公募股权的数额不能高于2000美元，也就是投资不能超过年收入的5%；如果个人净资产超过10万美元，其投资总额度不能超过年收入的10%，而且总投资额度不能超过每年10万美元的限额。在这些净资产中，需要排除房产所获得收入，个人年收入的计算方式也可以以家庭的方式予以计算。

其三，公募股权发行的股权交易需要经过经纪商或者对应的集资门户开展交易。

其四，对于公募股权的发行主体而言，也是有所限制的，一些对冲基金公司、投资公司等是不允许参与其中的。

其五，对于购买公募股权的投资者而言，一年之内是不允许出售这些股权的。

（二）信息披露责任

在公募股权众筹当中，信息披露是其基本构成因素之一，所有发行主体需要按照相关规定公布对应的信息，以满足市场投资者的投资需求。根据《JOBS法案》的规定，公募股权众筹采用的是严格责任，即发行人在诉讼中，若不能举证证明该发行人确实不知晓，以及在尽到合理注意义务后仍然不知晓该不实陈述或遗漏，便需要承担相应责任，同时责任人的范围也有所扩大。

（三）强制信息披露规则

在公募股权众筹当中，对其信息披露问题进行了严格规定，其中将发

---

① See Jason W. Parsont, "Crowdfunding: The Real and The Illusory Exemption", *Harvard Business Law Review*, Vol. 4, No. 2, 2014, pp. 301-302.

行人信息披露主要分为金融和非金融两个方面,其中,非金融方面的信息披露主要包括风险因素、收益状况等内容。金融方面的信息内容主要为发行额度的情况。① 比如,发行资金在 10 万—50 万美元,仅需要公布发行人的资质以及会计师的相关内容,如果额度在 50 万—100 万美元,则需要公布财务报表内容。②

(四) 中介平台

发行人通过经纪商或者集资门户进行融资时需要支付相关费用,二者提供服务和收费的内容有所不同。经纪商收取基本交易费用,而作为中介平台的集资门户则被禁止提供如下服务:(1)提供投资意见或建议;(2)通过宣传性的购买、销售或发行方式,吸引购买其网站或门户上发行或展示的证券;(3)因实施此类宣传行为或根据其网站或门户上所展示或宣传的证券销售,对相应员工、代理人及其他个人支付报酬;(4)持有、管理、拥有或以其他方式处理投资者资金或证券;(5)参与 SEC 按照规则确定的其他行为。

(五) 投资者资格验证

在公募股权发行过程中,还需要对投资者的相应投资权限进行确认,而确认过程需要支付一定的费用,这些费用也是由发行人承担的。在《JOBS 法案》中,对这方面内容并没有进行相关规定,主要在 SEC 发布的《众筹条例》中进行了详细的阐述。在实际操作过程中,平台承担客户资质验证的义务,而这些费用中介机构往往会将其转移给发行商。这就会增加发行商的运营成本,针对这种情况,Bradford③ 认为,在对于投资者认证,完全可以由投资者自己提交相应资料进行认证,这不仅能够降低发行费用,还能够提高发行效率,通过这种方式投资者对自己投资的项目也会更加清楚,有利于投资者风险意识的增强。

(六) 流动性风险

在公募股权发行中,发行人还需要承担流动性风险,因为,投资者在

---

① 15 U.S.C. §77d-1 (c) (3). 原文为:"any person who offers or sells the security in such offering."

② 15 U.S.C. § 77d-1 (c) (2) (B). 原文为:that the defendants "did not know, and in the exercise of reasonable care could not have known, of such untruth or omission."

③ See C. Steven Bradford, "Crowdfunding and the Federal Securities Law", *Columbia Business Law Review*, Vol. 27, 2012.

投资过程中会考虑到变现风险或者转售损失,这个时候就会要求发行方给予相应的折扣。在美国《JOBS法案》当中,对投资者的转售进行了相关规定,具体包括:第一,投资者在购买之后的一年内是不允许转让股权的,除非具备以下几个方面的条件:(1)发行人回购;(2)转让给获许投资者;(3)转让已在SEC注册并上市发行的股权;(4)转给自己家庭其他成员或者与之有相关关联性的人员。第二,满足SEC相关规定的转售行为。

(七) 公开劝诱内容

公开劝诱在《JOBS法案》当中具有明确的规定,不仅对私募内容方面进行了规定,在公募方面也进行了具体的修订,其中明确规定,除了法律明确列举的宣传行为外,其余发行条件是不允许开展宣传促销活动的。而且这一规定纳入《众筹条例》当中,该条例明确提出在公募股权发行过程中,发行人只能对发行内容进行简单介绍,包括性质、日期、价格等。

(八) 评述

美国的《JOB法案》对我国企业融资问题具有重要的指导作用,我国很多学者对其进行了深入探究,目的是为我国初创企业融资问题提供更好的解决方案。实际上,美国的《众筹条例》以及《JOBS法案》在实施过程中受到了诸多非议。① 比如,在股权发行过程中,很多研究中认为低成本、高效率是确保发行得以顺利实施的关键因素,但是,美国相关法律中却制定了更为严格的信息披露制度,这就使得发行人的成本大幅度上涨,最终造成公募股权发行价格背离了学者们的初始意愿。此外,信息披露过于完善又会造成投资者过于关注信息内容,一旦投资者感觉对自己不利就会放弃投资,是不利于投资市场的发展。

2013年10月23日,SEC发布《众筹条例》(意见稿)以解释说明美国1933年《证券法》第4条的内容,由于《JOBS法案》对公募股权众筹框架已经进行了比较详细的规定,并没有预留给SEC足够调整、补充的空间,因此,《众筹条例》(意见稿)没有对《JOBS法案》进行过多的

---

① See Thomas Lee Hazen, "Crowdfunding or Fraudfunding–Social Networks and the Securities Laws–Why the Specially Tailored Exemption Must Be Conditioned on Meaningful Disclosure", *North Carolina Law Review*, Vol. 90, No. 5, 2012, p. 1735.

修正，部分学者的修改意见亦未被充分采纳。尤其是财务信息披露方面，学者认为，过分细致的信息披露将会有损公募股权众筹目标实现，并且这一观点已经成为美国学术界的共识。由此可见，《JOBS 法案》并不是如此完美。但是，公募股权众筹发展并不能因噎废食，作为一种实验性的制度设计，只有经过市场实践检验才能够得出最终评价。实际上，SEC 先前制定的小额发行豁免制度也有部分被证明是失败的，例如，原本可以通过《条例 D》504 规则和 505 规则进行融资的发行人，多数选择了 506 规则第（b）条。因此，公募股权众筹制度自产生之初，便与其他融资规则一样带有未来效果的不可预期性，只有通过立法评估和进一步修正调整，才能推动规则体系完善。

三 失败的公募股权众筹——围绕信息披露制度展开的功能解释

世界范围内，信息披露制度作为证券市场得以建立和发展的基石，是各国证券法律体系的核心制度。通过信息披露，投资者不仅能够自主选择投资对象，判定投资价值以及投资效益，还可以规避一定的投资风险。对于监管机构而言，通过上市公司的信息披露内容也能够对上市公司进行有效监管，能够有效确保证券市场的稳定运行，保护投资者的合法权益。反欺诈与信息披露是相辅相成的，也是确保证券交易顺利实施的基础内容。但是，公募股权众筹在信息披露方面却存在诸多问题，这也使得公募股权众筹无法发挥有效的作用，其信息披露存在问题的主要原因为以下两点：

（一）公募股权众筹与信息披露制度的不适切

所谓信息披露就是上市公司或者股权发行人按照相关法律规定披露相应的信息，这些信息的内容和披露方式必须满足证券行业的相关披露规定和原则。信息披露是证券法最为基本的内容，通过信息披露可以对发行的证券以及发行企业进行有效的监督管理，有利于维护投资者的合法权益，确保投资市场运行的公平性、公正性、公开性、透明性。对于投资者而言，也可以根据这些信息做出自己的投资决策，帮助自己有效地规避投资风险。[1] 虽然很多投资者并不了解投资市场，对理财产品也比较陌生，但是，投资者依然

---

[1] 参见 [美] 欧姆瑞·本·沙哈尔、卡尔·E. 施奈德《过犹不及：强制披露的失败》，陈晓芳译，法律出版社 2015 年版，第 3 页。

购买理财产品。在整个投资过程中，投资者支付的理财产品价格是否合理公平？投资有没有受到误导？哪些信息是必要的，哪些是不必要的？

根据信息披露内容，就陌生复杂的问题进行决策。虽然对证券市场不甚了解甚至茫然，普通投资者始终在直接或者间接地购买证券或证券相关的金融产品。在这一过程中，投资者所支付的价格到底是否处于公平、合理的范围之内？投资过程是否存在误导和欺诈？哪些信息是发行人必须告知投资者的？在公开发行市场中，投资者保护制度是以信息披露为基础构建的，准确和完整的信息披露亦是各国证券法保护投资者的主要手段。但问题在于，以信息披露为基础构建的制度逻辑，不仅要求确保投资者获得必要信息，并且还要求投资者利用这些信息作出合理的投资决策。因此，目前大部分规则都是假设投资者能够根据信息作出合理决策而制定的，但有学者对近50年资本市场中的小额投资者进行研究后认为，这一群体基本不具备此能力。[①]

实际上，早在20世纪八九十年代，美国学界便已经展开了一场关于信息披露是否合理的大讨论，其内容不仅涉及信息披露是否能够有效保护投资者，还包括发行人披露信息动机不足，以及其可能产生的一些代理成本及分配效率问题。有理论认为，信息披露在实现分配效率方面的功能作用，在某种程度上已经超越了其投资者保护功能的范畴。因为资本市场的功能便是通过资金需求者之间的充分竞争，合理分配稀缺的资本资源，以实现资源有效配置。20世纪20年代中期，Goshen和Parchomovsky教授认为，通过信息披露保护投资者的功能已经开始发生异化，其更像是为专业投资者提供市场竞争信息的工具。[②] 正如Easterbrook和Fischel教授早些时候提出的疑问："小额投资者究竟是否会去阅读信息披露内容？"[③]

欧姆瑞·本·沙哈尔在其发表的相关书籍中对上市公司信息披露问题进行了深入分析，他提出现有的上市企业公布的信息披露内容都是比较失败的，并认为信息披露制度没有符合预定要求，没有遵循基本的披露规律，不仅没有达到预期目的，反而增加了披露者的成本。这种模式既然不

---

① 参见 [美] 罗伯特·J.希勒《非理性繁荣》，中国人民大学出版社2016年版。

② See Zohar Goshen, Gideon Parchomovsky, "The Essential Role of Securities Regulation", *Duke Law Journal*, Vol. 55, 2006, p. 711.

③ Frank H. Easterbrook, Daniel R. Fischel, "Mandatory Disclosure and the Protection of Investors", *Virginia Law Review*, Vol. 70, No. 4, 1984, p. 153.

利于市场的发展运行,理应予以取消。但是,事实上却并非如此,这种制度依然在现实社会中流行,而且是所有国家通用的一种制度准则。其原因主要是这种制度能够顺应美国自由市场的发展需求,而且能够与美国个人自治原则相协调,除此之外,信息披露仅仅属于一种微型监管内容,没有什么实际的效益,所以不会对社会产生多大的影响,因此才得以顺利运行。①

信息披露从本身来看主要依存于简单而又薄弱的逻辑理论,信息披露想要发挥其应有的作用,投资市场必须要不断完善和发展,只有当投资市场日趋完善了,其作用才能够充分发挥出来。就目前而言,投资市场还不够完善,投资者还没有相对成熟的投资理念和投资知识,对信息的解读能力比较弱,无法通过众多信息筛选对自己投资有利的内容。根据这些内容,欧姆瑞·本·沙哈尔对信息披露失败结论进行了详细的阐述,具体包括以下三点:首先,信息披露之所以失败,其实与披露的内容关系不大。主要原因是信息披露对象在披露过程中是否发挥了应有的作用。在信息披露当中,披露者往往是为了应付监管或者政策,并没有将信息内容进行有效筛选,并没有关注所披露的信息是否能够对市场投资者有所帮助。在具体披露过程中,披露者对信息内容并没有进行理性分析,也不考虑披露内容的质量和作用,信息披露从本质上违背了人们的真实需求。其次,由于信息过量,造成投资者对信息内容产生厌恶心理。很多投资者不愿意从众多信息中去寻找对自己有用的信息,而且也没有经过专业培训,对信息内容的认知度比较有限。这种情况下,面对众多信息,投资者就会视而不见,不予选择。最后,与投资者个人学历、经历有关。在投资决策过程中,每个人的投资决策方式都是不同的,对信息的解读能力和认知能力也是有所差异的,这甚至导致是立法者也无法有效把握投资者对信息的需求度以及解读信息的思维方式。所以,欧姆瑞·本·沙哈尔对信息自身的作用是没有质疑的,重点突出了信息披露的局限性以及不足之处。②

---

① 参见[美]欧姆瑞·本·沙哈尔、卡尔·E. 施奈德《过犹不及:强制披露的失败》,陈晓芳译,法律出版社2015年版,第106—132页。

② 参见[美]欧姆瑞·本·沙哈尔、卡尔·E. 施奈德《过犹不及:强制披露的失败》,陈晓芳译,法律出版社2015年版。

(二) 公募股权众筹信息披露制度的功能上的失灵

根据相关研究发现，企业越容易从市场上获得融资，说明市场经济的发展越完善。融资便利对企业发展对市场运行都是非常有利的，但是，同样需要加强对投资者的保护。对于公募股权众筹当中的信息披露问题，不同学者对其看法和观点也是有所不同的。首先，对于公募股权众筹制度当中的豁免发行，很多学者认为，这种方式对股权发行方是比较有利的，但这会导致一些具有欺诈行为的发行者混到里面，不利于提高对投资者的保护力度。其次，信息披露自身存在的逻辑困境，不利于公募股权众筹市场的发展；信息披露之所以在所有国家金融市场中得以运行，充分说明了其具有一定的合理性，但是，其中存在的问题也是不容忽视的，需要对其进行不断研究，对弊端以及不足进行完善。在互联网信息时代如何披露真实有效的信息内容是现有金融市场需要考虑的主要问题，下面关于公募股权众筹当中信息披露失灵的主要内容进行分析，主要包括以下三点。

1. 做好欺诈失灵方面的控制

在金融市场中，欺诈行为时有发生，这也是无法有效规避的事情，对于公募股权众筹而言，同样面临着这样的问题。从一定角度来看，公募股权众筹市场与普通证券市场的发行模式是类似的，投资者都需要从发行人那里获得相应的产品信息，对发行方的资质以及情况有相应的了解。

在信息披露过程中，监管部门起着重要的作用，一方面，需要在控制发行人成本的同时对发行人的信息内容进行监督管理；另一方面，还需要保护投资者的合法权益，这就使得监管部门在监管过程中存在一定的矛盾性。

公募股权众筹在具体实施中存在的风险相对于普通证券市场会更高，主要是两个方面的原因。首先，在公募股权众筹当中，发行主体主要为初创企业，而初创企业自身的发展具有不稳定性，企业自身管理以及生产运营都可能存在一些风险因素，无法有效确保这些企业的安全稳定性。其次，反欺诈政策在很多时候无法有效发挥其应有的作用，因为一些发行主体可以利用高回报来诱导投资者进行投资，但是在具体的协议当中，又明确标明客户需要承担相应的风险，所以，客户一旦参与投资，后果往往都是由客户承担的。但如果建立相对严格的强制信息披露制度，公募股权众筹在整个金融市场中风险相对是比较低的，是大众参与的投资活动，能够对发行人的行为活动进行较为有效的监督。

2. 信息披露有效性方面的失灵

在公募股权众筹活动当中，如果无法有效降低发行成本，不能解决柠檬问题，那么该制度就难以有效的实施。① 在具体实践活动中，发行成本是发行人考虑的主要问题之一，很多发行人在对比公募以及私募股权之后，感觉私募发行更有利于自己的融资，发行费用相对较低。根据相关数据统计发现，如果发行方想要完成100万美元的融资，通过公募股权众筹模式需要花费的成本大约为152200美元，成本相对而言是非常高的，即便很多发行人能够承担这一费用，但是，还需要面临柠檬问题。因为众筹条例中对投资者投资也有比较严格的限定，这就会削弱市场投资者的积极性，不利于资本市场的健康发展。

3. 降低发行成本上的失灵

由于信息披露制度较为严格，而且政府相关部门对其审核较严，因此发行人的整体信息披露费用相对较高，这会损害到发行人的切身利益。在信息披露方面，不仅需要发行方按照法律规定披露信息，其中介机构也需要出具相应的信息内容，而且这部分费用往往会转嫁给发行方，这无疑会导致发行方融资成本的大幅度上升。在美国《众筹条例》当中，对信息披露问题做出了比较详细的阐述，主要内容包括：第一，需要披露持股比例在20%以上的股东信息；第二，发行公司的主营业务内容以及未来发展趋势；第三，公司财务状况；第四，公司筹集资金的使用方向；第五，预期筹资金额，发行截止期限等；第六，发行价格的制定方式；第七，公司资本结构以及所有权模式；第八，公司内外存在的风险因素；第九，公司相关交易内容；第十，付给代理商的费用等。由此可以看出，发行公司在信息披露方面设计的内容较多，信息披露成本在整体当中的比例相对较大，这是不利于企业有效实现融资的。②

---

① See Jason W. Parsont, "Crowdfunding: The Real and The Illusory Exemption", *Harvard Business Law Review*, Vol. 4, No. 2, 2014, pp. 333-334.

② See Robert B. Thompson, Donald C. Langevoort, "Redrawing the Public-Private Boundaries in Entrepreneurial Capital Raising", *Cornell Law Review*, Vol. 98, No. 6, 2013. pp. 1615-1618.

第三节 美国私募股权众筹的规则与功能分析

目前，我国证券业协会制定的相关私募股权众筹制度中并没有将美国《JOBS 法案》中的核心内容有效展现出来。本章主要对美国私募股权众筹的主要内容进行分析阐述，在新旧制度对比的基础上，对公开劝诱以及获许投资者制度调整的相关功能作用进行有效解释。

一 私募股权众筹的核心困境与立法逻辑

（一）核心困境：传统私募融资的线上运营

美国《JOBS 法案》在原有的《条例 D》506 规则中增设了第（c）条，通过该条款放松了私募发行中的公开劝诱禁止。这一规定有效实现了私募融资的线上交易，推动了私募融资的进一步发展。在该制度制定的初期，很多学者并不认同这种做法，因为这种方式会将扩大融资风险，而且网络融资没有局限性，在风险控制方面很难有效把控。但是，在具体落实过程中，随着信息互联网技术的日趋成熟，网络监管力度的不断增强，这种模式对初创企业发展而言是比较有利的，也推动了该制度的有效落实。首先，在互联网信息技术的发展基础上，初创企业原本的融资数量得到了有效降低，不需要再购置大量网络设备，降低了融资规模。其次，在网络技术的发展下，网络监管有效实现，投资者能够通过网络实现有效监管。这些因素有效推动了私募股权众筹的快速发展。

在私募模式发展过程中，对美国最具代表的天使投资影响甚远。在现代网络技术的影响下，私募众筹更为便利，能够通过网络接触到世界各地的投资者，投资群体大幅度提高，避免了自身的融资风险。在互联网技术的推动下，美国出现了一批比较知名的众筹平台，其中最为有名的为 Angellist，该平台在 2013 年一年成功为美国 500 家公司融资 1.25 亿美元。该平台能够获得成功，一方面依赖于现代网络信息技术的高度发展，另一方面依赖于自身的发展经营模式，该平台在实践当中借助了传统天使投资的优势，拥有广泛的客户资源以及良好的企业信誉，又通过网络平台有效地扩大了自己的客户群体范围，使其获得巨大成功。

在金融市场，信息往往决定着投资的最终收益，而市场信息往往存在严重的不对称，尤其是投资者处于弱势地位，在信息的获取方面比较有限。而信用中介则是缓解信息不对等的主要机构。为了缓解信用问题，很多金融机构担负起了信用中介的角色，比如银行、会计事务所等机构，通过为发行人提供信用担保来避免信息的不对称。这种模式对于普通大众而言是非常必要的，能够满足普通大众对信息的需求，而对于专业投资者而言则显得没有那么重要。在私募融资当中，美国 AngelList 平台也是重要的信用中介，有效地解决了市场信息不对称的问题，为企业以及网络投资者提供了一个公共服务平台。

在《JOBS 法案》第二章制度框架下，美国出现了比较著名的两个私募股权众筹平台，这两个平台都以传统天使投资为基础，不过，在具体运营过程中所采取的模式是有所不同的，具体如下。

（1）FundersClub 平台。该平台的模式主要为投资委员会模式，由平台独立成立，平台委员会对发行人的资质以及项目内容进行审核，不过由于该平台拥有广泛的客户基础以及社会公信度，而且平台自己设定的有各种投资项目，投资者只需要进行跟投就可以。（2）AngelList 平台。该平台在项目提供方面比较开放，平台主要通过平台设定的社交认证（Social Proof）制度将发行人的信息提供给投资者，由投资者自行选择所需要的投资项目。

以上两个平台的成功离不开传统行业的发展，是传统与现代技术的相互融合，具有创新性特征。一方面，这两个平台都借助了传统投资的优势，确保了投资项目的质量；另一方面，网络技术有效降低了平台的运营成本，提高了交易双方的交易效率，推动了网络融资的有效发展。就两种平台而言，Angellist 相对更成功，主要是因为该平台在发行方、投资方方面都做了足够的努力，不仅寻找优质的初创企业参与融资，而且还为其提供优质的投资者，通过领投人获得更多的额外增值。两者的企业经营理念也是有所不同的，[①] AngelList 的经营理念就是通过优质的投资者来帮助初创

[①] See Laura Baverman, "FundersClub Fills Void for Start-Up Investors", USA TODAY (Winter 2017), http://www.usatoday.com/story/money/business/2014/03/17/baverman-funders-club-online-venture-fund/6291007.

企业获得有效发展，实现市场资源的有效配置①；而FundersClub的主要经营理念则是实现金融投资的高回报，为投资者提供高质量的初创企业。这就是两者的主要不同之处。

（二）英国股权众筹市场的经验

英国股权众筹并没有对公募、私募进行严格的区分，之所以如此，主要是英国自身的金融模式所决定的。英国除了证券交易市场外，还设立的有其他类型的投资市场，又被称为AIM（Alternative Investment Market）。这类交易市场最早成立于20世纪末，是英国金融市场的补充部分，主要为新成立的中小型公司提供融资服务，与我国当前的新三板类似，这也是英国设立的二板交易市场，其负责机构为英国伦敦交易所，具有一定独立性。该市场最主要的特点之一就是实行终身保荐人制度，所有上市公司需要有终身担保人进行担保，保荐人往往是公司的内部管理人员，需要参与公司的管理运营。尽管采用这种制度，但是，对于保荐人而言，是无法有效解决所有问题的，尤其是保荐人无法对初创企业的未来发展进行有效预测，只发挥着信用中介的作用。这种模式其实与美国天使平台的运营模式是类似的。

英国股权众筹与美国是有所不同的，其整体模式更偏向私募股权众筹。为了有效保护投资者的合法权益，推动金融市场的稳定发展，英国在2014年发布了众筹制度。主要内容有以下三个方面。

第一，从投资者角度来讲，英国股权制度的建立，主要是为了满足多元化的市场发展需求，为投资者提供一个更为安全、稳定的投资环境，满足投资者的投资需求。当然，在众筹当中需要对投资者进行一定的约束，其中英国FCA认为在众筹过程中，如果将投资者未经保护地暴露在市场当中，对投资者发展而言是十分不利的，因此需要通过中介机构对投资者的资质进行筛选，以确保投资者的成熟性，降低投资者投资风险。FCA对成熟投资者进行了相关解释，首先，成熟投资者自身的经济实力比较充裕，年收入在100万英镑以上，或者个人净资产在250万英镑以上；其次，成熟投资者具有一定的行业认可证明，具有专业投资知识和技能；最

---

① See Tomio Geron, "The Most Influential Angel Investors on AngelList", FORBES (May 1, 2012), http://www.forbes.com/sites/tomiogeron/2012/05/01/the-most-influential-angel-investors-on-angellist.

后,成熟投资者是具有一定投资经验或者在投资行业工作过一定期间的工作人员。尽管 FCA 对投资者的类型进行了有效划分,并对投资者进行了一定的要求,但是在成熟投资者当中,并没有做相对的限制。此外还规定,对于普通投资者其每年投资资金不得超过其总收入的 10%。

第二,英国股权众筹平台具有看门人的特点。英国 FCA 在监管方面是比较宽松的,之所以如此也是有一定原因的。主要是因为英国众筹行业相对比较成熟,业内自律性比较高,不需要严格的规范就能够自觉履行行业规范。除强制性法律规定外,英国的股权众筹平台都自行承担了应有的职责,对客户以及发行人进行了严格筛选,具有看门人的特点,由此可见,英国众筹平台自律性是非常高的,也使得英国金融市场发展比较健康稳定。

第三,英国 FCA 之所以没有在调查标准方面进行严格规定,而是将这些权利下放给股权众筹平台,由平台根据发行人提供的信息内容进行判定筛选,主要是因为其行业自律性发挥着重要的作用,平台不会拿自己的品牌形象去冒险,对自己严格要求,不需要外在的约束就能够很好地做好自己的事情。英国众筹平台不仅起着看门人的作用,而且解决了投资市场信息不对称问题。此外,英国众筹运营模式还有效地解决了代理成本问题,主要表现在以下三个方面:

其一,突破定价困境。在众筹环节中,定价是比较不好解决的问题,因为没有相关数据资源可以作为借鉴,所以需要根据发行人以及投资者的经验对发行价格进行有效评估。在传统投资模式中,投资者可以对企业进行实地考察调研,以决定是否对该企业进行投资。但是在网络环境下,想要再通过这种模式做出决策是比较浪费精力和时间的,而且股权众筹也没有这样的条件。对于定价问题,英国股权众筹平台提供了相对比较科学、灵活的措施,当发行公司获得相应融资目标后,依然可以增加融资量,以此对初期发行价格进行有效弥补,以缓解定价问题。

其二,股东股权得到有效突破。在众筹当中,对于投资者而言,既然做出投资,那么从投资角度来看就是企业的股东,股东是具有一定的权利的。但是在众筹中,股东权利是很难有效界定的,通常情况下,股东都没有实际的权利,或者没有对应的权利,这就使得一些比较成熟的投资者不愿意参与到投资当中,无法有效激发起兴趣。同时,由于众筹对应的投资者众多,公司在管理过程中也会遇到诸多问题,针对这种情况,英国众筹平台也制定了相应的措施，其中英国著名众筹平台 Crowdcube 设立了一定的权利门槛，当股东资质和投资额度达到一定要求时，会享有对应的股东权利；而英国 Startup-focused 众筹平台则以委任的方式解决股东权利问题，由平台代替股东和发行人行使股东权利。

其三，其他相关问题。首先，众筹项目的宣传问题没有得到有效解决；其次，在众筹平台模式下，发行方与投资者缺乏有效沟通，发行人在信息披露方面更多地倾向于比较专业的投资者；最后，对投资者没有进行分级管理，没有设定投资限额，这就容易导致投资者风险过大，一旦发现潜在风险，投资者损失就会比较大，就会影响到社会的稳定发展。

二　美国私募股权众筹规则构成——《JOBS 法案》第二章

（一）公私二元融合视角下监管态度转变

根据 1933 年《证券法》中的内容可知，美国私募发行具有自身的独特性，即不允许私募发行人公开劝诱或者一般劝诱。但从发展脉络来看，美国私募发行制度中具有两个主线。首先，对购买人员的资格进行了严格限制的前提下，将部分不必要的内容逐步去除。其次，在私募发行豁免方面进行了更加细致的规定，要求其必须在满足相应条件之后，才能够进行豁免，推动法案对投资者进行更加全面的保护。

将《条例 D》506 规则第（b）条作为基础所进行的私募发行，也不允许初创企业进行劝诱。因此为了更好地对自身进行宣传，吸引投资者，发行人通常会寻找较多的经纪商，并以此为途径进行自身的宣传，不过这种方式通常需要花费较多的资金，在一定程度上部分初创企业不容易接受。在美国颁布《JOBS 法案》之前，如果想要采用网络的形式进行私募发行，那么必须对非获许投资者进行回避，这就不利于私募发行整体水平和效率的提升。所以，在《JOBS 法案》中将公开劝诱方面的限制解除了，在监管的时候，主要针对的内容为购买者资格要求。

（二）解除公开劝诱禁止

从美国该方面的法律规范上来看，在《JOBS 法案》公布之前，其规定是不允许私募发行进行劝诱，因此发行人的融资渠道相对是比较窄的，在融资的时候只能选择那些与自身具有"事前实质关系"的主体。而通过颁布的《JOBS 法案》则将劝诱方面的限制消除掉了，这就说明相关的中介机构或者发行人能够根据自身的需求合理选择方式进行公开劝诱，比如可以选择电视、网络以及报纸等形式。通过修改的规则是《条例D》506规则第（c）条，这也是美国该方面的重要内容。不仅仅在公开劝诱方面进行了调整和变更，《条例D》506规则第（c）条也制定出了对自然人获许投资者制度。在公开劝诱被允许以后，相关发行人能够通过不同的网站开展宣传，这就能够使其更容易接触到投资者，获得较多的投资者。并且从其他方面来看，美国1933年的《证券法》中反欺诈条款与《条例D》506规则第（c）条是相统一的，相关的遗漏或者虚假陈述的责任可能会由发行人进行承担，所以在进行宣传的时候，发行人会对自身的宣传内容进行细致的分析和探究，保留部分内容。

（三）增加发行人主体失格条款

就2013年SEC发布的相关规则来分析，主要内容体现在两个层面：

其一，对失格者的范围进行了细致地规定。具体来说，其范围主要涵盖的内容如下：（1）发行人，包括附属发行人以及前身发行人；（2）董事，通常是指发行人方面的相关管理人员以及合伙人；（3）与发行人有关系的高管人员以及执行官人员；（4）拥有20%以上投票权的股票收益人；（5）证券方面相关的发行人员；（6）基金发行方面的人员以及相应的管理人员；（7）管理人员、普通合伙人以及取得相关佣金的董事。

其二，对失格者的行为进行了明确地规定。如果在实际中，相关的发行人存在下面所表明的问题，那么其就不会在具有援引《条例D》506规则第（c）条发行证券的条件和能力：（1）有前科记录；（2）具有法庭所明确规定的限制令和禁止令；（3）具有联邦或者某个州的裁决决定；（4）有SEC处罚令；（5）SEC所禁止或者暂停的指令；（6）受到了SEC的暂停或者禁止规定，无法采用《条例A》开展相应的融资；（7）受到相关自律组织的限制或者禁止令，暂停该方面的资格；（8）具有该国邮政部门对自身所开展的处罚。并且，《条例D》506规则第（e）条还规定，如果相关的发行人发生上述问题的时间是在2013年9月23日之前，那么这些问题并不会对其行为或者资格产生影响，不过，在具体的实务中应当对该方面的信息进行全面的披露。

（四）转售问题

对《JOBS法案》第201（a）（2）条中内容进行分析可知，其要求SEC对原来的1933年《证券法》144A规则进行修正，推动相关的证券持有人员，能够采取劝诱的形式对合格机构投资者转售上述非公开发行的证券。

（五）对获许投资者认定的方式进行全面的完善

相关发行人如果想要通过《条例 D》506 规则第（c）条进行公开劝诱活动的实施，那么投资者身份的验证的责任应当由其来负责。①《条例 D》506 规则第（c）条通过最终的修订，结果如下：应当依据不同案件的具体情况进行"合理的信任"标准的确定。这是因为在对投资者身份进行验证的时候需要面临较多的复杂因素，不同投资者的具体情况也不同，所以验证标准也比较多，想要统一是一件非常不容易的事情。因此，SEC 规定，发行人应当在相关的状况中根据具体的情况对投资者的身份进行明确和验证，其参考标准总结为如下几个方面：（1）对投资者所提供的信息进行确认，明确其信息种类；（2）发行人所掌握到的信息；（3）具体的发行人状况；（4）相关投资者具体的购买行为；（5）具体的发行状况。② 对上述内容进行探究和明确，能够推动发行人对自身的行为进行更好的规范，并且也能够对"合理的信任"标准进行更加有效地贯彻。另外，如果在具体的发行中，投资者与上述所提到的标准是相匹配的，那么发行人能够根据具体的情况减掉进一步验证的环节。值得注意的是，发行人应当合理地承担投资者验证的工作原则，不过，就当前的实际情况来看，很多时候该项工作是由相关的中介部门来做的，所以，SEC 在该方面具有比较特殊的要求，规定相关的中介机构或者发行人应当对验证记录进行有效的保存。③

SEC 在《条例 D》506 规则第（c）条中额外规定了四种非排他性自然人获许投资者验证方法：一是对投资者的具体收入状况进行验证；二是对其净资产进行验证；三是从其他的相关机构中获取该方面的信息；四是相关的投资者如果在上述所规定的时间之前，也就是 2013 年 9 月 23 日之前，参加过《条例 D》506 规则第（b）条规范下的任何投资活动，同时可以提供相关的资料来证明自身在获许投资者标准内的话，那么他能够成

---

① 501 规则第（a）条所定义的"获许投资者"，不仅指 501 规则中的八类，还包括"发行人在销售证券时，合理地相信属于该八种类型的人"。

② See Eliminating the Prohibition Against General Solicitation and General Advertising in Rule 506 and Rule 144A offerings, SEC, https://www.sec.gov/spotlight/jobs-act.shtml, March 2, 2018.

③ 此处应注意的是，发行人通过 506 规则第（c）条进行融资时，SEC 要求发行人而非中介平台采取合理步骤对获许投资者资格进行验证。

为该方面的获许投资者。

(六) 私募股权众筹平台

虽然根据《JOBS 法案》中的内容来看，其规定美国的私募股权众筹平台不用依据该国 1934 年《证券交易法》中的内容进行经纪商的注册。该国的私募股权众筹平台主要有两个，即 AngelList 和 FundersClub。就当前的具体状况来看，美国该方面的平台基本上都成了注册经纪商。

(七) 信息披露规则

从一定程度上说，信息披露规则是一个比较重要的规则，实施该项规则能够更好地对投资者开展保护。《条例 D》506 规则第（b）条，假设所有的投资者都是获许投资者，那么相关的发行人无需进行信息披露义务承担。[①] 此外，该标准的重要区分因素还有一个，即发行人类型。[②] 根据《条例 D》506 规则第（c）条中的规定来看，其要求所有的投资者都应当是获许投资者，所以在这里相关的发行人能够对《条例 D》506 规则第（b）条中的内容进行援引，不用再进行信息披露义务的承担。不过通过对《条例 D》506 规则第（e）条中新增的内容进行分析可知，相关的发行人应当采用书面的形式将具体涉及《条例 D》506 规则第（d）条的信息披露出来，具体的披露内容根据上述所提到的要求，并且该方面的信息必须披露，不能豁免。

三 私募股权众筹的功能分析之取消公开劝诱禁止

(一) 取消公开劝诱禁止的理论基础

根据《条例 D》506 规则第（c）条中的内容可知，其将私募股权众筹涉及公开劝诱限制方面的内容给解除掉了，这就在很大程度上为该市场的快速发展提供了基础。不过，从本质来看，该规定的存在并不仅仅是出于市场需求方面的考虑，更多的是基于该制度不断探寻和演变而得到的结果。也能够将其理解为互联网时代的必然发展趋势。

从实质来看，私募发行成立的判断标准最为主要的是事前实质关系的

---

① 参见 [美] 路易斯·罗思、乔尔·塞利格曼《美国证券监管法基础》，张路等译，法律出版社 2008 年版，第 301 页。

② 参见梁清华《我国私募禁止一般性招揽制度的构建——借鉴美国证券私募发行方式》，《政法论坛》2014 年第 1 期。

确定和存在，同时该标准也是很多发行人对受约人具体能力和状况判断的重要指标。SEC 在 Woodtrails Seattle, Ltd. 案中提出，相关的一般合伙人在进行有限合伙人吸收的过程中，虽然能够采用相关的公开渠道进行该方面信息的传播，但是其可以将自身与其他合伙人员的事前实质关系证明出来，所以，在具体的法案中，该行为得到了一定的认可，而没有被限制。① 不过，从具体的实践来看，事前实质关系要想形成一个规范化、科学化的标准是具有很大困难的，所以，在具体的法案中，SEC 采用反向逻辑的形式进行规定，即除了双方有事前实质关系，其他的公开劝诱都属于禁止性行为。

实施上述禁止性规定的主要目标在于对发行人的行为进行良好的约束，避免信息的随意扩散，不过，从逻辑方面来看，该规定是具有一定不合理之处的。

1. 不利于融资便捷性的提升

因为法案中规定禁止劝诱，所以，发行人为了能够更好地对自身的信息进行宣传，会与相关的经纪商联络，将此作为渠道进行投资者的获取，从而达到最终的目标。这种情况下进行获许投资者的寻找通常需要花费较多的资金，这就不利于初创企业的良好发展。在《JOBS 法案》颁布之前，相关的制度规定如果发行人希望采用网络的形式进行私募发行，那么其应当将非获许投资者回避掉，这使得私募发行面临更多的限制性因素，因此不利于其效率的提升。所以，《JOBS 法案》将该方面的限制解除掉了，转而更加关注投资者的资格要求。私募股权众筹制度的核心优势便是运用互联网带来的便捷和高效优势，实现低成本的直接融资目的。一方面，发行人通过网络平台能够将融资信息高效传递并扩散，最大限度扩大潜在投资者规模；另一方面，从投资者角度看，获取更多信息也意味着其能够选择的融资渠道更加多元化。

2. 投资者保护效果有限

私募发行中禁止公开劝诱的主要理由之一便是有效控制欺诈。然而，实际上，禁止公开劝诱对守法诚信发行人的限制作用远高于控制欺诈的效果。由于获许投资者以及成熟投资者均是具有一定投资经验和投资判断能力的群体，这种限制对投资信息的筛选和甄别影响也十分有限。

---

① 参见郭雳《美国证券私募发行法律问题研究》，北京大学出版社 2004 年版，第 100 页。

另外，禁止公开劝诱的目的在于保护"受要约人"而非"购买人"。但"受要约人"并非一定会实施购买行为，因而，禁止公开劝诱在某种程度上过分扩大了"保护"范围。因此，就"受要约人"和"购买人"而言，"购买人"保护的必要性明显高于"受要约人"。这在很大程度上体现了监管态度正在逐步放弃对"发行方式"的管控，转而强调"投资者主体身份"，[1] 这也是允许私募股权众筹进行公开劝诱的理论基础。

（二）公私二元融合视角下《JOBS法案》取消公开劝诱禁止的思路

《JOBS法案》对原《条例D》506规则进行修改，增加了《条例D》506规则第（c）条部分，取消禁止公开劝诱的限制，但是，要求发行人必须采取合理步骤验证投资者为获许投资者。采用《条例D》506规则第（c）条进行的融资行为仍将被认定为私募性质非公开发行。《条例D》506规则第（c）条提供了自然人获许投资者的验证标准及验证方法。因此，在美国现行法律框架下，原有私募发行制度与修改后规则的主要区别如下：

1. 新增而非删除

此次立法修正没有废除既有私募发行公开劝诱的限制，而是在原有规则基础上增加新的安全港制度——《条例D》506规则第（c）条。发行人仍可以选择继续遵守原有《条例D》506规则第（b）条的要求，开展传统私募发行活动。《条例D》506规则第（b）条之所以允许不超过35个非获许投资者参与其中的原因在于，很多情况发行人可能会邀请其朋友或亲属参与其中，但是，按照《条例D》506规则第（c）条的要求，则可能损失了部分潜在的非获许投资者。

2. 从"主体关系"到"主体资格"

如前所述，禁止私募发行公开劝诱之目的是保证发行人与投资者之间具有符合"事前实质关系"标准的"主体关系"。然而，在解除禁止公开劝诱限制之后，该标准便无法适用，因此，立法转而更加关注"主体资格"。具体表现为：其一，投资者主体与验证方法有所区别。《条例D》506规则第（c）条取消了《条例D》506规则第（b）条中允许35个非合格的成熟投资者参与其中，将投资者主体完全限制在获许投资者范围之

---

[1] 参见刘明《论私募股权众筹中公开劝诱规则的调整路径——兼评〈私募股权众筹融资管理办法（试行）〉》，《法学家》2015年第5期。

内。因此,《条例D》506规则第(c)条也给出了新的获许投资者验证方法,发行人按照要求来验证投资者提供的材料,并有合理的理由相信其是符合标准的获许投资者,以此来平衡因解除禁止公开劝诱限制而减轻的发行人责任。其二,发行人可能面临新的失格规则。《条例D》506规则第(d)条项下引入"坏孩子"失格条款,扩大失格主体范围,剥夺有特定行为发行人的发行资格。

因此,笔者认为,正是由于私募股权众筹对公开劝诱需求的天然属性不可违背,立法进而选择了抛弃先前使用"事前实质关系"保护"受要约人"的规制逻辑,转而通过对发行的实际参与者——发行人和投资者——双方主体资格均科以更加严格限制标准,来实现融资便利与投资者保护之间的平衡。

四 私募股权众筹的功能分析之完善获许投资者制度

(一) 美国获许投资者立法

从历史角度考察,获许投资者制度可以追溯到20世纪20年代的经济大萧条时期,由于市场中存在大量杠杆投机行为,并最终导致1929年大股灾出现。为应对市场失灵,美国1933年《证券法》应运而生,当时确立的许多基本制度至今仍深刻影响美国资本市场。美国1933年《证券法》并没有清晰规定私募发行的具体内容和界限,只是在第4(a)(2)条中进行了笼统性地定义为"不涉及任何公开发行的证券交易"。而SEC则在私募发行中进行了相对比较细致的探究和说明,一直到1953年SEC v. Ralston Purina Co. 以及一系列相关案件的判决后,才逐渐形成私募发行对象标准,即"需要保护"标准。由于这类群体具有特殊经验或关系,因而可以免于适用强制信息披露规则进行保护。因此,投资者的成熟度以及其是否能够获取的关键信息成为认定私募发行成立与否的关键性因素。

为了进一步明确Ralston Purina案中所确立的获许投资者标准,SEC在1974年公布了146规则,其规定私募发行中获许投资者需要符合两方面标准,即足够丰富的投资经验(其中包括相关知识、经验和能力来评估风险和收益)和风险承受能力。同时,146规则沿用Ralston Purina案的标准,要求发行人必须确信受要约人具有相应的知识和投资经验,能够评估此次投资风险。尽管试图提供一个可供参考的客观标准,但是,146规则表现似乎并不令人满意，Homer Kripke 称其有着"不必要的严厉"[①]。之后 SEC 根据国会要求制定了《条例 D》，而在此次立法修正中，SEC 放弃了烦琐的投资经验检验标准，取而代之以明确的资产数量标准来衡量投资者的成熟度。《条例 D》501 规则定义了获许投资者，包括机构投资者、内部人士和个人投资者三类群体的资产及身份标准，这些要求都是为确保投资者具有符合标准的投资经验和风险承受能力。

（二）私募股权众筹的获许投资者验证方法

《JOBS 法案》并没有对美国私募发行既有的获许投资者标准进行修改，仍然遵守资产衡量标准之要求，但是，新增《条例 D》规则 506 第（c）条款特别规定了自然人获许投资者的检验方法。由于已经解除公开劝诱禁令，个人投资者与发行人之间已经较少存在"事前实质关系"，也即在私募股权众筹中绝大多数投资者不属于内部人士这类群体。因此，SEC 增加检验步骤，要求发行人必须有合理的理由相信投资者在资产方面能够满足获许投资者标准。

1. 投资者的适当性

美国 FINRA 颁布的 2090 规则（了解你的客户）和 2111 规则（适当性标准）被我国学者称为"投资者适当性制度"。投资者适当性制度与获许投资者制度是两个完全不同的概念，获许投资者标准区分了投资者类别，而投资者适当性制度则提供了鉴别投资者是否能够符合标准的方法步骤及考量因素。其中，2090 规则要求经纪商对其客户信息进行合理调查，来了解其基本信息，而 2111 规则给出了检验投资者适当性的基本方法和参考因素，具体包括：经纪商在向其客户推荐投资组合策略时，必须有合理基础证明建议能够适合该客户，这一合理基础来自经纪商的调查或者客户提供的相关信息。其中包括但不限于客户年龄、其他的投资、财务需求、纳税情况、投资目的、投资经验、投资范围、资产流动性、风险承受能力以及其他任何与客户有关人的信息。设置此条款的目的是为防止经纪商在提供咨询建议过程中的道德风险，[②] 确保交易的公平性。

FINRA 在 2111 规则常见问题解答中解释了《JOBS 法案》颁布对该条

[①] See Homer Kripke, *Consumer Credit: Text-Cases-Materials*, St. Paul: West Publishing Company, 1970, p.232.

[②] 参见翟艳《我国投资者适当性义务法制化研究》，《政治与法律》2015 年第 9 期。

款的影响。其认为，《JOBS法案》并没有移除经纪商的投资者适当性检验义务。如果经纪商仅通过《条例D》506规则第（c）条开展私募股权众筹业务，并不需要履行投资者适当性的验证义务，而只需要履行《条例D》506规则第（c）条的获许投资者验证义务。只有当经纪商为投资者提供投资建议时，才会触发该条款适用。因此，《JOBS法案》新增的《条例D》506规则第（c）条，仅仅规定了私募股权众筹中获许投资者的验证方法。

2. 新增506规则第（c）条

《JOBS法案》第201（a）（1）条在修改506规则时要求发行人"采取合理的步骤确认投资者符合获许投资者标准，具体标准由SEC制定"[①]。506规则第（c）条设定的获许投资者验证方法仅适用于公开劝诱的私募股权众筹中，发行人仍然可以采用原有506规则第（b）条进行发行，如此可不用遵守506规则第（c）条对投资者资格进行验证的要求。SEC在广泛参考各方征求意见后，最终于506规则第（c）条中要求发行人通过公开劝诱进行私募股权众筹融资时，必须满足如下条件：其一，满足《条例D》中501规则、502规则第（a）条和第（d）条的要求；其二，投资者必须全部是获许投资者；其三，发行人必须采取合理的步骤验证获许投资者符合资格。此外，SEC根据征求到的提议，增加了个人获许投资者的非排他性验证方法。

3. 原则性验证方法

SEC认为根据基本的原则性验证方法（Principles-Based Method of Verification），发行人必须采用以下合理步骤来验证投资者资格，具体参考因素包括：其一，投资者性质以及其主张的获许投资者种类；其二，发行人拥有的投资者信息的数量和种类；其三，此次发行的具体情况。上述三个条件不是孤立而是相互关联的，获取以上信息可以帮助发行人进行判断，同时也有助于发行人设定合理的验证步骤。如果发行人表现出明显的获许投资者特征，则检验步骤就可以进行简化；相反，则需要进一步测试。对于为何没有设定过于具体的强制性验证步骤，SEC解释给出如下解释：在公布征求意见稿之前，SEC曾经考虑过设定具体详细的步骤清单，明确发行人必须验证规定的投资者信息后才能确定其资格身份。但是，这种做法

---

① 15 U.S.C. 77d (2).

可能产生两个负面效果：其一，预设的信息可能并无法准确界定获许投资者；其二，要求发行人按照指定的步骤进行验证也是不切实际的，只会徒增发行人负担。

4. 非排他性验证方法清单

非排他性验证方法是SEC听取各方意见后，在最终公布的506规则第（c）条中专门为个人投资者增设的验证方法清单，作为原则性验证方法之补充。发行人并不一定需要借助清单中的方法，也可以根据特定事实和情况的合理性来确定投资者资格。可见，506规则第（c）条所增加的四种非排他性检验手段，更偏向于一种选择性指引规范，而非效力性规范。具体来说，506规则第（c）条列举了四种非排他性验证方法，供发行人参考选用：其一，验证投资者提供个人收入证明。发行人通过投资者提供的纳税证明材料来证明其在今年有合理的可能性达到该预期收入标准。其二，验证获许投资者净资产。发行人需要根据投资者提供的（包括其配偶在内的）前三个月资产和负债的相关证明文件，尤其是负债证明。这其中资产包括银行对账单、经纪商对账单、证券凭证、存款证明等，而债务则是由美国相关机构提供的信用报告（Credit Report）来证明。由于考虑到投资者通常抵触披露个人债务信息，因此，SEC要求投资者必须提供一份证明来确认其已经全部披露了能够影响净资产数额的负债信息。其三，第三方证明。发行人也可以根据由投资者提供的，经已经注册的经纪商提供的获许投资者证明，来确认其获许投资者身份。其四，先前资格。投资者能够证明在该法颁布之前就已经拥有获许投资者身份。

综上所述，此次法案修改新增的506规则第（c）条为了能够对私募公开劝诱所存在的风险进行良好的解除，进而对参与其中的投资者提出了更高要求，即所有参与人必须是获许投资者。同时，平台和发行人在获得能够接触到更多潜在投资者这一便利条件之时，也被科以验证获许投资者资格的责任。可以认为，506规则第（c）条是一种平衡性规则，其在原有私募发行制度的逻辑基础上，通过重新调整发行人和投资者之间的权利义务内容，重新权衡资本形成和投资者保护之间的冲突。同时，506规则第（c）条也是一种选择性规则，由于506规则第（c）条并没有改变任何原私募发行规则内容，故而发行人可以根据实际需求继续遵守原506规则第（b）条之内容，这也为私募市场提供了更加多元化的融资渠道。

（三）对获许投资者制度的反思

不可否认，《条例D》使用资产数量取代投资经验，设置更为客观可行的获许投资者检验标准,极大地促进了美国私募市场的发展。但在实践中,美国学界已经开始反思现有的获许投资者制度,尤其在《Dodd-Frank法案》公布之后,美国国会要求 SEC 重新定义个人获许投资者标准。对于以资产为标准的获许投资者认定方法,仍有许多支持观点。例如,SEC 认为投资者的净资产和年收入水平在很大程度上决定了投资者承受损失的能力。另有学者认为,尽管资产可能并不代表丰富的投资经验,但其可以代表投资者其他方面丰富的经验。抛弃这种以资产为标准衡量获许投资者,会抑制资本形成效率。[1]

根据美国联邦最高法院最初的意图,只允许经验丰富的成熟投资者进入私募发行市场,而非仅仅以财富作为衡量标准。尽管财富在某种程度上与投资经验具有相关性,但经过实践检验后,这一逻辑似乎并不成立。将资产来源纳入考虑范围时,上述获许投资者标准假设就难以实现其立法初衷。例如,投资者通过继承或博彩获得的资产。当然,更多情况下投资者资产是一个循序渐进的积累过程,一个普通公司员工通过工作获得报酬也可能在资产数量上符合获许投资者标准,但其并不具有私募投资经验。缺乏投资经验的问题不仅存在于个人投资者中,机构投资者也面临类似问题。例如,在美国历史上最大的"庞氏骗局"中,由于缺少丰富经验投资者的尽职调查,导致包括对冲基金、犹太人慈善组织等在内的机构投资者也遭受重大损失。[2]

要求获许投资者必须具有投资经验这一标准的回归,主要基于如下两个方面的困境:其一,尽管资产多少与投资经验丰富程度并不完全呈正相关关系,但资产却可以准确评估投资者损失承受方面的能力;其二,由于投资者构成的多样化,Ralston Purina 案中确立的受要约人应具有相应知识和投资经验之要求,难于形成客观标准,以供发行人判断。为了防止重蹈 146 规则的覆辙,有学者建议将投资经验标准转化为金融投资相关知识储备水平标准,[3] 并且通过相关调研证明,具有相应金融知识水平和阅读分

---

[1] See Greg Oguss, "Should Size or Wealth Equal Sophistication in Federal Securities Laws", *Northwestern University Law Review*, Vol. 107, No. 1, 2012, pp. 287-288.

[2] See Felicia Smith, "Madoff Ponzi Scheme Exposes the Myth of the Sophisticated Investor", *University of Baltimore Law Review*, Vol. 40, No. 2, 2010, p. 256.

[3] 参见[美]欧姆瑞·本·沙哈尔、卡尔·E. 施奈德《过犹不及:强制披露的失败》,陈晓芳译,法律出版社 2015 年版。

析能力者，能够有效处理所获得的相关信息，并且在财务规划、财务积累方面表现得也更为出色。① 金融知识水平评价标准可以细化到投资者教育背景上，如果投资者具有金融专业文凭，或者通过官方认定的资格考试，则可以认为其具有相应的金融知识储备。如果投资者无法提供相关证明材料，则必须通过特定的金融知识测试。无法通过测试的，则认为其不具备相应的投资经验能力，而仅仅符合资产标准。那么，对于该类投资经验或金融知识储备不足的投资者，则可能需要被警示，并且建议其根据具有专业知识的投资者提供的建议进行投资。

（四）投资者经验不足的应对：信用中介

美国现行获许投资者制度未能很好地解决资产与投资者的成熟度之间的关系，导致缺乏投资经验的个人投资者在参与私募股权众筹过程中遭受巨大财产损失，但囿于各类反对设立新标准的观点仍然占据主流，故《JOBS法案》并没有改变以资产多少来认定获许投资者的标准。那么，在现有制度逻辑困境下，如何有效减少私募股权众筹投资者的损失？若根据前述内容的逻辑继续思考，假设详细的获许投资者验证步骤已经能够确定投资者具有一定的损失承受能力，那么余下便是要解决投资者经验不足的问题。根据欧姆尔·本·沙哈尔的观点，寻找可靠的中介作为替代，似乎是解决私募股权众筹投资者经验不足的有效路径。② 顾问这一中介形式似乎并不十分适合公募股权众筹，由于公募股权众筹制度设计的目的便是发挥群体智慧的功能，借由交流渠道将精明的投资者汇聚到中介平台，而顾问却与这一目的背道而驰。但顾问在私募股权众筹中的地位却有所不同，传统天使投资中领投人担当投资顾问，为经验缺乏的跟投人提供投资建议的模式，已经被实践证明是非常成功的。然而问题在于，当传统天使/风险投资从线下转移到线上的互联网环境后，以往领投人与跟投人之间基于朋友或熟人关系建立的信任基础已经不复存在，跟投人并不了解作为顾问的领投人，只能根据中介平台对领投人的介绍进行选择，这也导致另外一个问题，即中介的信誉从何而来？

---

① See Mitchell Olivia S. Lusardi A, "The Economic Importance of Financial Literacy: Theory and Evidence", *Journal of Economic Literature*, Vol. 52, No. 1, 2014, p. 6–8.

② 参见［美］欧姆瑞·本·沙哈尔、卡尔·E. 施奈德《过犹不及：强制披露的失败》，陈晓芳译，法律出版社2015年版。

1. 中介信誉资本的困局

2015年3月上线的京东东家使用的"领投+跟投"模式,与《JOBS法案》中的 AngelList① 平台具有较大的类似之处,均采用了"线上+风投"模式。与传统企业融资模式十分类似,AngelList 采用了天使投资风险控制的"领投+跟投"模式(又称为辛迪加"Syndicates",领投和跟投人又被称为"Active Angels"和"Passive Angels"),跟投人在对领投人进行选择的时候,会对其信息进行综合分析,选择信誉较好的人员,信任其经验和技能。"领投+跟投"模式之所以可以获得胜利,主要是因为其对该方面的传统性限制进行了突破:首先,采用网络的形式,可以在很大程度上将其风险以及成本降低下来。其次,互联网具有较强的共享性,能够更好地吸引跟投人。

自然人作为领投人最大的问题在于个人信息容易造假,并且自然人实施欺诈行为的成本亦十分低廉。因此,有学者建议,由机构担任领投人。② 但机构领投人的表现似乎也不尽如人意,意大利设计的股权众筹制度似乎已经印证了其中的问题。

意大利该方面的规定具有自身的特点,与《JOBS 法案》中的内容不同,他们主要是采用对发行人融资额度进行限制的行为来实现管理,并且规定相关的投资者能够对自身的投资进行撤回,如此更好地对发行人的不法行为进行制约。意大利金融市场监管局规定发行人股权中最低应当有5%是由初创企业、银行或者投资者孵化器所拥有,制定这种规定的主要目标在于更好地降低欺诈,鼓励专业化技能高的投资机构涌入市场。如果在实践中相关的专业机构产生了预期收益转卖或者投资撤回等行为的话,个人投资者能够根据具体的法案规定选择合理的时机撤回投资。该规定属于必须遵守的强制规定。

意大利股权众筹规则中对于发行人股权 5% 相关方面的内容进行规定,主要是为了更好地进行投资者的管理,使得专业化的投资者更好地发挥自身的作用,合理引导投资。由于被引入的风险投资创收点与股权众筹有所

---

① 参见廖理、李梦然、向虹宇、徐漪清《AngelList 股权众筹的光荣与梦想》,《清华金融评论》2015 年第 12 期。

② 参见赵尧、鲁篱《股权众筹领投人的功能解析与金融脱媒》,《财经科学》2015 年第 12 期。

区别，风险投资更关注发展相对成熟的小型公司，通过投资上市后转售股份来获得收益，而初创企业并不具备这一特征，故而其难以吸引风险投资关注，这也导致部分专业机构可能并不是很认真地去甄别初创企业。实践亦表明，专业投资者失败的情况远比成功多。可见，无论是自然人和机构作为领投人，均存在以信用作为甄别标准的悖论，那么转换评价标准似乎能够在一定程度上缓解这一困局。

2. 信誉资本不再廉价

科菲在《看门人机制：市场中介与公司治理》一书中论述了作为"以自己的职业声誉为担保向投资者保证发行证券品质的各种市场中介机构"的"看门人"如何造成了美国近年来最大的金融危机。中介机构能够担任看门人的核心要素就是他们的信誉资本（Reputational Capital），但是，这一资本价值在安然和世通事件中发生了严重贬值。从一个基本的经济分析角度看，只有当看门人的信誉资本价值超过他们从客户处获得的可期待利益，他们才会选择忠于职守。然而，实践中，看门人的成本和收益截然相反，此时他们的理性选择便是为一时收益而放弃信誉资本，这便是导致看门人机制失灵的原因。[①] 在如此庞大的资本市场面前，看门人的信誉资本尚且"廉价"，那么在私募股权众筹市场中，信誉资本又价值几何呢？这似乎使我们刚刚找到的新路径重新陷入难以解释的逻辑悖论。

幸运的是，Shahar教授为我们提供了另一个可供选择的中介机构，即信息整合者。[②] 尽管信息整合者在公募股权众筹中的运用和制度设计尚需探讨，但其似乎可以用于对信誉资本悖论的修正。大数据评价机制在公募股权众筹中面临的最主要问题是发行人可能不会重复融资，导致数据难以实现有效积累。然而，私募股权众筹领投人和平台的信用中介特征以及运营机制，使得大数据评价和预测功能有了可适用空间。首先，领投人和作为中介的平台能够重复提供投资建议，形成原始数据积累。其次，该市场参与者投资者经验更加丰富，所作出的评价也更加客观和真实。因此，通过大数据将"廉价"的信誉资本修正为更加客观可测的大数据信誉评价，

---

① 参见［美］约翰·C. 科菲《看门人机制：市场中介与公司治理》，黄辉、王长河译，北京大学出版社2011年版，第17-113页。

② Shahar教授将信息整合者定义为："通过收集信息，将其转化为有用的形式，比如价格比较、评级、标签等。"信息整合者甚至可以完全代替强制披露，因为他们经常使用未披露的信息。

似乎能够更加有效地解决中介信誉的逻辑困境。那么，剩下的问题便是通过制定法律，要求平台记录真实有效的投资者评价，并且严惩数据造假行为。同时也必须承认，数据积累需要一个过程，在缺乏大数据原始记录并进行有效预测之前，必然会存在欺诈和不良信用记录。互联网金融的发展不可避免地需要付出试错成本，但是，必须通过制度设计将其控制在可以承受的范围之内。

第四章

公私二元融合视角下股权众筹运行机制探索

通过第三章对美国股权众筹法律制度与功能的分析解释，我们可以发现在公私二元融合的视角下，《JOBS法案》虽然在设计股权众筹法律制度时，对公募发行与私募发行的界限有所突破，但仍有改进之空间。本章结合股权众筹的互联网特性、商业发展实践案例等，探索出"网络声誉机制""行业自律机制"和"领投+跟投机制"三类特有的运行机制，以有助于我国的股权众筹制度构建。

第一节 网络声誉机制

一 群体智慧理论

（一）直接融资与群体智慧

金融的核心是信用，在传统的金融时代，根据信用来源的不同可以将金融分为间接金融和直接金融两类。所谓间接金融，指的是资金从富余方向稀缺方流动的过程中，存在一个金融中介以自身的信用为此项交易进行背书。最常见的间接金融形式是商业银行。而直接金融，是指资金直接从富余方流向稀缺方，中间的金融中介是信息中介，不承担信用背书的作用，最常见的直接金融形式是上市证券交易。传统的金融市场中，间接金融因为其有专业的金融中介为交易提供信用背书，成为各国主要的金融方式。股权众筹是一种依托于互联网而建立筹资平台的直接融资模式。尽管股权众筹依托于不同于传统金融平台的互联网平台,但其依旧作为一种直接融资模式,在一定程度上具有金融脱媒的表现形式。[①] 金融媒介的意义在于通过金融媒介作为信用背书,为交易双方提供信用支持。然而,在股权众筹之中,其是否能真正成为一种面向大众的直接融资模式,是否能够脱媒,首当其冲应当解决的是信用如何生成这一问题。

综观早期采用的金融模式,可利用物权担保等手段处理直接融资模式里存在的一系列诚信问题。例如,江浙一带成立的互助会等组织,便是利用担保等形式为筹集资本提供保障。而伴随网络金融的快速发展,传统金融模式得到了创新,并表现出网络分散性与广泛性等特征,冲击了熟人保障等传统直接融资方式。就股权众筹模式来说,网络平台为债权人与债务人提供了便捷的借贷渠道的同时,其中因信息不对称而产生的信用问题却阻碍了两者之间的完美对接。根据传统经验,唯有确保投资项目信息真实、效益可观、提供有价值担保且融资主体信誉状况良好的情形之下才会得到资金支持。而网络平台作为新兴媒介,信息不对称问题严重,互联网中充斥着很多虚假消息和不实信息,导致原来便存在的信用危机更为严重。所以,怎样真正解决好网络股权众筹存在的信任问题,在融资方与投资者中间寻找到利益均衡点,变成了股权众筹面对的核心问题。[②]

如前所述,股权众筹的具有三重核心特征,其中群体智慧是其中之一。群体智慧可以化解信任危机,解决好股权众筹存在的问题。很多西方学者通过研究证明了群体能够对尽职调查工作起到积极影响,具有一种基于主体间性关系而产生的共同智慧。在形成了群体智慧的社群中,尽管网络平台并未做严苛的审核与管控,但融资成功的项目中极少出现虚假信息或实施诈骗的行为。一些学者这样讲到:如此低的诈骗率,并非得益于监督得力,它是因为群体智慧所形成的结果,约束了欺诈行为的滋生。[③] 就像 Linux 创办人提到的一项原则:"所有问题均存在将其解决好的方案和

---

① See Ethan Mollick, "The Dynamics of Crowdfunding: An Exploratory Study", *Journal of Business Venturing*, Vol. 29, No. 1, 2014, pp. 1–6.

② 参见彭冰《股权众筹的法律构建》,《财经法学》2015 年第 3 期。

③ See James Surowiecki, *The Wisdom of Crowds: Why the Many Are Smarter Than the Few and How Collective Wisdom Shapes Business, Economics, Societies and Nations*, Anchor Press, 2004, pp. 104–109.

手段，所有项目均存在拥有投资意愿的特殊群体，在这一极具智慧的群体中间，会有一些人自觉审核和论证项目，也就是说，恰好会有一些人具备发觉失误、防范欺诈及防御风险的能力。"①

（二）群体智慧的基本理论

"群体智慧"理论认为，群体拥有的聪慧能够防范欺诈行为、化解信息不对称矛盾，发挥出自行救助的功效，在法律并没有作出清晰规定或相关条款不够具体细化的状况下抑制股权众筹会滋生的金融风险，最终形成股权众筹模式中的信用机制。在詹姆斯·索罗维基所著的《群体的智慧》②中，作者通过罗列证明材料与具体事例证实：群体智慧和个体智慧对比，在同等的条件之下，集体治理水平更高，并且和个体里智力水平最高的人相比更加聪慧。个体并不精准、全面的判别能力通过合理的形式汇集在一起，群体智力会呈现出最大化效用，这实际上便是"群体智慧"理论的核心。个体智慧是一种从主体性出发而显露的智慧，而群体智慧则是基于主体间性而形成和表达的一种智慧。与个体智慧基于主体所拥有的智慧不同，群体智慧则是利用某些关键性因素构成主体间沟通和传达智慧的结构，通过主体间形成的关系来进行智慧表达。

一般认为，保证群体所做决策为聪明的且具备超出"个体最高智力"的智慧，必须要达到四条标准。

第一，多样见解（Diversity of opinion）。也就是说，所有的个体均需要持有单独的看法或意见，就算提出的观点是非常荒诞离奇的。原因在于多样观念能够彼此抵触个体判别产生的错误，提升群体智慧判别精准度。就股权众筹来说，假如遵从普惠金融的核心观念，将《关于促进互联网健康发展的指导意见》规定的数额公布方式作为机制框架的指导方针，则金融消费群体必定会来源于社会各大阶级与各行各业（比如，余额宝）。这意味着股权众筹可以达到多样特征。传统资金筹集途径非常局限，尤其表现于筹资主体。比如，依据 Babson College 所做的调研得知：在融集资本过程中，利用风险投资得到资金扶持的企业，其作出决策的人员基本上是

---

① See Ethan Mollick, Alicia Robb, "Democratizing Innovation and Capital Access: The Role of Crowdfunding", *California Management Review*, Vol. 58, No. 2, 2016, pp. 72–87.

② See James Surowiecki, *The Wisdom of Crowds: Why the Many Are Smarter Than the Few and How Collective Wisdom Shapes Business*, *Economics*, *Societies and Nations*, Anchor Press, 2004, pp. 23–78.

男性；决策者是女性的企业所占比重不足 3%。① 还有学者通过探究指出，美国为风险投资提供资金扶持的企业创办人极少数为非洲美国人。② 众所周知，天使投资是非常便捷的股权融资途径，但其同样缺少多样性。不管是风险投资还是天使投资，都是为处于创建初期的公司提供资金扶持的有效渠道，但由于缺少多样性，引发了诸多问题，最为明显的不良后果便是优秀的商业规划很难通过这种资金筹集渠道来实现，参与市场的概率相当低。而股权众筹依附于网络具备的多样性特点，使很多中小型公司拥有了有效便捷的资金筹集渠道，刚好解决了这些问题。

第二，单独性（Independence）。人类对客观事物所作的判别不依附于其他人的见解。这种理论的核心观点是：多数人的单独看法是群体智慧超越个体的主要影响要素，由于单独性可以规避群体决策产生的失误，避免诸多失误间建立联系，进而对群体决策产生不良影响，并且能够使单独个体拥有可替代性信息，维持信息的顺畅与多元，便于做出精准决策。如果群体做出的决定出现了排他见解，必然会滋生诸多风险，特别是在判别出现误差时，极易引发不良的后果。

第三，分散和分权化（Decentralization）。分散和分权化意味着人类可基于此发挥出自身的特殊性，表现出差别性，提出有建设性的见解和观点，进而对群体智慧做出突出贡献，使之更为个性化，并由此扩充群体智慧的范畴，丰富并完善群体智慧内容。以分散化具有代表性的案例开源软件为例，所有人均能够为该企业设计、研发与应用等环节贡献出个人的绵薄之力。由于这一理论被大范围地应用到计算机行业，造成网络自然而然地具备了分散和分权化特点，所以依附于网络平台所进行的股权众筹，在技术层面便彰显出了其分散化特点。并且，这种平台使得筹集资本的对象来源于很多不固定的群体，更有甚者是彼此并不熟知的公众，进而确保个体存在差别与个性。由于平台具备分散化特征，且众筹面向的对象也具备分散性，使得股权众筹自然而然地具备了分权化的特性。全部融资对象均

---

① See Leslie Macmillan, Genevieve Rajewski, "Research Shows Women Entrepreneurs Are Key to Inclusive Economic Growth", https：//entrepreneurship. babson. edu/gem-women-entrepreneurship-report/, November 16, 2021.

② Chantal Allam, "Meet the 1 Percent：Angel Investors Who Happen to be Black", https：//wraltechwire. com/2021/08/31/meet-the-1-percent-angel-investors-who-happen-to-be-black/, August 31, 2021.

能够在个人资金与能力范畴之内,清晰地表达出对投资项目的支持意愿与投资数额。将个体的智慧汇集成群体智慧,进而为股权众筹的有序开展提供了必要的智力支撑。

第四,集中化(Aggregation)。指的是可以将很多个体的判别汇集起来,基于此产生集体决策智慧的制度。对群体来说,通过群体交际活动,单一个体可以彼此了解,彼此沟通,彼此交互,分享累积的经验,总结教训,将各类文化更好地融汇在一起,不断碰撞和交流。基于达成统一合作战线的目标,寻求最大公约数,进而表现出集体的风俗习惯、文化特征、交往规则、共同经验等,通过群体来达到智慧集中化。此处,集中化体制的重点是每个单独的个体拥有共同交际平台,该平台不但要平等地对交际主体提供精准、可靠、精确的信息,还要使交际主体在特定的范畴内,根据彼此遵守的规范来完成商讨,规避恶意协商或不实交际行为,降低信息不对称引发的不良影响,规避信用危机。就股权众筹来说,互联网众筹平台便负担着提供交际活动平台的职能,它带来的交流与沟通途径,可以将个体的智慧集中起来,产生集体合力,使得投资者拥有充足可靠的信息作为决策支持,这实际上彰显出了群体智慧。

于股权众筹这一命题之下,首先需要明确的是如何形成群体智慧有效表达的主体间性,即如何依附于互联网络,使各种投资者在原本不存在关联的情形之下均衡彼此利益,建立协作关系。所以对股权众筹来说,不但属于一项合作问题,还牵扯多方利益均衡问题。对利益均衡问题来说,股权众筹是依附于网络平台所开展的资金筹措活动,牵扯了投资者和融资者双方的利益怎样有效分配、理性均衡等问题;对协作问题来说,网络众筹实质上而言是将股权当作投资回馈的资金筹集行为,所以必定牵扯规模庞大的投资者怎样更好地参加项目,特别是面临资金融集结果失败等状况时投资者怎样建立协作关系、减少双方亏损问题。本书认为,基于互联网特性与群体智慧理论结合的角度观察,股权众筹中的群体智慧表达的机制为声誉机制。

二 声誉机制

张维迎在《信息、信任与法律》一书中,从功能分析与经济分析两方面入手,认为"信息"在市场秩序保障方面所发挥的作用与"法律"的功能之间存在相互替代的现象,同时,相较于法律制度的建构与维护成本,信用体制一旦构建，其成本要低得多。① 这启发了我们在国家强制力保障以外，探索相应的治理体制作为有益补充的灵感。在金融领域中大量的实践证实，很长时间以来在国家强制力下采用的各类机制和行政手段并未真正化解金融市场无序竞争、效率下滑、发展不平衡、垄断现象突出、乡村金融服务供应匮乏等诸多问题。而民间金融市场的发展在声誉机制下，可以化解贷方与借方之间存在的信息不对称问题，使得金融市场竞争有序、运作顺畅。② 声誉是个体得到别人肯定、能够被依附的程度，具体来说体现于别人对自我许诺兑现与行为信赖程度。③ 声誉机制运作原理为，行为人长时间践行承诺，获得了很好的评价，别人因信赖他的名声，自愿与之协作。假如行为人出现了欺诈或拒不践行承诺的情形，则会导致声誉受损，并进一步造成将来合作的可能性降低以及经济损失。由利益最大化视角来说，如果不是短期利益高到可以抵除失去未来合作机遇且盈利的全部成本，行为人通常会考量到将来持续合作能够获得的益处，规避短期投机行为，践行承诺，形成良好声誉。④ 声誉机制的重点是行为人为将来合作会获得的长期利益，自愿抵抗实施欺诈所获得的短期利益的引诱。⑤

（一）声誉机制的基础——重复博弈

声誉机制是否可以制约行为人违反承诺的做法，关键是看与短期欺诈利益相比，长远合作可能获得的益处大小。长远合作由实质而言就是一种重复博弈，交易可以很多次来完成，但博弈却是重复进行的，因此行为人大概率会为了长期收益而放弃短期欺诈行为。与重复博弈不同，单次博弈因仅存在短期的、一次性的博弈行为，行为人往往会"短视"地基于当下利益而作出行动，不会考虑是否存在长期收益。以旅游风景区的"宰客"现象为例，旅游风景区的商家和管理层会因博弈方式的不同，对"是否宰客"采取不同策略。在商家眼中，消费者在旅游风景区购置商品以后，短时间之内重新到同一风景区游玩并进行二次消费的可能性非常低。因此商家会将其与消费者之间的关系定性为一次性博弈，短视地以欺

---

① 参见张维迎《信息、信任与法律》，生活·读书·新知三联书店 2003 年版，第 27 页。
② 参见叶祖军《声誉约束、国家强制与激励相容：丽水市〈村集体保证金+农户互保=小额农贷模式启示〉》，《区域调研》2014 年第 2 期。
③ 参见卓凯《非正规金融治理的微观基础》，《财经研究》2006 年第 8 期。
④ 参见卓凯《非正规金融治理的微观基础》，《财经研究》2006 年第 8 期。
⑤ 参见张维迎《信息、信任与法律》，生活·读书·新知三联书店 2003 年版，第 37 页。

诈、高价等行为"一次宰个够"满足大部分商家的利益需求。但是，在风景区管理层的眼中，单个消费者背后存在250个潜在顾客，这部分目标顾客会因此该消费者的评价而决定将来是否会到这个旅游景点。因此，管理层认为其与消费者之间存在重复博弈的关系，并且经由"声誉"进行表达。为了维护在消费群体中旅游景区的良好声誉，管理层对待"宰客行为"则会采取禁止态度，比如增强监管力度、积极处理消费者投诉、规范商家进驻条件等。

博弈方式对行为策略的影响同样也存在于金融领域。我国金融抑制现象表明，中小企业因其规模小、抵押品价值不高、经营风险较大、难以获取信用背书等原因，很难长期从银行等金融机构内获得信贷资金扶持，因此借方与贷方所建立的合作关系具有偶然性，无法产生长期合作的预期，这使得中小企业借款违约率居高不下，潜移默化地挫伤了金融机构提供资金支持的积极性，双方关系陷入恶性循环。但对于中小企业而言，以血缘关系、亲属关系、地缘关系所形成的民间信贷市场，是存在着重复博弈环境的。除非面临大规模市场风险，民间信贷市场中的中小企业往往具有长远合作预期，声誉机制在其中作用明显，违约成本非常高，违约信息传播速度较快。[①]

（二）声誉机制的强化路径——以成本收益为视角

从博弈方式的角度来看，声誉机制发挥出应有功能的前提条件体现于：当事者长久合作获取的利益和单次违约所获利益之间的成本收益对比强烈促使声誉机制发挥出应有的效用，可采用下面的举措加以应对：

1. 拓展多元交易维度

应当促使交易朝向多维度拓展，形成重复博弈的网状基础，具体包含延长两方交易期限、扩大合作影响范畴、增设交易主体三个维度。（1）就延长两方交易期限而言，以贷款合约条款的设定来看，可以有两种提款方式：一次性提款和按项目进度的多次分期提款。分期提款方式延长了两方交易期限，将单次博弈转换为多次重复博弈。对于贷款人而言，长期合作利益增加，单次违约利益减少，这将会改变行为人对声誉的成本收益分析结论，并相应地调整行为策略。（2）就扩大交易影响范畴而言，

---

① 参见叶祖军《声誉约束、国家强制与激励相容：丽水市〈村集体保证金+农户互保=小额农贷模式启示〉》，《区域调研》2014年第2期。

即在原有合约基础之上,增加与原合同性质相关的合作关系或违约事项,一方面增加单次违约成本,另一方面扩大长期合作收益,从而加大重复博弈的可能性。在我国小额农贷模式实践中,农民和种子供应者之间往往围绕着种子购销形成买卖关系、信贷关系、禁买关系等多种交易方式。如此一来,农作物种子供给者在对外出售种子时,对外提供了一定的信贷服务,假如产生农民拒不还清欠款的情况,那么农民会面对买不到种子的问题,从而对农民形成制约力。① 在商业银行贷款合同中也经常通过设置消极违约事项和积极违约事项来扩大贷款合同的交易范畴。比如,交叉违约条款,即在借贷合同中规定,如果本合同项下的债务人在其他借贷合同项下出现违约,此种违约情形也将被视为对本合同的违约,并且本合同的债权人可以对该债务人采取相应的反违约措施。该条款使得债务人与其所有债权人形成重复博弈关系,提高债务人对声誉的重视。(3)就增设交易主体而言,在金融市场中使借方与贷方自主组建联合体(譬如2003年深圳发展银行对外推出"1+N——依附于核心公司的供应链融资方案",也就是说,一个主要公司和与其存在联系的多个中小型公司相结合的信贷联保),由借款者彼此监督、相互牵制,确保合约执行到位。事实上,信息是个体行为得到管控和基础。② 利用连带责任制,可以使得各个借款者通过低廉的信息成本来行使自身的监督权,进而确保合约顺利履行。③ 如果出现借方违背合约规定的情形,那么其他利益主体也会被牵连其中。连带责任制最为明显的优势在于使借款人中间产生了某种利益关系,进而相互牵制,相互监督。对于违反合约的人员,其他利益主体会主动作出处罚,进而提升了借款者违反约定的成本。孟加拉国著名的格莱美银行采用了"联合贷款"的方式,以月为单位,为有需求的企业提供475000笔平均数额是70美元的信贷资金。和其他贷款者20%—30%的还款率对比,这种模式下的还款率达到了98%,这无疑是非常成功的应用案例。④

2. 充分有序竞争

在完全垄断的市场中,声誉机制无法发挥出其应有的功能。早期中国

---

① 参见卓凯《非正规金融治理的微观基础》,《财经研究》2006年第8期。
② 参见张维迎《产权、政府与信誉》,生活·读书·新知三联书店2001版,第6页。
③ See Armen Slchianand Harold Demsetz, "Production, Information Costs and Economic Organization", *American Economic Review*, Vol. 62, No. 5, 1972, p. 780.
④ 参见卓凯《非正规金融、企业家甄别与制度变迁》,《制度经济学研究》2006年第1期。

信贷市场即为镜鉴，五大国有银行处于垄断地位，市场上缺乏充足的、有效的竞争主体。在这一情形下，金融抑制状态严重，中小企业融资渠道狭窄、金融消费者权益保护不足、贷款效率低下、理财业务同质化。2010年随着"余额宝"等依托于互联网的新兴金融产品出现，为金融市场带来了"鲶鱼效应"，极大地刺激了金融市场的活力。在"余额宝"上线并投入市场不到12个月的时间之内，累计规模超2500亿元，服务的顾客数量高达5000万户。余额宝凭借准入门槛较低、风险不高、投资回报率高、便捷快速等特征，获得了消费者的青睐。很多人将存款从银行账户里转向余额宝中，这实际上处罚了不重视消费者体验的国有银行。国有银行面临巨大的竞争压力，这从侧面反映出增加充分、有序的竞争是确保声誉机制发挥出应有功能的基础要件。

3. 通畅高效的信息传播渠道

声誉机制是否可以发挥出其应有的功能，和信息能否快速被察觉与传播具有密不可分的关系。通畅高效的信息传播体系是声誉体系发挥作用的前提条件。首先，信息的传播应当是快速的，"一个信息流动缓慢的社会，一定是一个信誉贫乏的社会"①。其次，信息的质量应当是有效的，即运用这些信息，有金融素养的投资者应当识别欺诈、违约等行为。以金融市场中臭名昭著的"旁氏骗局"为例，尽管伯纳德·麦道夫在基金运作过程中进行了信息披露，但由于该程度的信息披露不足以使欺诈行为能被及时发现，声誉机制的根本功能无法启动，这一骗局运作了20余年才被他人发觉。最后，信息的表达应当准确，特别是在具有分散性和流动性的现代社会中，在浩如烟海的信息大爆炸中，如何确保信息的表达真实、准确，是一项重要命题。② 在后文中，将结合互联网特性、证券法基本理论进行相关的制度构建。

（三）声誉机制的执行——对违约者的惩罚。

"为确保声誉机制发挥出应有的功能，应当惩罚但却并未被采用惩罚举措的人，必须要遭受惩罚。"③ （1）处罚形式。此处提及的处罚并非是

---

① 参见张维迎《信息、信任与法律》，生活·读书·新知三联书店2003年版，第39页。

② 参见杨柳《法律、管制与声誉约束——基于中国转型期契约治理机制的研究》，博士学位论文，复旦大学，2008年，第30页。

③ See Abreu D, "On the Theory of Infinitely Repeated Games with Discounting", *Econometrica*, Vol. 56, No. 2, 1988, p. 391.

由于愧疚所产生的道德谴责，它应当是一种在侵权、违约等民事法律规则的基础上的，"以拒绝持续交易和群体的惩罚"[1] 为主的报复性行动。报复性特点保证了当事人在成本收益分析中，会认真权衡违反声誉机制的损益。(2) 实施处罚的主体。处罚实际上体现出一种群体行为，一般是由个体逐渐扩大最终产生群体抵抗，也可能委任单独第三方来实施惩罚。(3) 处罚的可行性。实行处罚必然要付出一定代价，如果付出的代价太高，那么处罚便不存在任何意义。对影响处罚可行性的相关因素，需要纳入执行措施制定的考量过程中。比如，假如违反合约的一方处在垄断位置，并且缺少可替代性选择的可能，那么进行惩罚可操作性相比一般的合同相对人而言，必然有所下降。

声誉机制能否发挥效能，关键是"奖优罚劣"。针对重视保护声誉的个体，所处集体要做出必要的嘉奖：重复交易、继续合作、彼此支持，以形成利益结盟体。还有更多隐性的益处：良好的形象、获取他人认可与尊重等。因此继续合作与信赖对方并非道德迫使，更多的是利益驱使。而针对漠视声誉的个体，不仅要剥夺一切嘉奖，还会面临一系列处罚措施，甚至被驱逐出组织。在反复博弈的环境下，这种声誉惩罚形成的震慑力和国家强制性执行手段相比，效果更为明显。为何惩罚非要这样决绝和严苛呢？原因在于，严苛的处罚可以提高违约成本，降低其长远收益，是制裁这种违约行为的最佳选择。在"激励—惩处"的双向压力环境下，交易主体会更倾向维护良好的声誉、有效地传播信息、建立长期稳定的合作关系，同时也可以降低相互猜忌的防御性成本。节约了很多彼此质疑与猜忌、彼此防范的成本。中国目前的基本现状却是：法律机制并不是保障合约执行的最佳工具，长期存在的执行难问题很难获得真正意义上的解决。实际上，通过非正式合约的方式来处理经济争议，现实中的替代方案。[2] 所以，"如果国家无法确保合约真正执行到位时，寻找第三方提供必要的服务具备合理性"[3]。下文将在互联网场域中，针对股权众筹这一具体论题，继续探讨这一替代性机制。

---

[1] 参见卓凯《非正规金融治理的微观基础》，《财经研究》2006 年第 8 期。

[2] See IanR. Macneil, "Relational Contract: What We Do and We Do Not Know", *Wisconsin Law Review*, Vol. 5, 1985, p. 167.

[3] 杨柳：《法律、管制与声誉约束——基于中国转型期契约治理机制的研究》，博士学位论文，复旦大学，2008 年，第 30 页。

三　网络声誉机制——股权众筹中的自发私人秩序

私人秩序适用于"调节主体之间在非完备契约条件下履行双方义务的非正式契约安排"①。一般是自发产生的，形成于组织内部，没有特殊的目标，也不存在严苛的要求，是市场自行发展获得的产物。② 在两边甚至多边关系合约里，声誉机制是否可以发挥出应有的功能建立在两项条件上：第一，依托信息形成有效的声誉机制；第二，"激励—处罚"的双向集体行为。股权众筹所处的互联网场域，在信息方面有其独特的传播、处理与表达机制，该机制主要通过两种路径实现。

（一）互联网场域中的集体理性行动

1. 个人理性的表达

基于自身利益而作出行动的理性人假设是分析市场经济的基础。不管是传统市场经济中的产品交易抑或是互联网背景之下产生的股权众筹交易，参与交易活动的两方均期待利用交易行为从中受益。尽管市场存在天然的信息不对称问题，但消费者或投资者会将该问题纳入其考量范围中，并通过自身体验来不断改进策略。这一过程中，汲取有效信息、获取新知识、调节优化策略是理性人自我学习、自我调整的天性。特别是在互联网场域中，信息、新知识的传递与反馈具有更高速的流动性和更广泛的范围，投资者在发觉欺诈行为或反省不正确的决策后，可通过平台、微博、贴吧等多元方式发出质疑声音。尽管这些处于分散状态的信息不一定会对买家利益形成直接侵害，但至少可以有效披露信息，同时分散信息汇聚的"声浪"也可能形成蝴蝶效应，对市场产生巨大的影响力。与传统社会相比，在互联网场域中，每个人就像一台监控器，可以不局限于时空的限制，对社会中的各种人物事件予以记录并进行传递。也像自己的"发声筒"，在合理界限范围内可以自由地表达意见和看法。网络上流动的图片、文字、视频录像等，均潜移默化地提升了社会透明度，使得个体更容易交流。在这种情形之下，"个人分享能力、和其他个体协作与交际能

---

① 参见［英］哈耶克《个人主义与经济秩序》，贾湛等译，生活·读书·新知三联书店2003年版，第15页。
② 参见殷红《网络交易中的私人秩序：声誉、可执行契约与信用评价体系》，《华东师范大学学报》（哲学社会科学版）2013年第1期。

力、参加群体活动的能力、全部的个体能力均来源于传统组织结构以外"①。所有人不再被看作单一的个体，而是拥有独立思维、可以自由表达的理性人。提出的所有意见会获得尊重和认可，所以有举足轻重的信息均会引起不计其量的关注。所以通过网络媒介，个人的选择机会更多，很小的意见也会变得更为重要，人格和自由也会获得尊重，能够使人感受到来自社会的需要，真正将互联网看作自由表述意见、沟通与分享信息的平台。

2. 自组织与组织困境

"如果系统在获得空间的、时间的或功能的结构过程中，没有外界的特定干预，我们便说系统是'自组织'的。"② 这种现象具体到社会学领域，指的是社会群体在缺少外在行政干涉与强制力的情形之下，利用组织成员彼此协助商讨，对组织实施自行监管、自行运作的崭新组织结构。③ 伴随网络技术的推陈出新，各项交易成本明显下滑，群体关系的建立更为方便容易。人类由于存在同样的兴趣、喜好，相同的价值目标，依附于网络技术便可以自行组合。更有甚者，可为了挽救某只流浪狗的性命，建立某个动物救助组织。这种集体组织方式具备组织结构松散、组织目标非营利、管理方式民主化等特点，这种新型组织模式突破了传统市场的局限性，发挥出了巨大的积极影响。

在笔者看来，自组织的产生在以下方面给群体理性活动提供了必要的支持：第一，有助于建立小群体。奥尔森④指出，如果想要开展群体性活动，必须达到两大要件：首先要确保构成集体的人员数量较少。如此一来，个人意愿对群体决策形成影响会更为容易且方便，个体意愿和群体决策维持统一的可能性会加大。个体行为对群体决策起到的指导意义和启发作用会更为显著，并且个体行为转变为群体行为的障碍会较小，群体也更容易达成统一见解和认知，有利于调动起个体对群体决策实施行为进行监控。其次，具有某一促使个体自觉谋得群体利益的激励体制，也就是确保

---

① [美] 克莱·舍基:《未来是湿的》，胡泳、沈满琳译，中国人民大学出版社 2013 年版，第 78 页。

② [德] 赫尔曼·哈肯:《协同学》，凌复华译，上海译文出版社 2000 年版，第 65 页。

③ 参见刘飞《社会自组织与政府治理的适用性论析》，《中国商界》2009 年第 5 期。

④ 参见 [美] 曼瑟尔·奥尔森《集体行动的逻辑》，陈郁、郭宇峰、李崇新译，生活·读书·新知三联书店 2010 年版，第 64—80 页。

小集团获得最大化利益的制度。在网络背景之下，小群体人人组织很容易建立个人意愿，也很方便转化成群体意愿，个体行为转为集体行为投入的成本较低。特别是人人组织自身便具备相同的价值取向、兴趣爱好等基础，凸显出了利益共同体的属性。尽管由表面来说，人人组织并非均是将营利性作为运营目标，即集体利益的含义和通过金钱核算的利益相比要大得多，比如，这几年屡次被媒体对外公布的诸多爱狗人员利用互联网成立动物保护组织，截获并救助一些被非法贩卖的流浪狗事件便足以证明这一点。

第二，突破传统科层式架构。集体并非单一化的个体累加。个体做出某个决策，相对来说困难较小，两人作出某项决策，在彼此商讨和退让的情形之下，也可以获得令人满意的结果。但伴随集体人员数量的扩大，如果想得到统一见解，那么必然面临不小的难度。对于群体决策的复杂性，著名物理学家菲利普·安德森对其作出了表达："多便是不一样。"[1] 该学者在《科学》杂志里有过这样的论述："所有事物的结合体，不管是原子或者是个体，均会表现出只靠审视其构成成分难以预估复杂行为的特性。"[2]

人类离不开集体活动，而以上问题的存在又阻碍了集体行为的进行，因此在传统社会中，人们被迫引进了科层制组织架构。这种结构的优势相当显著：一对一承担责任、职员对负责人担责、负责人对部门主管担责、各部门主管对总经理担责。如此一来，尽可能地规避了人和人彼此难以协调、交流不畅等一系列问题。总经理无须尽量和所有职员进行沟通，这使得各种问题被简化。然而伴随层级越来越多，机构层出不穷，必然会形成成本居高不下、运作效率下滑等诸多问题。官僚主义是这种运作模式下形成的产物。基于此，许多传统组织无法规避地落入了"机构圈套"里。虽然机构的成立目的是通过集体努力，协助单一的个体来共同作业，但这种运作模式下，机构必须投入很多的成本对资源进行管控，机构数量越

---

[1] Philip W. Anderson, "More is Different: Broken Symmetry and the Nature of the Hierarchical Structure of Science", *Science*, Vol. 177, Issue 4047, 1972, p. 393.

[2] Philip W. Anderson, "More is Different: Broken Symmetry and the Nature of the Hierarchical Structure of Science", *Science*, Vol. 177, Issue 4047, 1972, p. 395.

多，出现的成本也越高。① 简单来说，科层式组织架构是交易成本高昂的情形之下对群体行为的最佳选择。"我们很难获得理想化状态下的全部集体，所以我们只能占有可承担的集体。"②

在传统科层制架构下，个体为群体付出努力的潜力与意愿由于管控集体非常复杂，潜移默化地被忽视了。为确保科层制规范化运作，个体的个性特点受到了冷落和排挤，墨守成规、遵从规则、安于现状变成了保障科举制的主要考量要素。但网络技术出现之后，这种局面出现了巨大的变化。自行建立与运作的人人组织不将金钱作为行为动因，又无须在上级主管部门的监管下来开展各项工作，人类可为相同的价值目标、喜好、兴趣，自行组织开展某项工作，发送有关信息，自行拍摄相关图片传到互联网中，依据个人获取的信息，自主对百度百科等作出修订完善。这意味着传统社会科层制组织结构逐渐趋于消解，不利于集体活动开展的大部分阻力逐渐被消除，人类可依据个人的意愿组织开展某些活动，摸索出一些有利于群体活动开展的渠道、模式与路径。另外，在网络背景之下，人和人之间的沟通、往来、交际更为方便与快捷。共同分享信息、建立合作关系、开展群体活动的难度有所下降，很多集体活动的协调与运作成本明显下滑。群体决策在基于个人思维、个性特征被尊重的基础上进行。群体组织的运作是宽松自由的，依靠于自律来实现，而不是简单依附于层级式组织架构与严格的管控来实现。如此一来，一方面提升了组织决策与运作效率，另一方面规避了"搭便车"等行为滋生。由于构建群体组织的基础便是多方协作的意愿，因此多方协作、实现共赢成为建立人人组织群体的基础条件。

3. 特殊的信息机制

首先，每个个体均会作出理性选择，在网络众筹融资的背景之下，所有投资者均扮演着理性经济人的角色。在作出投资决策时，虽然极易遭受很多条件的约束，但是所有的投资决策均是在理性状态下所做的。简单来说，投资者作出的投资决策以及实施的投资行为，均是通过反复比较、理

---

① 参见［美］克莱·舍基《未来是湿的》，胡泳、沈满琳译，中国人民大学出版社 2013 年版，第 98 页。

② ［美］克莱·舍基：《未来是湿的》，胡泳、沈满琳译，中国人民大学出版社 2013 年版，第 101 页。

性考量风险大小与未来收益进行的。他们将风险规避作为考量的重点，对投资项目与获得的收益做细致的剖析，明确风险出现的概率，收集、整合与判别和风险与收益有关的各类信息。虽然上述行动在个体认识水平的限制下，不一定会实现对风险与将来收益的精准判断力，但也有一些投资者在决策是否投资某项目时，对风险所作的衡量采用了非理性的方式，比如，考量到内外部环境状况，根据个人直觉、历史经验或追随他人来作出投资决策。[1] 整体来说，"大数定律"和下面的研究结果是相符的：网络众筹融资活动投资者所作的集体选择行为，一般表现出理性选择的状态。[2] 即由行为动机上来说，所有投资者均拥有尽个人能力搜集相关信息（虽然也许是不全面和精准的信息），做出理性判别意向。其次，处于分散化状态的信息传递速度相当快，在网络众筹背景之下，新型技术手段层出不穷，打破了传统社会信息传递受到时间、空间、地区限定的窘境，使得集体性协调和合作面对的阻碍明显消除。信息传递早已摆脱了以传统物理领域相互临近作为基础条件，手机等通信设施与互联网技术的飞速发展，有利于获得搜查和掌握信息，信息传递更为方便快捷，就如同病毒传播那样，没有任何边界限制，可以达到即时传播。如果目标是精准可靠的，那么很多分散化的信息能够在极短的时间之内被收集整理起来，拼成完善全面的信息地图，进而揭露出真相。而将地域作为重点的群体组织不再是仅有的选择，来源于五湖四海的个体可表现出灵活多样的组合，确保信息的收集、汇总与群体活动协调沟通更为便捷、简单。在这种集体之中，动力、行动能力、动机均全部具有，之前不存在而近期才具有的是沟通与协调能力。[3]

股权众筹融资过程中，基于理性动机的基础，使得群体理性行为变成了可能。对单个投资者来说，对众筹筹资的项目与筹资者的相关信息很难清楚了解，获取到的信息也具有局限性。而众筹平台的打造，使获取信息更为方便和快捷，所有人均能够利用互联网站对外发布相关信息，综合个人主观经验作出精准判断，或利用网络论坛、微博、微信等

---

[1] 参见［美］赫伯特·西蒙《现代决策理论的基石》，杨砾、徐立译，北京经济学院出版社 1989 年版，第 45 页。

[2] 参见何大安《个体和群体的理性与非理性选择》，《浙江社会科学》2007 年第 2 期。

[3] 参见［美］克莱·舍基《未来是湿的》，胡泳、沈满琳译，中国人民大学出版社 2013 年版，第 112 页。

交际平台来沟通和交流。简单来说,所有投资者均掌握了一些私人信息,这些私人信息会被反馈至其作出的投资决策里来,最后转化成理性群体决策。事实上,这是把"早期专业投资精英开展的尽职调研交付于单个投资者来完成"。虽然每个投资者调研能力参差不齐,能够收集到的信息具有局限性,然而由于数目较多,信息收集渠道顺畅,并且调查角度广泛,所以投资者拥有足够的能力发掘并处理资金融集各个环节产生的问题,大量实践已证实了这一点。[①] 这对一些意图实施诈骗的资金筹集项目作用表现得相当显著。"你能够诈骗一个人,然而不会做到对全部人员瞒天过海",这条真理在网络背景下表现得更加显著。此外,投资者与众筹平台还具有学习和自我完善的能力,从而提高决策的准确度。对所有投资者而言,被外界环境干扰、从众心理、投资冲动等影响,出现不理性的投资决策是不可避免的,而投资者本身也在投资过程中得到了经验和教训,获得了进步,其对于风险与收益之间关系的掌握程度会更深。同样地,众筹平台是一种营利性组织,开发优质融资项目、吸引越来越多的投资者提供扶持资金,是平台获取巨大利益的价值选择。比如,在挑选有效信息上,传统众筹平台经验匮乏,出于盲目跟风心理,如果早期筹集的资金数额较高,那么后来跟投人便会越来越多,资金筹措的速度也会相当快。该过程中存在风险隐患,即很多人并未考量其所投资的融资项目的优势和不足。部分品行不端的筹资者利用该疏漏,首先让个人的亲朋好友来进行操作,制造出多人投资的假象,诱导其他投资者注入资金,进而实现融资或者欺骗的意图。之后众筹平台发觉了存在的漏洞之后,利用增强对筹资者发送信息的甄选与审核力度,包含对亲朋好友等投资者身份的审核,并对亲朋好友等一些投资者所做的投资和其他投资者注入的资金做了明显的划分(比如,Prosper 平台[②]上会高亮表明来源于亲朋好友或利益关联者的投资)等改善举措,进而为投资者提供了精准可靠的信息,帮助其作出正确决策。相对理性的投资者可对数据信息作出剖析:假如投资来源于单个或少部分投资者,那么项目可信度便非常低,在同等资金数额的条件下,投资者数目

[①] 比如,Kickstarter 某动作游戏的众筹项目即将成功前,就因两个网站会员将该项目标记为欺诈并且通知了其他投资者而使该项目未能筹集成功。

[②] Prosper 是美国金融史上创建的第一个众筹网贷平台。

较多时，表明项目里存在较多的有效信息，这实际上体现出了群体理性行动的含义。

(二) 社交网络

1967年，美国哈佛大学著名教授坦利·米尔格兰在他设计的"六度间隔理论"里明确指出，社会中所有彼此并不熟知的人，利用不超出六层关系，便可以构建起某种特殊的关联。该理论被大范围应用至社交网络模式中，得到了丰富与完善。

社交网络的本质为把真实生活里的交际圈放置于网络中。在互联网社区里，人类由于一些共同的特征，彼此组合在一起，比如，相同利益、相同文化、相同的价值理念与价值取向等，所有个人均能够通过论坛、博客、聊天室等信息传递工具，在社区之中自主地开展内容设计、发布、分享、评价、投票等诸多活动，进而为志趣相投的人员提供虚拟的交流、沟通与分享社区空间。如此一来，社区网络不但具备了传统意义上社区①——被学者费孝通叫作"熟人社会"的依附人际关系构成的特征，并且由于网络因子的引入，社区网络呈现形式与内容体现出虚拟化、交际深入性、均等交互性等诸多新型的特点。这些特点对消除众筹融资涉及的借方与贷方信息不对称问题，影响非常深远。具体来说体现于两点：第一，社交网有助于迅速揭露和传播违约信息；第二，熟人社会里形成的群体处罚机制可以在社交网络中发挥出其具有的功能。

首先，社交网具有信息记录和迅速传播的功能。众筹平台自身便具备信息整合和汇总的功能。一般来说，融资一方必须对和项目有关的各类信息作出描述，进而吸引投资者注入资金。依附于众筹平台，投资者可自由地开展评论、沟通与交际，对有效信息做出迅速传达与沟通。因此，从某些方面来说，众筹平台扮演了社交网络的角色。现如今，很多众筹平台重视把筹集资金一方的社交网络信息和资金筹措需求密切结合在一起，利用其社交网表现来推测融资一方在实际生活里的社会表现，从而判别他的社会信誉情况。一般来说，通过社交网络提供的交际与互动平台，获得了很多的"粉丝"，这代表着融资一方在实际生活里同样可以获取很高的认可度，信赖度也较高。简单来说，融资一方在社交媒介中的被认可度，从侧面反馈出了这一群体在实际生活里的可信赖度。通过诸多有效信息的传播

---

① 参见［德］滕尼斯《共同体与社会》，林荣远译，商务印书馆1978年版，第78页。

与甄选，能够使众筹平台投资者拥有更多的参考标准，便于作出正确的投资决策。①

比如，Kabbage②提出的"社交攀登"规划，其非常关注对筹资者社交媒介相关信息数据进行收集。"社交攀登"项目是指，利用把筹资者Kabbage账户和他们的社交媒介（例如Facebook、Instagram等）进行链接，进而收集和剖析融资一方的社交信息与数据，最终对其融资资格作出评价。简单来说，融资者在社交平台中的具体表现和他们由Kabbage获取的信贷额度与利率优惠存在密不可分的关系。融资一方在社交平台上拥有很多的粉丝，并且这些粉丝对其开展的活动作出了正面评价，均可以使融资者获得更高的认可与关注，进而得到提供的高额信贷资金与幅度较大的利率优惠。这种正向链接有利于鼓舞融资者通过社交媒介，增强和顾客的的交流与沟通。基于此，Kabbage得到了很多有关融资一方的精准信息，最终达到了与融资者共赢的局面。大量实践结果证实，Kabbage提出的"社交攀登"规划获得了良好的成果。据统计显示，融资者把社交网信息数据链接在一起，那么其产生违约行为的概率可以降低20%③。原因就像"社交攀登"创办人MarcGolin所说的那样：融资者和顾客之间不断互动和交流，是公司得以成功的原因所在。对融资者在社交平台中和顾客沟通往来的关系予以量化，利用切实存在的益处鼓舞两方进行交际和往来，这和不切实际的谈论与顾客互动获得的成效相比要更为显著。

另外，由于众筹融资牵扯的利益主体数目较多，所有获取了关于众筹平台信息的个体均可被认定成目标投资者。每个人利用社交网能够接触与掌握融资者的一些信息，比如，资产情况、信誉状况、运营信息、企业盈利与亏损情况等。每个人收集到的信息是分散片面的，然而这部分分享的信息利用众筹平台、投资论坛等平台会被整合在一起，组成完整的信息图谱，确保投资者可以获得有关融资者与具体投资项目的信誉资格、风险以及收益信息。

---

① 参见徐骁睿《众筹中的不对称问题研究》，《互联网金融与法律》2014年第6期。

② Kabbage公司于2009年在美国亚特兰大创立，是一家众筹融资平台机构。该公司以"依托社交大数据解决信贷风险"为基本理念。

③ 参见廖理《Kabbage——数据驱动的"贷款"公司》，https：//cloud.tencent.com/developer/article/1131160，2018年5月21日。

在此过程中，所有投资个体扮演着保障个人正当权益的角色，拥有充足的动力来收集一些和项目有关的分散化信息，特别是不良信息和负面消息。针对收集的一些阻碍投资的不良信息，就算是间接有关（比如，亲朋好友投资项目），同样存在通过社交媒介对外公布的动力。最终使很多隐性个人信息更为透明，被迫对外公布。事实上，这依旧无法规避部分虚假信息充斥于网络中，然而从保障投资者合法权益的视角来说，社交媒介在发掘个体信息上拥有足够的能力，这是不用怀疑的事实。

比如，Prosper 平台引进"客户组"这一概念，将"客户组"作为具体单位，进而完成评级打分工作。首先，Prosper 平台利用提供优惠利率支持的形式，鼓舞投资者参与"客户组"。其次，小组中产生了违反约定情况的，会对小组总体信誉评分产生不良影响，导致组内成员利率优惠遭受巨大亏损，进而使组内成员抱团起来，构建了利益联盟机制。在单一的"客户组"里，负责人承担的职能包含招聘组内成员、设计主页、监管组内成员合约履行状况等。在这个社交集体内，组内成员并不存在法定关系，然而利用组团的方式，却创造出了"荣辱与共"的集体气氛，确保所有组内成员可基于团体殊荣感、实际利益与在组内成员的监管下，在约定期限内还清欠款。为增进组内成员的关系，作为小组负责人，可对组内成员借贷申请实施"背书"，所有组内成员也可参与借款项目。为做出精准区分，组内成员所做的投资会被高亮表现，Prosper 平台会依据小组总体表现明确对应信贷额度与利率优惠支持幅度。

其次，社交媒介具备明显的群体惩戒功能。和传统社区对比，网络社区具备更为广泛的特性。两者相比，网络社区注册匿名属性存在明显差异。它是基于实际社会关系的前提下所出现的，并将现实生活里亲朋好友的关系作为成立基础，进而逐步扩大，最终和亲朋好友的朋友相识、相知。社交网络成立条件为信赖，这就像是一个广泛的"朋友圈"。在互联网中活跃的各类主体，其信息真实性明显加强。和传统充斥着不实信息的注册网站对比，人类彼此交际信用度明显提高。简单来说，并非亲朋好友介绍与用户并不熟知的其他群体会被社交圈去除在外。所以个体无所顾忌地将个人的姓名、电话号码、年龄、家庭住址等私密化信息对外公布，无须担忧是否会受到他人的不法利用。从某种程度上来说，社交网络是圈子相对较小的"熟人社会"。这类社区摆脱了传统将地区与血亲关系作为枢纽的约束，将其他共同体作为依附和纽带。在此过程中，人们这种社会高级动物具有的互联网属性并未被社交网络所转变。在社交平台与社区网络里，人类本着相同喜好、志同道合的特征，和他人进行沟通、往来和交际。凭借着相同的利益追求、价值取向，传播与置换信息、见解与资源等。依附于网络创造的便捷条件，很多志趣相投的人被汇集在一起，更方便地发送信息、传递与分享消息。就像麦克卢汉所说的："利用现代领先的互联网技术手段，人类被汇集在一个完整的地球村里，似乎又重新步入到了口耳相传的社会。"①

基于此，社交网络实现了其具有的群体惩戒功能。首先，因为社交网络可以达到迅速发掘与传递各类信息，特别是不实信息、虚假信息等，为投资者群体抵抗违反约定的人员提供了平台和机会，使得不遵从约定的人员违约成本明显增加。其次，由于社交网非常广泛，亲朋好友等群体可以对借方欠款行为实施监管，督促其尽快还贷。如此一来，降低了道德风险滋生的概率；处于社会关系网中的人员也可对违反约定的借方实施处罚，使之面对舆论压力，进而降低违反约定的概率。社会关系网承载着诸多功能，一些功能可利用 Prosper 平台客户组来发挥出来。小组负责人是建立客户组的主体，因此，其应当负担对招聘的组内成员实施调研、监管等职能。在选拔组内成员以前，必须要对成员作出严苛的挑选与审核；组内负责人与内部成员利用对借方进行"背书"，以传播软信息。另外也可对违反约定的内部人员进行社会制裁，将其从组内驱离，这实际上是极具代表性的制裁模式。

四　网络声誉之实证研究

（一）淘宝网之信用评价机制之机理与应用

因为互联网交易面临复杂的逆向选择与道德风险问题。在传统 C2C 交易网站中，淘宝网等一些平台构建了一系列完善有效的网络信誉评估体系。这套体系在网站中承担着信用中介的职责，能够促使平台中的卖家信用信息利用很低的成本予以传播，使互联网声誉机制发挥出应有的功能。简单来说，网络平台中的卖家名声就是一种信号，可以直观地表明商家信誉度。其声誉较高时，那么意味着其可信度较高。如此一来，降低了互联

---

① ［加］马歇尔·麦克卢汉：《理解媒介：论人的延伸》，何道宽译，译林出版社 2019 年版，第 18 页。

网交易主体信息不对称问题，规避了网络市场失灵现象，可以确保互联网交易活动有序开展。[①]

美国著名的C2C网站eBay首先建立了信誉评估体系与信誉反馈体制（feedback system）。后来，中国的一些著名网站，如淘宝网等根据国内发展现状，对这些机制做出了优化与调整，比如，"采用一口价营销模式，以摆脱竞价模式"，引进了"支付宝"等一些支付工具，构建了满足中国现状的特色化信用评估体系。该体系对确保互联网交易活动有序开展、促使声誉机制发挥出应有的功能意义深远。信誉评估体系由本质而言，是为交易主体提供信息收集、传递、整合并分析的平台。依据淘宝网作出的规定，单笔交易结束之后，参与交易的两方需要彼此对信誉作出评估，收货好评的店家能够得到一分嘉奖，服务为差评的必须要扣掉一分，中评既不加分也不扣除分数，没有对服务作出评估的，由平台默认为好评。

淘宝网卖家得到的所有得分，代表着他的信誉度，由店家的店铺页面可看到他的好评率。信誉评估体系通过对所有店铺销售方的信誉信息，比如，好评率、信誉度等予以公布，使顾客能够轻松地了解其声誉状况，进而做出正确决策，是否在某个店铺购买东西。在实际操作过程中，淘宝网构建的信誉评估体系得到了进一步修订与补充，比如，对于部分店家利用虚假交易来提升信誉度的状况，出台了诸多的处罚与防范规则；针对店家利用购置小额产品获取信誉积分的状况，把消费者和店家信誉评价区别开来（这和eBay有所不同）；针对部分通过差评来胁迫店家的消费者，设定了互联网仲裁体制；对于部分差评并不公正的消费者，给店家提供了申诉平台。

大量实践证实，淘宝网构建的信誉评估体系逐渐趋于完善，可以精准如实地反馈出店铺卖家的信誉情况。[②] 因为由信用评估直至信息发送、传播是顾客自发形成的行为，因此可通过淘宝网系统来自主进行数据和信息统计。淘宝网提供的仅仅为信息公布平台，可以使信誉评估体系利用分散

[①] See Chrysanthos Dellarocas, "The Digitization of Word-of-Mouth Promiseand Challenges of Online Feedback", *Mechanisms Management Science*, Vol. 49, No. 10, 2003, pp. 1407-1424.

[②] 参见李维安、吴德胜、徐皓《网上交易中的声誉机制——来自淘宝网的证据》，《南开管理评论》2007年第5期。

化的形式，并非由专门人员或部门来负责信息收集、整合与处置工作。如此一来，信息收集与传播投入的成本相当低。①

和淘宝网存在相同点，B2B 网站的代表平台阿里巴巴也构建了一系列严苛完善的信用评估系统。具体操作方案为：给所有付费会员构建了信誉通档案：包括公司身份认证、信用资质、顾客好评、荣誉证书等诸多内容，通过对这些内容予以量化，利用"信用通指数"的方式呈现出来。另外，将公司信誉状况考量在内，加入至指数系统之中，以方便全面呈现公司的信誉状况，使顾客对失信店家进行群体惩罚拥有了信息参考，以确保网络声誉机制具有的功能充分发挥出来。②

（二）信用评价系统在"Kabbage"模式中的扩展应用

信誉评价体系在淘宝网等一些平台内，均可以发挥出声誉机制应有的功能。然而该体系是否可以被应用在众筹融资方面，仍旧有待商榷，目前面临的阻碍包含三点：第一，现阶段中国并不存在如同淘宝网这种规模庞大的众筹平台来承担信息中介职能，所以在短期之内无法构建被大众认可的内部信誉评价体系。第二，筹集资本的一方自身处于分散状态，由众筹含义方面来说，投资主体一般是一些小型微利公司或处于创业初期的中小型公司，这些主体可通过某个众筹平台筹集资本，还可通过其他众筹平台来筹措资金。因此，声誉机制成立的两大基础要件——信息迅速传播与群体惩罚，在这种情况之下均难以发挥出应有的作用。第三，融资行为和一般意义上的产品交易行为有所差别，特别是股权众筹。筹集资本一方违规后果很难在短期之内被投资者发觉，所以信誉评级无法保障时效性，但这并不是意味着信誉评价系统对众筹融资不存在参考价值。在笔者看来，对信誉评价系统适用范畴逐渐扩展，也可以发挥出声誉体制具有的功能，可由 Kabbage 这一具体实例得到启发和借鉴：Kabbage 采用的营利方式为对 eBay 等一些电子商务平台提供如同信贷的商业预付款，以获得高昂收益。在防御和抵制风险上，主要将目光投放在对店铺运营数据予以发掘与处置。Kabbage 信息获取途径包含店铺运营状况（比如，营销量、库存总量

---

① 参见吴德胜《网上交易的私人秩序——社区、声誉与第三方中介》，《经济学》2007 年第 3 期。

② 参见殷红《网络交易中的私人秩序：声誉、可执行契约与信用评价体系》，《华东师范大学学报》（哲学社会科学版）2013 年第 1 期。

等等)、产品浏览次数、顾客评价状况,由物流公司获取的发货与收货信息、社交网相关数据等,利用对上述信息进行整合、剖析和处置,编制信誉评分报告,进而为店家信誉状况打分,并予以评价,真正控制和约束运营风险。

因此,对众筹融资平台而言,不管是采用的C2C代表性信誉评分模式,还是B2B代表性的信用通指数,都能够被看作对筹集资本一方予以审查的借鉴指标。从侧面来看,这种信誉评分自身便囊括了店家基础信息、运作状况、收益情况、信誉状况等诸多精准、完善的信息。比如,阿里小贷采用的风险管控方式,便依附于阿里巴巴旗下的淘宝网、支付宝等诸多交易平台获取的交易数据和信息,依据顾客早期的交易数据(比如,信誉信息、交易状况、运营情况等)与每日获取的崭新交易信息、结付款数据、发货与收货信息等。如此一来,可以精准地预估将来违背合约的风险概率,辨别各类融资主体信誉情况。从而针对各个层级的顾客信誉状况,编制行之有效且针对性极强的"最佳定价",细化顾客授信。阿里小贷不但采用了贷款前审核的方式,而且构建了贷中与贷后监管、防范和抵制欺骗、市场状况剖析等风险管控模型,达到了对于风险的全面监控与防御。

第二节 行业自律机制

就自发形成的私人秩序而言,网络声誉机制可以在固定范畴之内发挥出应有的作用,特别是在信息迅速收集和传播上,效果相当明显。然而在某种程度上,也呈现出"合约极易遭受外部环境影响、合约平稳性很差、影响范畴较为狭隘"[1]等诸多缺陷,特别是在声誉机制发挥出应有作用必不可少的一项条件——群体处罚上存在明显的不足。因为互联网里所有成员均处在流动性状态中,空间范畴能够被不断扩大,在缺少地缘与血亲支持的情形之下,自发构建的且范畴较小的"熟人社区"里,声誉机制缺少有效的适用基础和要件。如果想摆脱这种限制性,构建由第三方参与其

---

[1] 吴德胜:《网上交易中的私人秩序——社区、声誉与第三方中介》,《经济学》2007年第3期。

中的私人秩序是最佳的路径选择。简单来说，自发形成的私人治理，很难产生特定群体，也很难发挥出处罚的功能。在这种情形之下，需要成立某个专业组织，扮演传统社会里存在的"熟人社区"角色。该角色一方面可以加强自发私人秩序中的"信息媒介"功能，使社区成员间收集和传播违约信息更为便利。另一方面，该角色是群体自发拟制的，社区成员基于共识而受其约束。因此，它还具有在社区中进行争议裁决以及对失信者进行集体惩戒的功能。[①] 假如认为自发私人秩序的生存与发展依附于所有人意识的觉悟，则有组织、有计划的私人秩序构建必须依附于第三方中介单位获得全面发展。行业协会便是私人秩序的最佳范例。就算在互联网背景之下进行众筹融资，该组织同样扮演着非常关键的角色。

一 股权众筹行业协会的建立与完善——以淘宝商盟为例

"市场经济里，公司是把单次博弈转变成重复博弈的体制，也是信用必不可少的核心载体。"[②] 行业协会是某个特定地区之内，由相同行业的公司自主组建的非营利性集体。[③] 学术界对此组织含义表达有所差别，然而基本含义十分相似，都包括了"非营利性中介机构""民间组织"等相同属性。事实上，行业协会在某种程度上扮演了熟人社会的角色。首先，其自身便是完整的利益结盟体，在共同体内，所有成员荣辱与共，成为协会的一员便意味着作出了许诺：保证组织殊荣以及利益。所有内部成员出现的违法乱纪行为、有违道德的行为，均会对行业名声产生侵害，从而侵犯了协会成员的自身权益。此时行业协会必然会对道德败坏者作出严苛的处罚，确保所有成员可以制约个人行为，为维护集体利益作出不懈努力，保障行业协会的声誉。[④] 其次，该组织还具备增强合作的汇聚功能。行业协会对内部来说，是整合各项资源、收集信息的重要平台，可以协助化解内部矛盾，发掘商业机遇，保障集体利益。对外来说，在面临最大竞争者

[①] 参见吴德胜《网上交易中的私人秩序——社区、声誉与第三方中介》，《经济学》2007年第3期。

[②] 张维迎：《信息、信任与法律》，生活·读书·新知三联书店2003年版，第34页。

[③] 参见黎军《行业协会的几个基本问题》，《河北法学》2006年第7期。

[④] 参见张维迎《信息、信任与法律》，生活·读书·新知三联书店2003年版，第15页。

时，其能够指导所有成员采用有效的行动，促使交易主体诚实守信、履行合约。① 比如，浙江温州民众非常热衷于抱团获益，所到之处一定会建立商会，以期能够发挥出资金凝聚的功效。在发现优秀项目时，在短期之内会号召其他人共同参与投资项目，共同盈利。② 奥斯特罗姆指出："公共资源闲置不用问题，无法依附于国家或市场来被化解，社会里存在的自治与自我组织，事实上便是管理公共事项、解决公共问题的最佳机制安排。"③ 行业协会便是一种自治组织，它在自发私人管理和国家公共管理中间，通过行业自律的形式，摸索出了具备特殊性和代表性的"组织化私人秩序"路径。④

（一）集体责任机制

对行业协会而言，它的本质为相同行业内部人员的共同结盟体，该共同体将群体声誉当作抵押物，对另一方许诺内部成员不可能会出现欺诈行为，进而通过很好的名声来获取顾客的信赖，规避信息不对称问题，提高交易率，确保交易活动有序开展。为保障群体拥有正面声誉，首先会保护单个成员的个人利益，针对违背许诺的内部成员，协会必定会做出群体处罚，这实际上是这种自治组织发挥出应有作用的基础条件。

在中世纪的欧洲商业交易活动里，一些商家为抗争其他外来国家的侵犯，便运用了"联合抱团"的方式，建立社团组织，确保内部成员所有活动完全统一，进而对外来国家实施的侵犯行为作出群体惩罚，真正保障集体的正当利益。12世纪之后，欧洲出现了集体责任机制，使得联盟体的功能得到了强化，对稳定交易秩序、扩大交易起到了积极的影响。因为此时条件具有局限性，因此商人中的个体经营者身份无法被证明，个体违反合约的信息也很难获取，违规信息传播不够顺畅，使得声誉机制无法发挥出应有的功能。为规避信息不对称问题造成"柠檬市场"形成，确保交易活动有序开展，很多城邦自主构建了集体责任制，利用有序的私人秩

---

① 参见杨柳《法律、管制与声誉约束——基于中国转型期契约治理机制的研究》，博士学位论文，复旦大学，2007年，第106页。

② 参见刘明远《熟人社会、抱团取利与中国民间金融的稳定性发展》，《学术研究》2011年第6期。

③ ［美］埃莉诺·奥斯特罗姆：《公共事务的治理之道：集体行动制度的演进》，余逊达、陈旭东译，上海三联书店2000年版，第153页。

④ 参见郭薇《政府监管与行业自律》，博士学位论文，南开大学，2010年，第79页。

序，以确保商人约束个人交易行为，讲求诚信。该机制采用的逻辑原理为：A 城邦之中的商人甲和 B 城邦之中的商人乙开展交易活动，假如甲方在交易活动里出现了严重违反约定的行为，那么甲所处城邦 A 的群体声誉必定会遭受巨大的损害，该城邦之中的全体成员也要付出巨大的代价——共同对 B 城邦面临的亏损负担相应的赔偿责任。如果拒不执行，则 A 城邦的所有商人在 B 城邦开展商业活动时，会受到其收缴财产的处罚，用来弥补交易亏损。在这种制度之下，A 城邦与城邦之中的全体成员均拥有了积极的动力，对甲个体交易行为实施监管，对违反约定的行为作出调研。明确出现违约行为之后，强制要求甲对乙方造成的损失作出赔付或由集体对甲方作出严苛的处罚，规避内部其他成员与集体利益遭受侵害。这种为保障群体声誉设置的机制本质上而言，是一种"责任连带制"。也就是说，所有个人的利益和集体其他成员具有密不可分的关系，需要接受其他人员的监管。在群体共同处罚的震慑下，所有群体成员会谨慎评价个人违反约定形成的后果。如此一来，降低了失信交易行为出现的概率，为国与国之间开展正常交易活动营造了良好的环境。

（二）行业协会承载的功能剖析

具体来说包含以下三种功能：第一，信息收集与传播功能。将行业各类信息汇集在一起，为行业提供关乎其切身利益的信息服务，这是现阶段行业协会各项工作的重中之重。该组织在收集与传播信息方面的功能表现于三个方面：首先，普通信息收集和传播。比如，对行业实施调查，对行业发展潜力和方向作出预估，收集关于市场政策、技术等方面的信息。利用、整合、汇总并剖析相关信息，并借助统计报表等方式，提供给有需求的公司作为参考；组织开展会议展览、论坛等活动，为公司和政府职能部门进行沟通与往来提供平台。除此之外，也包括提供差别化信息服务的功能。其次，提供一些譬如中介类型的信息服务，比如，接受委任，对公司产生的矛盾与争端做出调研，收集信息作为证据；接受顾客投诉和监督、判别和认定信息真假等。最后是违约和失信信息的迅速传播功能。行业协会具备信息整合与汇集的功能，一方面在收集信息方面优势颇为明显；另一方面拥有充足的能力，在短期之内把企业违约信息迅速在行业之中传递，并将失信信息看作群体处罚的参考根据，使得其他成员公司可以方便快速地在由行业协会建立的信息库里收集汇总相关违约信息。

第二，群体行动功能。包含对外群体与对内群体行动两大层面。就前者来说,指的是处于分散状态的个体经营者共同合作,利用收集、汇集资源,弥补优势和不足,以实现抱团获利。这种行动极具代表性的例子为温州商会。温州商会不但可以迅速聚拢资金,还在发掘项目、资源汇集、信息分享、优惠扶持政策、讨价还价能力、抵抗失信协作者等诸多方面具备得天独厚的优势条件。商会内部成员一方面可以享有群体声誉租金,另一方面可以从个体凝聚力量形成的规模效应里受益。后者体现于对违反规定的内部成员作出群体处罚。为确保群体声誉,满足个体保障自身利益的需求,对内部成员违背诚信的行为实施群体处罚,这对维持集体权威、形成良好声誉极为有利。另外,对内群体行动也体现于消除和制裁"搭便车行为"。很多时候,群体采取行动时会由于一些成员追求一己之私,暗自和竞争者密谋勾结,开展交易行为而受到不良影响。也可能由于明明清楚对方不讲诚信的事实,却借此机会实施威胁和敲诈,私下开展交易活动,而使得集体活动成效不佳。所以行业协会利用构建完善的内控机制,增加群体对不良行为的惩罚力度,以消除和制裁"搭便车行为"对集体利益产生的不良影响。

第三,信用生成功能。对处于分散状态的个体经营者来说,行业协会构建的群体声誉机制可以发挥出显著的作用,人类更加信赖完整的社团组织,而不是孤苦无援的个体。对此可由两个方面作出解读。首先,公司和个体对比,极易获取交易者的信赖,建立良好的声誉。声誉是否可以形成,关键是看长久重复博弈。但是因为人类的寿命是具有局限性的,个体很难实施长期重复博弈行为,因此个体信誉累积必然要历经很长的时间,并且难度较大。但从理论方面来说,没有寿命限制的公司不会出现这种问题,公司是信用的依附载体,和个体相比,具备明显的平稳性特征,极易被辨别。和有可能突然在社会中消失或凭借着其他身份生活的个体相比,公司出现上述情形的概率明显较小。因此,人类很难辨别或惩罚个人出现的失信行为,然而却极易辨别个体所处团体或集体的信誉。如此一来,违反约定的觉察成本与失约信息传递成本会明显下滑,迫使公司关注自身的信用问题,以形成正面的形象。所以,为树立良好声誉,个体会自愿和公司结成同盟体,通过集体声誉树立个体声誉。事实上,个人在享有群体声誉带来的益处时,必然要付出一定代价,比如,失去自由权、接受集体规定的约束、践行承诺制约个人行为等。特别是出现违背诚信的行为时,需要接受群体处罚。人类更加希望参与或者和一些规模庞大的连锁公司及社团组织进行合作,而不是规模较小且生存与发展时间较短的中小型公司。出于相同的原因,中小型的公司也会自愿参与规模庞大的社团组织,通过群体声誉,形成企业良好的声誉。依附于声誉良好的社团组织来获得信誉,这种方式是个体保障自身利益的最佳选择。在此过程中,个体会希望成为公司的一员,分散化的公司希望参与行业协会,各个地区的行业协会希望参与省级或国家级社团组织。其次,如果个人把自身名声和集体名声绑在一起,那么必然会拥有保障集体名声的积极性。唯有保障集体名声获取的益处和违反约定获取的益处相比更大时,保障集体声誉才可能变成理性选择,要不然个体存在的"搭便车行为"就极易使集体名声遭遇不良影响,也难以使集体机制发挥出应有的作用。因此,有必要维护集体声誉与形象,彰显出声誉机制的益处,发挥出其规模效应,增加个体违反约定处罚力度,制约个人行为。可利用"责任连带式"处罚模式,确保组织内部成员违反约定的行为和其他人员利益挂钩,进而使监管与制约成员失信行为表现出自发性特征,也可对违反约定的人员实施群体处罚,真正提升失信应当付出的代价,形成集体威慑力,进而制约个人行为。从这一方面加以解读,为何穿着军服的警员和穿便服的警员对比极易得到他人的信赖呢?一方面是穿着制服的军人拥有良好声誉作为支持,另一方面是因为军队设置了严苛的处罚条例,不遵从契约的人员遭受的惩罚相当大,或许会被部队驱离,这使得人类非常信赖军人不可能会违背组织条例,出现失信行为。[①] 这意味着组织中的成员做出的许诺具备了很大的可信赖度,容易赢取他人的信任。

二 淘宝商盟的主要做法

淘宝平台在机制方面做了很大的创新,比如,构建卖家商盟机制,目的在于鼓舞淘宝商家依附于地区组成卖家联盟。这样一方面能够协助规模较小的商家获得很多交易信息,方便快捷地完成交易,享受群体谈判创造的议价权,另一方面是利用集体声誉来形成自我声誉。其采用的普遍做法包含以下四种:

(一)对成员的激励和约束机制

很多规模较小的淘宝卖家自发建立了自治性组织淘宝商盟,目的在于

[①] 参见孙丽军《行业协会的制度逻辑——一个理论框架及其对中国转轨经济的应用研究》,博士学位论文,复旦大学,2004年,第56页。

给处于散离状态的商家提供信息收集、分享、整合的渠道。商盟利用定期或不定期发送商业信息、组织开展经验分享活动、对新成员作出业务引导等，拉近淘宝卖家之间的距离，达到信息和资源的共同分享。在进行操作时，淘宝联盟也会利用很多促销模式为内部成员提供必要的扶持，以协助商家提高业绩水平，增加店铺知名度。另外，处于分散状态的商家利用结成同盟体，加强了彼此参加市场谈判和讨价议价的能力，真正保障了个人的合法权益。比如，商盟可帮助店家通过低廉的价格和快递公司签署合约，减少运输成本；可协助店家寻找平稳的供货来源。如果店家合法利益遭受侵犯时，商盟和组织其他成员也会共同参与抵抗。

上述内容重点体现于对内部成员的鼓舞和激励。商盟的建立，尤其是商盟集体声誉的建立，对内部成员具有的约束力相当显著。店家成为商盟的一员，在获取商盟为其创造的很多方便和权益时，需要接受组织的各项规定与监督，尽一切可能保障商盟的集体名声。成立商盟最为主要的目的是保障集体声誉，也就是说，商盟这一组织是将集体声誉作为保障，进而对内部成员作出许诺：全体成员均不可能会产生欺骗行为，内部成员所交易的全部产品均是值得信赖的。商盟维持正面的形象，一方面有助于节省交易成本，另一方面有利于协助内部成员形成正面声誉，所以保障商品声誉是满足全体成员的利益追求与价值选择。反过来说，某个成员出现违背道德、不讲求诚信的行为，导致集体声誉遭受侵害的，那么全体成员的利益必将遭受侵犯。为规避上述情况产生，全体成员均必须消除个人对短期益处的欲望，自觉接受该组织规定和监督，自觉制约个人行为，比如，北京商盟明确要求全体成员需要在网店名称之前加上"北京商盟"这几个字，而且不能私自对店铺名称及商标作出变更。武汉商盟强行要求内部所有成员参与组织举行的群体活动，持续三次未参与其中的，可被认定成自动退出联盟等。

（二）商盟检查和集体惩戒机制

声誉机制是否可以发挥出应有的功能，要看其是否可以对内部成员失信行为作出处罚。内部成员如果不讲求诚信，违反合约规定，那么必然会侵害商盟整体声誉，导致商盟内部其他成员利益遭受侵害。因此，由保障集体利益的视角入手，对违反约定的人员作出严格惩罚是必不可少的。《北京商盟章程》便对内部成员做出了要求："需要确保交易产品品质，不能对外销售假冒伪劣商品，不能恶意提升信誉度，互相抬高商品报价，不能存在其他有损商盟名声的行为等", 假如违背了这些规定, 那么内部成员会被取缔商盟成员资质。另外, 商盟也增强了对内部成员的监管力度, 每一年度由商盟监察部门对内部成员实施审查, 包含营销产品、信用度与遵从规章制度状况等, 拒不接受审查的, 会被认定成自动退出联盟。

(三) 成员准入与常规监管

淘宝成立的联盟组织针对内部成员准入问题设置了一系列严苛的标准, 准入程序非常清晰具体。比如, 北京联盟明确指出内部成员需要满足"实物卖家处于五星之上、虚拟卖家处于四钻之上, 店铺产品类型高于三十种, 上个月退款产品不能高于六笔, 必须是北京淘宝店家, 注册时间不能低于半年等……"参与商盟的店家必须通过自行审查、变更店铺商标、关注微信平台公众号、补全个人信息等诸多程序。很多地区的商盟一般拥有完善的组织结构, 并且在内部成员中设置了盟主与管理各项工作的部门及负责人, 比如, 北京市商盟高管包含盟主、副盟主、营运部长、人事部经理、财务部长等, 以月为单位举行工作会议。经过很长时间的发展, 商盟构建了一系列完善的运行系统。

(四) 纠纷处置与裁决机制

淘宝商盟是店家自主建立的自治组织, 在争端处理与裁判体制上拥有得天独厚的优势。首先, 商盟具备信息与资源优势, 可以通过低廉的成本将各项争端解决妥当, 针对消费者提交的投诉, 可以迅速做出反馈, 尽快处理, 化解各类争端, 规避对集体声誉产生不良影响。另外, 也可和信誉评价体系优势互补。其次, 商盟可以达到对内部成员的合理管控和制约, 进而保障买家的权益, 比如, 北京商盟编制了诸多投诉细则, 明确要求对买家的投资行为, 商盟在确认内部成员违反规定操作之后, 在调解没有效果的前提下, 可采用首次口头警告、二次书面警示、三次予以劝退的处置方法, 确保争端的处理和判决能够具备效力和强制执行力。

三 对股权众筹融资行业自律的启示

第一, 健全相关规则, 设计合理的标准。必须要加快构建和众筹平台相关的规章机制, 建立一系列科学完善的规则系统, 包含内部成员承担的权利、履行的义务、违反规定的处罚流程与举措、争端处理规则、约束行业有序竞争的公约等。

第二, 树立良好的行业协会形象, 保障组织权威。利用提升行业协会在行业内部的地位，使之拥有话语权，增强对内部成员的制约力度；提高行业协会在业界的名声，使之获得社会成员的信任和肯定；提升行业整体声誉，构建完善的声誉激励体制，以获取政府授予的权利，拥有政策建议权。

第三，增强对违反规定与不讲诚信成员的处罚力度。具体方法包含：构建完善的失信信息共享体制以及网络监督和惩罚体制；构建业内信息联合与失信行为有奖举报体制，确保各项违规信息快速传递与分享、处罚举措可以落到实处，将社会舆论具有的监管功能充分发挥出来；增加对违反规定与失信行为的谴责力度和曝光力度，制约业内成员的不法行为；适当提升失信投入的成本，增强对违规失信惩罚机制的监管力度。唯有上述机制在实际生活里被落到实处，才可以发挥出其震慑力。从行政执法的方向入手，增强对违规失信惩罚机制与司法机制的监管力度，同样也是完善惩罚制度、推进司法建设必不可少的核心环节。

2014年10月，我国首届股权众筹会议暨行业联盟正式建立，紧接着颁布了《众筹行业公报》与《联盟章程》，这意味着中国众筹行业自律监督朝着规范化、标准化的方向迈进，发展更上新台阶。

第三节 "领投+跟投"机制

一 股权众筹的信任困局

对股权投资者来说，吸引其投资最主要的动力是对融资项目的信任与对创业群体的认可。简而言之，投资者是出于信赖项目企业可以获得利润而实施的股权投资行为。如果风险较大，预期获利较少，那么投资者必将会抛弃股权投资方式，选取一些稳定收益率高的信贷融资。股权融资没有任何利润保障，并且极度依赖融资方将来运营与收益状况。但去掉项目企业运营要素的影响，股权众筹特殊的注资方式、融资项目特征与网络交易媒介都会对融资两方的信赖关系产生一定影响，具体如下所示：

(一) 信赖基础

信赖必定是出于对项目企业传统行为与记录的反应。许多融资项目处在创业初期，一些众筹平台对融资项目提出了诸多要求，其中最为主要的是"并没有引进 A 轮 VC 投资"。且对一些已实施的融资项目运作状况而言，投资者审核成本非常高，为规避专业知识匮乏引起的问题，必须聘用专业的第三方咨询机构。另外，股权众筹涉及的初创公司大部分为中小型规模，而且是年轻人来运作，缺少足够的社会资源作为支撑，使得投资者对初创公司的信用与运作能力产生了质疑。总体来说，股权众筹项目与初创公司本身无法给投资者提供充足、精准、有效的信息。

（二）投资者"黑箱"

尽管股权投资回馈是根据目标企业运营状况所进行的，然而对该内容的考察和验证基本上变成了投资者的"黑箱"。可由程序方面作出合理解读：投资者自身并不是目标企业的登记股东，他是作为有限合伙公司来注入资金并参股。如此一来，导致投资者很难享受如《公司法》第 32 条给予股东对企业运营情况予以监管、提出异议等诸多权利，这对投资者对目标企业行使权力产生了不良影响。另外，原来为股东提供的查询账单、审计开支等诸多方面的权利，也很难被有限合伙人享受。简而言之，股权众筹的投资方式，不管是有限合伙公司或采用股权代持方式，都在一定程度上对投资者对目标企业运营情况的监管能力产生了不良影响。[①]

（三）投资者对目标企业绩效监管面临技术障碍

由于企业运营绩效状况在一定程度上会遭受市场内外部发展环境、开发技术与内控水平等要素的影响，导致投资者如果想精准判断创业公司和运营失败存在的因果联系与具体影响程度，必须制约各种要素与其和运营绩效存在的关系。显而易见，这是很难实现的计算任务。因此和借贷合约对比，可利用定期利息等方便计量的形式制约风险。股权投资合同无法由运营绩效的角度入手对创业人员作出管控和制约，这实际上是众筹平台对投资者补偿基金适用标准与条件作出严苛限定的深层次原因。

（四）股权众筹投资者基本上是利用有限合伙公司的方式成为利益结合体

和传统合伙公司彼此熟知程度对比，网络集合交易的方式弱化了投资者存在的关系，使之变得陌生和疏离。就算股权众筹具有"创业人员约谈"等诸多环节，然而这类交互关系一方面频率较低，并且交互的对象更

---

① 参见方兴《领投人能促进股权众筹项目成功吗？》，《中国经济问题研究》2017 年第 6 期。

多的是在投资者和创业人中间,并不是投资者彼此进行沟通和交流,再加上众筹项目很容易遭受资金筹措时间期限等约束,且后期监管职责是由领投人承担的,许多遍布于各个地区的跟投人仅仅在举行合伙人会谈时才会见面,很难拥有交流的机会。① 在上述情形的约束下,导致众筹投资者之间缺少了熟悉感,交流不够顺畅。因此,也难以享有原来可利用有限合伙公司的形式提供的很多方便,因为合伙人缺乏沟通与交流的渠道,再加上信息分享不畅,导致投资者在作出决策时,出现了很多意见上的差别,且难以协调和解决,最后阻碍了通过合伙人会议来明确目标企业运营监管的统一决议。

二 领投人的信用中介功能

依据主流理论核心观念,私人融资非常关注产权保障、合同履行等方面的法制建设水平,会将法律看作维护投资与融资两方信誉的庇护伞。然而在新形成的交易市场里,法治水平有可能会维系在平稳的状态中,但不会相当高,再加上相关法律不够健全,立法存在疏漏,在这些客观要素的影响下,造成交易两方当事者信赖关系难以在短时间内利用司法强制力形成,更有甚者产生了法制水平对交易行为形成阻碍的情况。根据上述对于投资者对融资项目与创业公司的不信赖原因所做解释,对众筹平台来说,有必要增加交易中介即领投人,将领投人看作建立投资和融资两方信赖关系的纽带。投资者可根据领投人提出的交易模式,决定是否要投资项目,根据融资者和领投人存在的"背书"关系,把彼此信赖传达于融资方,最后达到双方的投资与融资目标。② 笔者会基于领投人采用的交易模式,研究跟投人投资意愿及其和领投人构建委托代理关系的意愿、领投人参与创业项目变成合伙人的具体作用原理。

(一) 领投人资产风险共担

领投人必须通过货币注资的方式给项目企业提供资金扶持,不可只凭借个体劳动(比如帮助创业企业健全 BP)就得到了融资者给予的股权,

---

① 参见马其家、樊富强《我国股权众筹领投融资法律风险防范制度研究》,《河北法学》2016 年第 9 期。

② 参见赵尧、鲁篱《股权众筹领投人的功能解析与金融脱媒》,《财经科学》2015 年第 12 期。

从而实现了以自身声誉和资产为股权众筹项目背书的作用。

这和普通风险投资基金里一般合伙人制度安排是有所差别的，这种制度安排目的在于使得领投人和跟投人对项目企业拥有同样的剩余索取权，进而确保领投人能够对项目企业增值与保值情况给予足够的关注。假如只是把领投人看作融资项目提供中介服务的一方，譬如"明确估值、单笔投资额最低限度"的咨询中介机构，则领投人追求的利益必然会局限在收取服务费与将来继续合作上。这使得领投人成为融资一方的代理者——只是一味地重视融资一方的资金筹集需求和跟投人难以形成统一的利益格局。如此一来，很难消除投资者对融资方的不信赖和质疑态度。显而易见，为确保跟投人和领投人形成统一的利益追求，众筹平台也对项目企业赠与领投人的股权比重作出了限定。原因在于二者尽管拥有同样的剩余索要权，但假如领投人为获得这项权利投入的成本和跟投人相比要少得多，那么领投人面临的投资风险权重必将明显降低。此外，这类使投资两方利益趋向统一的机制安排，事实上是领投人对一般合伙者身份所提供的保障，是减少代理成本的最佳方式。

（二）众筹平台与领投人的共生

由于众筹平台对领投人就职资历、工作阅历作出的要求，是影响跟投人信赖投资的主要要素，众筹平台与投资者借由领投人形成合作共生的关系。普通投资者缺少对天使投资等一些投资项目专业知识的了解，再加上投资者面临着信息不对称问题的影响，存在逆向选择。投资经验丰富且专业知识扎实的领投人参与到股权众筹项目里来，有利于补充跟投人专业知识匮乏、判别能力较低的缺陷，使得跟投人和领投人形成彼此信赖的关系。特别是在冷门投资领域，两者之间的信赖程度会非常高，这包含的原理如同一般病人缺少健康保健知识的状况下，疾病非常复杂，那么必然更加信赖医生提供的治疗方案。另外因为领投人拥有的专业知识与投融资能力对一般投资者来说，也是信息不对称的问题。且领投人对投融资的判别面临难度较小，其能够由传统投融资经验里获取专业能力，而对大部分融资项目与初创主体来说，都处在发展初期，并未掌握很多能够证实个人能力的信息。就算融资一方具有丰富的经验与经历，掌握了一些信息，能够追随跟投人来做出判别，但这部分信息的收集与剖析投入成本和领投人主观经验、项目能力对比要高得多。比如，融资方必须通过对很多会计账目深入剖析来获得结果，但领投人却能够方便快捷地根据单位证明得到结果。另外众筹平台对于领投人应该满足相应的收入标准也作出了规定,事实上,这是由责任能力视角为跟投人的信赖提供了一定担保。比如,投后管理工作,领投人根据所有投资者的意向必须对有限合伙公司债务负担连带责任,进而制约个人管理行为,然而假如领投人经济收入较低,难以达到合伙公司的债务需要时,必然会造成领投人"毫不畏惧裁决",使得合伙协议里设计的责任条款不具备实质性作用,难以得到投资者的信赖,最后使得跟投人拒绝在缺少责任担保的情形之下,组合投资者联盟,即有限合伙公司。

三 领投人信用中介机制的挑战

尽管由社会总体福利视角来说,参与股权众筹项目的领投人承担着信用中介的职能,可以把投资者和融资方通过合理的方式联合起来,然而领投人本身出于考虑投入的成本和获得的收益,必定会对其发挥信用中介作用的有效性与持续性产生不良影响。领投人大部分是自然人,在这种特征之下,使得欺骗成本和机构投资者相比要低得多,潜移默化地增加了风险出现的概率,这是约束领投人发挥信用中介职能的主要阻力。

(一) 领投人主体资质作假

自然人基本上将身份证认定成主体资质的证据,但公司法人主体资质一方面牵扯到了工商营业执照等证件,另一方面包含税务登记证等材料。只是基于凭证作假的数目方面来说,机构投资者造假成本和领投人相比要高得多。根据这一结果可推测,因为自然人造假的制约条件非常少,而且市场需求量旺盛,会使得相关造假技术更替较快,进而减少自然人造假行为投入的总体成本。

(二) 欺骗行为成本较低

领投人的欺诈行为很难被察觉到,这是导致自然人欺骗成本较低的主要影响要素。由于《居民身份证法》等相关法律对自然人身份信息提供了一定保障,非特殊机构与正当理由不能查询自然人信息,也不能妄加论证。但对机构投资者来说,由于其属于公司法人,因此,根据《企业信息公示暂行条例》,个人资格、信息等情况需要对外公布,要求可以使大众通过全国公司信用信息公示体系查询得到,且查询渠道和平台是国家市场监督行政主管部门所建立的,具备很强的公信力。另外,在学历水平、工作经验等要素的影响下,使得自然人资质造假投入的成本相当低。

"包装"很难被"圈外人"察觉。也就是说,一些存在信息不对称的资格,反而很难被"圈外人士"正确解读与检验。比如,非证券人员很难了解投资经理在投资方面的资质与经验,这些资格与经验对当事者来说也许并没有被看作"造假",然而其对于股权众筹市场中不了解内情的一般投资者而言,必定是很大的引诱,因此,必须对此给予足够的关注。

(三)领投人与跟投人之间不构成股权交易实质关系

自然人的欺骗行为不会对将来交易形成影响,这使得自然人面临的违约成本相当低。简单来说,因为个体征信体系并不完善,极易造成领投人出现欺骗行为,并且很难被其他投资者所辨别。也就是说,实施欺骗行为的一方其社会评估与名誉并未由于不法行为受到影响,所以就算领投人发生了和创业主体私下密谋等不法行为,也不可能对其将来继续参与融资交易产生任何影响。但机构投资者存在的欺骗信息却很容易被识别,伴随我国构建了完备的公司信用信息网,公司法人在税务、工商等很多方面的信息可以被查询得到。如果发觉公司法人在股权众筹过程中发布或出现了欺骗信息,那么当事者将来交易必将会受到影响,无法为继。因此,对机构投资者来说,因为信用信息网络平台的约束,需要付出的违约成本和自然人相比明显高得多。如此一来,使得机构投资者更加重视交易活动的长远性与持久性。

总体来说,在笔者看来,可逐渐实施由机构投资者承担股权投资领投人的方案,也就是说,通过提升信用中介负担的违约成本等形式,确保股权投资获得良好的成效,保证资金安全,提升投资效率。比如,"大家投"这一融资颇具成效的例子,在该融资项目得到了深圳创新谷公司注入的资金之后,就转变了早期融资不力的现状,先后得到了11名跟投人的信赖,最后实现了融资目标。显而易见,创新谷企业作为首个投资者,凭借着机构投资者的身份,给项目融集所需资金带来了信誉保障。中国出台的《私募股权众筹融资管理办法(试行)》(征求意见稿)同样给机构投资者提供了政策扶持——证券企业可直接为投资者提供众筹融资服务,在开办业务之后的五个工作日之内对证券协会呈报即可。

第五章

公私二元融合视角下我国股权众筹制度构建

本章主要阐述了如何构建与我国具体国情和市场经济相适应的股权众筹规则和立法框架。基于前文的论述基础，本章提出适合我国的股权众筹豁免立法框架，应采用面向合格投资者的私募股权众筹，就具体的规则设计可以依循《JOBS法案》中的内容和逻辑关系进行相应的规制，部分规则需进行本土化修正。

第一节 股权众筹的本土化立法取向

一 股权众筹立法与社会公共利益

经济法追求公平与效率兼顾，旨在对私人利益和社会利益的平衡保护，更好地促进经济与社会的良性运行和协调发展。[①] 股权众筹作为一种互联网金融创新，与现代经济、社会发展的特征相符，是经济法理念的进一步具体化，因此也应当以社会公共利益作为其立法建构的价值指导。

2013年11月，《中共中央关于全面深化改革若干重大问题的决定》

---

① 参见曹胜亮《经济法价值目标实现理路重构的诱因、基础及取向》，《政法论丛》2014年第3期。

明确提出"健全多层次资本市场体系、多渠道推动股权融资……鼓励金融创新、发展普惠金融"等要求。2015年十二届人大三次会议更是将"开展股权众筹试点"写入政府工作报告。股权众筹的发展对于构建我国多层次融资市场格局，推进普惠金融，尤其是对于缓解中小企业融资难，鼓励创新创业，促进实体经济发展都有着极为重要的现实意义。世界银行《发展中国家众筹发展潜力报告》也指出，股权众筹模式是发展中国家实现弯道超车，超越以传统资本市场和金融体系为基础的西方发达国家的难得机遇。证监会在2018年立法工作计划中也将制定《股权众筹试点管理办法》作为年度重点项目，其中第1条即为，以服务国家战略为导向，提升服务实体经济能力，进一步增强资本市场直接融资功能。

一系列文件清晰地说明了，在股权众筹这一具体制度设计场景中，社会公共利益具象为促进社会实体经济发展之效率价值和为中小企业提供公平融资机会之公平价值。在经济法视域下，"政府作为公共利益的保证人，其作用是弥补市场经济之不足，并使各经济人员所作决策的社会效应比国家干预之间更高"①。股权众筹立法应当以投资者保护和融资效率作为其目的理性，两者相互协调、相互辅助，共同助力社会公共利益的实现。

二 股权众筹制度移植与本土化改造之冲突

在全球资本市场趋同的背景下，资本市场法律移植与本土化改造是贯穿我国资本市场立法变革的一条主线。② 一方面股权众筹作为"舶来品"，域外已发展出较为丰富的理论并在实践中得以运用。我国作为后发国家，在思考如何构建股权众筹制度时，难以避免地倾向使用法律移植来弥补制度空缺；另一方面，需重视中国制度发展的复杂社会因素和特殊性，切忌在设计规则和制度上将中国问题与外国问题进行同质化处理，把用来解决外国问题的理论和制度不加变通地作为解决中国问题的方案。

法律移植与本土化改造的冲突是思考股权众筹制度移植的必要性及制

---

① 参见［美］理查德·波斯纳《法律的经济分析》（第七版），蒋兆康译，法律出版社2012年版，第59页。

② 参见李安安《资本市场法律移植的制度反思与变革》，《证券法苑》2015年第1期。

度构建的切入点。这一冲突集中表现为学术界中理论发展与监管部门的实践现实的割裂：学术界基于比较研究，可以完全以理论和域外制度模型为基点进行制度设计构想；然而，政府监管部门则必须以现有金融监管制度、证券法律制度、刑事法律制度等作为行动起点，在不与现有框架性制度冲突的前提下对互联网金融实施监管。这导致了"当学术界试图将抽象理论具化为现实政策时，相关理论模型的可信度和可行性会受制于具体法律制度和利益考量的约束，很难实现从理论到现实的'惊险一跃'……在监管冲突产生的时候，监管人员没有恰当的措施进行冲突的处理和解决，无法对冲突进行合理的平衡"。① 对此，学者应当避免激进，更加关注当前的金融监管体系与相关制度逻辑，并不单纯依据抽象理论或域外制度对股权众筹制度进行构建；同时政府应当适度开放，相关的决策人员也应当及时了解和发现互联网金融为自身所带来的积极意义，重视金融创新。

因此，在构建我国股权众筹法律制度时，不仅需要充分理解域外相关法律制度的构成，更应当准确把握其规制的逻辑，以及与需移植规则相关的法律条文，甚至相关的整个法律体系框架，片面借鉴制度只会造成"管中窥豹"之结果。同时，提出建议的前提是对我国既有金融法律制度体系和规则冲突的充分理解，准确分辨究竟是采用法律移植弥补立法空白还是对现有制度进行修正更能实现预期效果。

三 制度移植的路径依赖

目的理性指导下的利益衡平、以解决我国本土问题为前提的法律移植是考量制度构建的实质要求。而制度模式的选取则是股权众筹制度构建的形式要求，这与本土制度发展的路径依赖息息相关。从美国立法经验看，美国同时设置了公募股权众筹制度和私募股权众筹制度，那么我国在立法时是否还需要设立这种制度呢？

从法律移植的视角看，《证券法》作为我国资本市场基本法律，在1998年出台以及2005年和2019年的修改过程中，大量借鉴参阅和移植了美国、英国、韩国、日本、中国香港地区和中国台湾地区的法律、法规。尤其是在2005年之后，资本市场法律移植所参照的"国际通行经

---

① 参见彭岳《互联网金融监管理论争议的方法论考察》，《中外法学》2016年第6期。

验"和"国际通行做法"已经基本演变为以美国资本市场法律为样本，这种法律全球化已经在实质上转变为"全球法律美国化"。①《证券法》的大规模"美国化"现象也集中体现了提升我国资本市场法律制度竞争力的诉求。②

此次席卷全球的股权众筹立法，再一次印证了"全球法律的美国化"这一不争的事实，根据现有为数不多的比较法文献研究成果看，《JOBS法案》已经成为各国在制定股权众筹法律过程所参考的共同范本。这一影响不仅体现在具体规则设计方面，还体现于其公募与私募的二分立法框架被多国所采纳。比如，韩国基于其既有的证券体制，对自身的股权众筹进行了区分，整体分为两个类型，即公开和非公开两种。日本由于受到传统金融体系影响且风险投资覆盖面小，因此在此次立法浪潮中设立了小额豁免制度。③对于金融法律体系相对完备的欧洲国家，《JOBS法案》的影响则更多表现在具体规则上，例如，英国在此次股权众筹立法修改中，主要借鉴了投资额度上限制度。④总体而言，在《JOBS法案》的影响下，各国分别根据本国既有金融体系，形成了结构类似，但实则多样化的股权众筹监管模式。⑤面对世界范围内的股权众筹立法浪潮，充分考察我国股权众筹市场现状，建立私募型股权众筹是一个试错成本较低的选择。

《私募股权众筹管理办法（试行）》是在2014年12月颁布的，共计七章29条，其内容对于私募股权众筹的监管基本原则、平台准入条件、合格投资者制度、备案登记制度、信息报送制度以及平台自律管理方面进行了规定。《私募股权众筹管理办法（试行）》中的具体内容已经达到了创新的最佳程度，我们应当认可其中的规定，可以适当考虑以该办法作为架构的基础，从主体制度、发行制度、信息披露制度以及其他投资者保护制度等方面进行完善。

---

① 参见高鸿钧《美国法全球化：典型例证与法理反思》，《中国法学》2011年第1期。
② 参见李安安《资本市场法律移植的制度反思与变革》，《证券法苑》2015年第1期。
③ 参见毛智琪、杨东《日本众筹融资立法新动态及借鉴》，《证券市场导报》2015年第4期。
④ 参见冯果、袁康《境外资本市场股权众筹立法动态述评》，《金融法苑》2014年第2期。
⑤ 参见樊云慧《股权众筹平台监管的国际比较》，《法学》2015年第4期。

第二节 私募股权众筹的主体制度

一 私募股权众筹投资者制度构建——合格投资者规则

目前私募股权领域中的核心主体制度为合格投资者规则,根据《证券投资基金法》的相关规定,我国合格投资者规则采用投资经验及资产双重标准模式,其中投资经验标准要求合格投资者具有相应的风险识别和风险承担能力,就其制度逻辑来看,是一项实质性标准。而资产标准则规定了合格投资者必须拥有法定最低资产额度,是一项形式性标准。证券业协会 2014 年颁布的《私募股权众筹管理办法(试行)》最初版本中规定了较高的资产限额标准[1],之后 2015 年再次降低了最低资产额度要求[2],该标准也是目前我国各大私募股权众筹平台所遵守的合格投资者判定标准。针对现有规定,笔者提出如下几点改进意见。

(一)资产证明问题

《私募股权众筹管理办法(试行)》中直接采用了《私募投资基金监

---

[1] 《私募股权众筹融资管理办法(试行)》(征求意见稿)第 14 条:"私募股权众筹融资的投资者是指符合下列条件之一的单位或个人:
(一)《私募投资基金监督管理暂行办法》规定的合格投资者;
(二)投资单个融资项目的最低金额不低于 100 万元人民币的单位或个人;
(三)社会保障基金、企业年金等养老基金,慈善基金等社会公益基金,以及依法设立并在中国证券投资基金业协会备案的投资计划;
(四)净资产不低于 1000 万元人民币的单位;
(五)金融资产不低于 300 万元人民币或最近三年个人年均收入不低于 50 万元人民币的个人。上述个人除能提供相关财产、收入证明外,还应当能辨识、判断和承担相应投资风险;
本项所称金融资产包括银行存款、股票、债券、基金份额、资产管理计划、银行理财产品、信托计划、保险产品、期货权益等。
(六)证券业协会规定的其他投资者。"

[2] 修改后的《私募股权众筹融资管理办法(试行)》(征求意见稿)降低了投资者(单位或个人)投资单个融资项目的最低金额要求,从不低于 100 万元降至不低于 10 万元;金融资产方面,从不低于 300 万元降至不低于 100 万元,或最近三年个人年均收入不低于 30 万元(个人);取消了净资产不低于 1000 万元的要求(单位)。

督管理暂行办法》中的金融资产标准，缺乏对自然人投资者的差异性考量，可能忽视自然人投资者因负债投资而造成的金融风险。《私募投资基金监督管理暂行办法》的适用范围是私募投资基金这一类机构投资者，机构投资者有较为完整的组织架构和公司治理，其资产负债表中的负债情况已由其他相关的监管规则规制。这意味着，即使在《私募投资基金监管管理暂行办法》中不考虑负债端，仅规定资产端的门槛标准，仍能真实反映私募投资基金承担金融风险的财富能力。相比之下，自然人投资者并无负债端的相关监管规则存在，仅控制资产端的门槛标准，会造成监管空白。自然人投资者可能会利用借贷的资金充当自己的金融资产来满足法律要求的金融资产标准，但实际上他们并没有法律眼中所预设的财富能力，使监管制度的目标落空。因此，应当在资产端进行规制的同时，注意到负债端可能会影响到监管实际效果的情形，可以参考SEC的做法，要求投资者做出其负债小于金融资产的声明。

（二）金融知识水平标准

若采用金融知识水平标准来评定投资者的投资经验，可以根据评定分数，将已经达到资产标准的自然人投资者进行分类，对其中经验较为丰富的投资者，可以不设置任何投资限制；而对于投资经验相对欠缺的投资者，则应发出警示，限制其投资数额或要求其必须听从其他经验丰富投资者的建议，例如，必须选择领投人已经领投的项目。

（三）投资额度上限问题

《JOBS法案》第三章通过法律强制设置投资额度上限的方式，意图将投资者损失控制在其能够承受范围内，实现投资者保护之目的。故而国内许多学者建议将该标准引入私募股权众筹之中。笔者认为，设置这种标准的弊端有如下几点：其一，以年收入标准设置投资额度上限有违私募融资市场意思自治的基本原则，不利于促进该市场的发展；其二，设置投资额度上限实质上是为保护完全没有投资经验的投资者，但进入私募股权众筹领域的前提条件即为"合格投资者"。

（四）非排他性验证方法清单

如前所述，尽管SEC最终给出了非排他性验证方法清单，但其始终强调在面对充斥着不同类型投资者的私募股权众筹市场，考察购买者性质以及发行具体情况是最为可行的验证方法。笔者认为，以原则性检验方法为主是较为合理的，并且我国私募股权众筹平台已经开始尝试采用多种方法，来验证合格投资者。"36氪"在其跟投人条款中对自然人的验证规定类似《D条例》506规则第（c）条中的排他性检验方法，例如，要求投资者证明其有三年以上风险投资检验，这与《D条例》506规则第（c）条列举的先前资格标准十分类似。

（五）投资者范围

在投资者范围界定方面，主要参照的是《私募股权众筹管理办法》当中的相关内容。这些内容中对合格投资者的相关内容进行了详细阐述，规定了合格投资者的含义，并且通过资金额度的方式对投资者进行了限制，故而遭到学者批评。在一定程度上，这体现了对《JOBS法案》的误读。《JOBS法案》中所提及的投资额度限制，与私募股权众筹并无关联，其旨在保护公募股权众筹市场中缺乏投资经验的非合格投资者。而私募股权众筹投资者仍被限制在原有《D条例》501规则范围之内，《JOBS法案》增设的并非私募股权众筹投资者标准，而是投资者的检验方法。因此我们认为，第14条对投资者范围界定方法是没有问题的，只是在资产标准上需要适当降低。

二 私募股权众筹融资平台制度构建——领投+跟投模式

（一）《私募股权众筹管理办法（试行）》中介平台规则之缺陷

1. 平台功能界定模糊

《私募股权众筹管理办法（试行）》第8条第（三）款要求平台"对融资项目的合法性进行必要审核"。首先，该条与《私募股权众筹管理办法》第5条平台的定义存在相互冲突之处。以第5条在定义平台概念时，实质上已经将平台业务范围限制为"提供信息发布、需求对接、协助资金划转等"。但通过上文分析，私募股权众筹平台所能提供的业务范围远不限于此。因此在平台定义条款修改时，可以采用笼统表述方式，即，"私募股权众筹平台是指通过互联网平台（互联网网站或其他类似电子媒介）为投融资双方提供服务的中介机构"。其次，第8条第（三）款要求平台对融资项目合法性进行审核。那么"合法性"应如何解读？是指项目发行内容不能违反法律、行政法规强制性规定，抑或是指不能违反《私募股权众筹管理办法（试行）》其他条款规定？

2. 平台责任不明确

《私募股权众筹管理办法（试行）》第8条第（四）款要求平台"采

取措施防范欺诈行为，发现欺诈行为或其他损害投资者利益的情形，及时公告并终止相关众筹活动"。此规定对于什么是"欺诈行为"以及什么是"防范"义务界定不甚清晰。究竟是要求私募股权众筹平台承担对发行人提供信息进行形式审核，还是要求平台对股权众筹项目进行实质性的尽职调查？两种责任要求分别指向了私募股权众筹平台在性质界定上的不同。若仅做形式审核，则平台是信息中介性质；若要求实质性尽职调查，则平台是以自身专业能力为信用增强的信用中介性质。若按照《JOBS法案》的规制逻辑，公募股权众筹平台有责任根据发行人提供的信息以及其交流渠道对投资者提问的回答来判断发行人是否存在欺诈，但没有课以平台尽职调查的义务。而私募股权众筹平台的防范欺诈措施则更加多元化，可以根据运营模式不同，由领投人或者平台自身来完成上述工作，这应建立在详细尽职调查的基础之上。

3. 不应禁止转让股权

《私募股权众筹管理办法（试行）》第9条中明确提到，私募股权众筹中介平台尽职提供股权或其他有价证券形式的转让服务。这种管理办法使得投资者无法有效转让股权，并不符合私募融资的基本制度需求，导致持有股权的投资者无法进行流动性配置，这意味着在相当长的时间中，投资者无法回收投资收益。即便是在美国，私募股权众筹规则也没有禁止投资者转让证券，只是转让需要受到1933年《证券法》144A规则的限制。此处可以借鉴美国私募发行转让的经验，将转让对象限制在有效范围之内。在商业实践中已有尝试，例如，"36氪"平台已经在国内首创跟投人退出机制，为投资者提供更多的退出机会和自主退出权利。

4. 禁止中介平台提供投资建议的规定不当

《私募股权众筹管理办法（试行）》第9条第（六）款要求平台不得"从事证券承销、投资顾问、资产管理等证券经营机构业务，具有相关业务资格的证券经营机构除外"。该款规定似乎在某种程度上错误移植了《JOBS法案》第三章禁止集资门户平台提供投资建议条款内容。此处需要说明的是，《JOBS法案》仅仅是禁止了公募股权众筹中注册为集资门户平台的此项功能，并没有限制注册为传统经纪商的公募股权众筹平台提供咨询建议。

（二）领投+跟投模式：私募股权众筹的本土化尝试

基于以上对《私募股权众筹管理办法（试行）》相关法条的评述，

可以看出当下监管者的立法思路仍然在公募股权众筹与私募股权众筹之间摇摆，并未深入分析两者性质的不同。在此基础上，本书认为商业实践中发展出的"领投+跟投"模式是一种适合私募股权众筹本土化发展的新模式，私募股权众筹平台可以增设领投人，通过领投人提供的投资建议，来引导经验不足的合格投资者进行投资。领投人在整个私募股权众筹过程中，一方面可以起到为中介平台增信的作用，减轻中介平台作为信用中介的风险集中效应，使中介平台可以定性为信息中介；另一方面，领投人还可以起到为投资者进行专业鉴别分析的作用。由此，领投人与发行人、投资者之间通过"合伙"背书关系搭建了投融资双方的信任桥梁与风险共担的责任关系。以下将通过对商业实践中的"领投+跟投"模式进行实证分析。

美国传统天使投资衍生而来的 AngelList 和 FundersClub 平台，是经由 SEC 不起诉意见信（No-action letter）特别授权无须注册为经纪商的两家中介平台，其他所有私募股权众筹平台都需要按照 1934 年《证券交易法》注册为证券经纪商，这意味着美国几乎所有的私募股权众筹平台都可以提供咨询建议。从美国的实践来看，对私募股权众筹平台的规范主要借由定性为"证券经纪商"的形式，将其纳入美国证券交易法律框架中进行规制，为"领投+跟投"模式的实践提供了制度空间。

但该监管实践存在一个重要冲突，即领投人质量与平台声誉之间的关系。领投人在整个投资当中处于中间地位，既是平台的主要投资主体，又是引领其他投资者开展投资的重要主体，这意味着领投人的资质是"领投+跟投"模式能否成功实践的关键。对于具有相对资质的机构投资者而言，如果领投人没有足够的分量，这些机构是不会跟随领投人进行投资的。[1] 因此，平台需要对领投人进行严格审核，建立完善的领投人资质评估、绩效审核、追责机制，以提高对领投人的监管力度，避免领投过程中的信用风险和道德风险。但在美国的私募股权众筹监管实践却对此方面缺乏必要的制度关切。这一点缘于美国的私募投资市场是一个以自治、创新为基本理念导向的市场，监管者认为"领投+跟投"模式是否成功是应当由市场决定的，而不是监管者的义务。比如，AngelList 自发地设计了对领

---

[1] 参见［美］乔治·阿克洛夫、罗伯特·席勒《钓愚：操纵与欺骗的经济学》，张军译，中信出版社 2016 年版，第 133 页。

投人进行严格筛选的流程,并建立社交认证(Social Proof)机制面向公众展示领投人的投资成果。这一做法使 AngelList 在私募股权众筹领域大获成功。

但在中国资本市场还不够完善,散户与专业投资者并存的特殊情形下,中国的监管制度是否需要课以中介平台对领投人的实质审查义务,是值得商榷的。在美国"领投+跟投"模式并非私募股权众筹的唯一模式,而"领投+跟投"模式已经成为我国私募众筹平台比较盛行的一种模式,其原因有如下两点:第一,我国自然人投资者在私募资本市场上占比较多,他们普遍缺乏成熟的投资经验和专业投资理念,需要专业的私募基金或机构投资者来承担领投人角色,予以理性引导。第二,"领投+跟投"模式的杠杆效益明显,无论是对平台抑或领投人而言,具有强大的吸引力。基于以上两点,可以看到"领投+跟投"模式是私募股权众筹本土化的选择,将看似脆弱的信用基础转变为实际可靠、相互制衡的三方合伙关系。不仅能够有效保障其他跟投者的权益,也能够激励平台更加严格地筛选领投人和项目,将对项目的监管转化为对领投人的监管,最大限度降低平台的合规成本。在此情况下,强制采用"领投+跟投"模式的平台考核并公布领投人的业绩和实际领投金额是规范领投人制度的核心,也是中国构建私募股权众筹制度的必然选择。

(三)明确领投人权利义务

1. 股权众筹领投人的权利

其一,获得报酬。融资企业应当给予领投人一定的报酬,但无论是平台还是融资方都不可以报酬的获得来强迫领投人参加路演、项目审核以及宣传等无关工作。而且,领投人所获取的报酬不可以从跟投人获取的投资收益中抽取,原因在于领投人所作的投资行为对于跟投人而言只是一种示范,对于跟投人所承担的投资风险领投人并不会"背书"。[1]

其二,深入调查项目。就项目信息而言,除公布于平台中的基本信息之外,对其新型商业模式或者是核心知识产权领投人同样有了解权,据此做出投资与否的判断。领投人所作的深入考察其实是出于对各方利益的考量,属于权利,并不是如某些学者所讲的,领投人调查项目以及和跟投人

---

[1] 参见海川《众筹:创业融资新渠道》,《新经济导刊》2015 年 Z1 期。

进行沟通都是属于义务范畴。①

其三，有权参与项目估值并进行议价。对融资项目而言，其估值以及定价是和其预期投资价值息息相关的，自然也会对众筹股份额度带来影响，相应地也决定了投资者所能获得的利益，领投人应当有权参与到项目估值中来，如此投资者利益才能得到保障。

其四，有权参与董事会决策。众筹完成之后，在跟投人全体同意的情况下，领投人是能够作为代表而参与到决策的制定过程中，对于企业经营也有权发表个人意见。

2. 股权众筹领投人的义务

其一，将真实而准确的信息提供给众筹平台。平台在审核领投人是否有资格时，领投人应当提供真实而准确的信息，同时还应当将其展示给跟投人，就算是和融资方存在的利益关系也应当披露，便于跟投人决策的制定。

其二，对融资方保有的商业秘密以及知识产权有保密义务。就股权筹资项目而言，很大一部分是应用了全新商业模式、全新技术或者是全新商业理念的，因而保密义务是非常有必要的。一旦融资企业出现了知识产权泄露的现象，领投人就应针对自己并未出现过错承担相应的举证责任。同样地，对融资方来说，对领投人存在的泄露商业机密或者是知识产权的行为也应进行举证。

其三，对于信息披露应当保有诚信义务。无论是以何种形式、何时的言辞，领投人都应保证其真实性，一旦言辞中被发现有虚假陈述的存在，那就视同于对跟投人作出了欺诈行为，自然应负有赔偿责任。对于如何认定领投人所述言论应负的责任，笔者认为领投人对于宣传与否、何种形式宣传以及宣传何种内容等都是有自由选择权的。领投人是允许单纯用其投资行为来对跟投人作出行为示范的，不发表意见也是可以的。一旦投资宣告失败，对于跟投人而言领投人不需要承担连带责任。领投人同样也可以为平台以及融资者做宣传，如果领投人参与了宣传行为，一旦投资宣告失败，只要领投人可以证明所作的宣传并没有虚假成分也不是夸大其词，那就不需要对合谋欺诈负责，否则就会因之而承担相应的赔偿责任，之后的

---

① 参见李湛威《股权众筹平台运营模式比较与风控机制探讨》，《当代经济》2015年第5期。

投资行为也会受到一定的限制。当然，领投人应当是在自愿的情况下做出宣传，无论是平台还是融资者都不可对领投人提出宣传言论发表的要求，更不能授意其进行不实言辞的发表。对领投人来讲，自愿宣传的原因在于在融资企业中其所具有的核心股东的身份，或者是对投资企业有想要达到的预期收益，或者是对部分有价值事物有想要达成之心。

其四，应当勤勉尽责地参与到公司的治理中来。在今后的经营过程中，如果采用的方式是领投人股权代持，那在进行公司决策时，领投人应当勤勉尽责，对公司利益极力维护，对跟投人利益自然也应极力维护。

（四）明确领投人的选任条件

WeFunder 和 Angelist 这两个美国平台对领投人提出了专业投资机构的要求，对投资项目应足够了解，投资经验丰富同时财务知识专业。尽管国内许多众筹平台都对领投人适格条件作出了规定，但标准并没有统一。比如"天使汇"颁布了一系列规则作为标准来对领投人进行审核。股权众筹平台同样也出台了相应审核规则，表明了这个行业对于监管制度是有很大的需求的。笔者认为在股权众筹领投制度的设计过程中，对于领投人应当从如下五大维度对其标准进行设计。

1. 就融资项目而言领投人应当有最低投资比例

就股权众筹领投融资而言，法律层面是不会对领投人的投资设定上限的，但是为了让领投人是在慎重思量之后作出决策的，对领投人作出了最低投资比例的限制。比如"大家投"指出，在项目总融资额中，领投人投资额的占比应当在5%—50%的范围内；再比如意大利的众筹法案，尽管对领投人制度并未作出明确规定，但对专业投资者提出了在融资额中至少占比5%的要求。

2. 对其资产额度作出规定

领投人应当具有能够和单个项目所具有的最高融资额相抗衡的资产额度。如果就单个项目来说其最高融资额处于较低水平，那对领投人自然也不会提出很高资产额度的要求。领投人是机构投资者的，投资比例应当在参考营业额以及盈利率的基础上设定；领投人是个人的，资产额度可由年收入额来确定。

3. 对于年度投资项目总数作出限定

对领投人来说，其投资于任何平台的项目都应计入项目数中，而确定其项目总数时，应综合考虑其投资比例、资产额度以及拟投项目设置的最高融资额度，让领投人能够有充裕的资金在各个投资项目中周转。

4. 应当具有丰富的投资经验

对于跟投人来说其投资经历往往是非常重要的，投资风险因之也能得到极好的预防。比如"天使汇"就明确了领投人在某一领域应当具有丰富的经验，能够作出独立的判断，具有极大的影响力以及极广的行业资源。

5. 受限的人数

实际操作过程中，绝大部分平台中，对领投人来讲，一个项目只可以设置一个，这种做法下协调成本能够得到非常大的缩减，但对项目融资来说是不利的，对风险防范而言也是不合理的。我国从立法层面作出了上限为三人的设定，但是应当从实际出发具体情况具体看待。

(五) 构建跟投人后续权利保障机制

1. 线上融资过程

第一，以领投人为对象设立专门的更换机制。如果跟投人或者是平台作出融资者和领投人共同实施欺诈行为的判定，对于领投人平台可以按照跟投人提出的要求撤换或者是主动予以更换。[①] 同样地，领投人出于投资利益方面的考虑，针对相关情况是可以作出详细解释或者提出抗辩的。

第二，以跟投人为对象设立专门的冷静期制度。这个做法实际上是参考《消费者权益保护法》所提及的冷静期制度，让跟投人能够有一段时间用来思考及缓冲。但是就期限而言应作出明确限定，例如跟投人冷静期限定为 5 个工作日等。

第三，以跟投人为对象设立专门的资金撤回制度，如果有充分的证据表明领投人存在欺诈行为或者有不实宣传，显然存在欺诈意图时，只要线上众筹尚未结束，任何时候领投人都是能够将所投资金撤回。美国《JOBS 法案》指出，通过 SEC 认可的方式任何投资者都是能够将投资取消的，中介平台应无条件应允。

第四，针对领投人作出限制撤资的规定。就股权众筹模式而言，从严格意义上来讲筹资时资金应当交由托管方托管。领投人确定以后，对其投资金额应当作出立即转付的要求，同时撤回也是受限的，很好地规避其和

[①] 参见徐迪《我国股权众筹的发展及风险揭示》，《赤峰学院学报》（自然科学版）2014 年第 20 期。

融资者共谋私利的可能性。

2. 融资成功后

第一，对领投人的收益作出限制。无论是激励还是额外收益领投人只能从融资者处获取，跟投人所得的股权收益是不被允许抽取的。

第二，对领投人的股权转让作出限制。众筹成功以后，投资者在融资公司中就获得了相应股权，既然是股权就是能够流通转让的，但为了对跟投人利益加以保障，对领投人可作出融资成功之后的一年内股权不可转让的限制，很好地规避其和融资者共谋私利的可能性。就二级市场而言，《JOBS 法案》对其众筹证券交易作出了严格的限制，购买之日开始计算的一年内投资者持有的众筹股份是不可售出或者是转售的，当然转售给其家庭成员、发行人或者是获许投资者的除外，也可向 SEC 提出登记申请将其纳入发行的一部分。

第三，跟投人诉讼机制。就股权众筹领投融资而言，领投人发生的欺诈是归于"第三人之欺诈"的范畴的。如果因为领投人存在的欺诈行为而导致跟投人和融资人之间签署了投资协议，从应当知道或者是知道权利遭受侵害的这天起的一年时间内，跟投人是可以向法院提出变更或者是撤销协议的请求的①。鉴于股权众筹纠纷通常会牵涉非常多的人，影响范围也非常之大，替代性纠纷解决机制的搭建刻不容缓，程序得以简化、成本得到降低而且诉讼时间也能得到缩短，这和互联网金融所提出的快速交易的需求是相贴合的。②《JOBS 法案》不单单对受欺诈的投资者给予了个人诉权，国家监管者以及 SEC 对于违法行为人还赋予了公共诉权。上述措施都是可供我国参考的。

第四，后续股权管理机制。就股权众筹而言，连续的筹款会带来股权极为迅速的稀释；同时小额股东数量越多就意味着投票权就越发分散，对公司决策都会带来影响。因而意大利众筹法案指出，为了让拥有极多投票权的大股东不会因之而受到太大影响，公司可采取特殊股权发行的方式对股东投票权加以限制。为让零散股权能够更好地管理，现实操作中我国有

---

① 参见褚葵花《股权众筹的基本运营模式与法律风险研究》，《经营管理者》2014 年第 30 期。

② 参见何欣奕《股权众筹监管制度的本土化法律思考———以股权众筹平台为中心的观察》，《法律适用》2015 年第 3 期。

四大做法:(1)投资者人数较少时,投资者的权利可以自己行使;(2)投资者人数较多时,众筹一开始权利就交由领投人代为行使;①(3)有限合伙企业一早就应当设立,领投人在其中以普通合伙人的身份对股权加以管理,之后再投资给众筹项目;(4)跟投人股权由融资者代为持有。

笔者主张,投资者人数比较少时,第一种做法显然是具有可行性的。跟投人人数非常多时,显然第二种做法也是颇有可行性的。第三种做法等同于对众筹企业中跟投人所具有的股东身份进行变相的剥夺,自然决策权也被剥离出来了,显然该做法并不可取。第四种做法是将股权交由融资企业或者是其他人代为持有,这种情况下欺诈行为最易发生,自然也是不合理的。除第一、二这两种做法以外,还能够通过投资协议进行约定的方式,投资者以及融资者一致约定将投资额没有达到某个比例的投资者或者是跟投人所持有的股份视为优先股,对于收益有优先分享权,但不具有投票权,不可以涉足公司决策。

同时,对第二种做法来说,股权代持应当特别关注时间的问题。筹资进行时,领投人和跟投人之间的关系是平等的,股权代持发生在众筹完成以后,跟投人把其享有的权利一股脑委托给领投人,这两者存在的是委托关系。领投人代替跟投人进行股东权利的行使。一旦众筹项目失败了,筹资方以及第三方托管机构要把资金返还给领投人以及跟投人,他们两者间并不存在委托关系,自然也就不存在股权代持的说法了。部分平台在投资条款中就会做出股权交由领投人持有的规定,但就算是这样,股权代持委托只有在众筹完成以后才会生效,众筹刚刚开始时是无从谈起的。

3. 融资失败后

到了融资期限但是融资失败时,这里所说的权利保障措施指的是第三方托管机构把资金退还给投资者。现实情况是我国许多股权众筹平台的融资资金并没有交由第三方托管的,股权众筹所面临的风险也加大了。就我国立法而言,笔者强烈建议对股权众筹资金应作出强制地交由第三方托管的规定。

---

① 参见王超凡《原始会:众筹让资金与资源高效碰撞》,《经理人》2014第11期。

第三节 私募股权众筹的发行制度构建

我国《证券法》中没有规定小额发行豁免，但规定了私募发行豁免。公开劝诱禁止、人数限制以及对象的特定性是我国私募发行的重要构成要件。私募股权众筹目前面临的最大障碍在于私募发行禁止公开劝诱的限制。[①]《JOBS法案》中为原有的《条例D》506规则增设了第（c）条，将私募发行中的公开诱导限制消除掉了，但要求发行人必须确保投资者满足合格投资者标准。笔者认为，在我国《证券法》框架中，也增加了类似《条例D》506规则第（c）条的内容，即当投资者全部属于合格投资者时，公开劝诱行为就属于一种允许的行为活动，私募完全可以予以实施。

一 解除公开劝诱禁止的解释

根据中国证券业协会发布的《私募股权众筹管理办法（试行）》起草说明来看，在股权众筹发行方式上仍然沿用了"公开劝诱禁止"这一制度。由于我国现行《证券法》明确规定不管任何主体，在进行证券的公开发行时必须通过相关部门的核准，否则不能进行该行为。因此，《私募股权众筹管理办法（试行）》将私募股权众筹定义为非公开发行且应遵守自律管理的规范，同时与我国《证券法》中的内容相符合：首先，具有特定对象的投资者，也就是通过该方面平台审核的主体；其次，总投资者累计应当在200人以下；最后，该平台只能采取推荐的形式进行信息的推广，股权众筹平台和发行人均不得进行公开劝诱。此外，《证券投资基金法》第91条当中提到，对于非公开的募集资金，是不允许向投资者之外的其他人发行的。并且不能采用互联网、电视或者报纸等形式对不特定的对象进行相关信息的传播。[②]

[①] 参见刘明《论私募股权众筹中公开宣传规则的调整路径——兼评〈私募股权众筹融资管理办法（试行）〉》，《法学家》2015年第5期。

[②] 参见梁清华《我国私募禁止一般性招揽制度的构建——借鉴美国证券私募发行方式》，《政法论坛》2014年第1期。

但本书认为应当解除公开劝诱禁止的限制。"公开劝诱禁止不是投资者保护的必然要求，而是证券法区分公募发行和私募发行的产物。"① 虽然从表面看来，公开劝诱禁止与私募发行不涉及公开性相匹配，但从证券法保护投资者和促进融资效率的根本目的上来看，公开劝诱禁止缺乏合理性。在股权众筹的制度构建中，解除公开劝诱禁止有三个方面原因。有关于解除公开劝诱禁止的原因已经在本书第二章中进行了详细的阐述，在此仅作简略论述：第一，公开劝诱禁止无法真正起到保护投资者的作用。在股权众筹的主体制度构建中，已经设定了"获许投资者"的资质要求。这意味着股权众筹的最终购买者在一定程度上具有了自我保护的能力。由此，对于股权众筹中的投资者而言，公开劝诱禁止所提供的保护是没有意义的。第二，公开劝诱禁止对信息交流带来了阻碍，不仅导致信息获取处于黑暗封闭状态，降低了有效竞争；还导致股权众筹基于互联网属性而产生的网络声誉机制无法发挥作用，从而降低了信息传播的透明度和效率。第三，公开劝诱禁止与股权众筹的商业逻辑相悖。股权众筹之所以受到中小企业的青睐，是因为其基于互联网，超越了时间与空间的限制，拓宽了融资者接触投资者的渠道，从而大大降低了中小企业寻求资本的成本。而公开劝诱禁止从根本上与互联网广泛传播的属性相悖。

二 解除公开劝诱禁止的规则设计

禁止私募股权众筹公开劝诱是符合我国现行证券立法逻辑的，但却与私募股权众筹的运行逻辑相违背。并且国内各大私募股权众筹平台已逐渐步入有序运营，并且都在进行实质上的公开劝诱。因此，若继续禁止其公开劝诱，已然与市场需求和市场发展现状相违背。

（一）借鉴《条例 D》506 规则第（c）条的经验

《JOBS 法案》修改后增加的《条例 D》506 规则第（c）条并没有修改原有《条例 D》506 规则第（b）条中禁止公开劝诱的要求，而是基于互联网融资需求的大背景，创设了一条与其并行不悖的新型融资渠道。进而有学者提出通过设立安全港规则②来实现私募股权众筹公开劝

---

① 彭冰：《美国私募发行中公开劝诱禁止的取消》，《社会科学》2017 年第 4 期。
② 参见魏俊《证券法上的安全港及其制度价值——以前瞻性信息披露为例》，《证券法苑》2014 年第 3 期。

诱的合法性，① 此种建议殊值赞同。

禁止公开劝诱是私募发行的重要特征，即便是《JOBS 法案》公布之后，采用《条例 D》506 规则第（b）条进行私募发行时，仍需遵守禁止公开劝诱的限制，学界仍然认为私募股权众筹在本质上仍然属于私募发行的范畴。故而，允许私募股权众筹进行公开劝诱并不影响我国《证券法》《证券投资基金法》等法律相关规则的修改。同时，私募发行的公开劝诱应严格被限制在私募股权众筹范围内，其他私募融资仍然应遵守禁止公开劝诱的要求。建议可在《私募股权众筹管理办法（试行）》修订时，删除第 9 条第 5 款："股权众筹平台不得有下列行为：……（五）向非实名注册用户宣传或推介融资项目……"之要求，并加入类似"经由中国证券业协会备案的互联网非公开股权融资平台，可以进行公开劝诱，但必须满足本办法关于发行人、投资者资格审查要求"的条款。

（二）限制发行人资格

《JOBS 法案》在修改《条例 D》506 规则时效仿《Dodd-Frank 法案》第 926 条，在 506 规则第（d）条项下设立更加严格的"坏孩子"失格条款，发行人属于所列身份范围并具有 506 规则第（d）条所载明的行为时，便可以剥夺其发行资格。规定发行人失格条款，是此次私募股权众筹规则制定过程中监管重点转向的重要表现之一。而遗憾的是，无论在《私募股权众筹管理办法（试行）》或是现有各私募股权众筹平台制定的发行人条款中均未有所涉及。不可否认，限制具有不良行为记录的发行人参与私募股权众筹具有十分重要的意义，由于我国私募市场基础薄弱，缺少必要的配套保护机制，若允许心怀叵测的发行人任意混迹于其中，必将会对投资者权益构成重大威胁。

类似限制发行人或其管理人资格条款在我国现行法律中已有体现，例如，《公司法》第 146 条中，限制了公司董事、监事、高级管理人员的任职资格条件，以及《证券投资基金法》第 15 条中也进行了规定。但与 506 规则第（d）条相比，我国现有规则表现出主体范围窄，失格行为情节较为严重的特点。因此，在《私募股权众筹管理办法（试行）》修改中，加入并完善限制发行人资格条款则显得十分必要。

---

① 参见刘明《论私募股权众筹中公开宣传规则的调整路径——兼评〈私募股权众筹融资管理办法（试行）〉》，《法学家》2015 年第 5 期。

（三）公开劝诱内容范围

有学者担心若完全对公开劝诱模式进行解除，仅仅以投资主体为检验标准，那么市场风险就会变大，市场投资欺诈行为会不断上升，不利于金融市场的稳定运行。[①] 笔者认为，解除公开宣传限制并不会导致上述问题产生。首先，私募股权众筹投资者资格受到严格限制，即，只有合格投资者才能参与。即便是非合格投资者获得了发行人公开劝诱信息，其也无法获得投资资格。其次，将公开劝诱具体内容限制在已经通过注册的合格投资者范围内，并非完全旨在保护投资者，同时也是防止发行人创意被盗用。因此，这可能是一项不必要的担心，立法只需要赋予私募股权众筹发行人进行公开劝诱的权利，并严格限制投资者资格，而披露哪些信息、在何种程度上披露信息，则应交由市场自行解决。此外，减少欺诈和非理性投资行为亦并非公开劝诱制度所能承载，而需通过完善合格投资者制度以及强化中介平台监管才可实现。

综上，笔者认为，依循《条例D》506规则第（c）条的经验逻辑，在建立公开劝诱制度后，还需完善两项十分重要的配套制度，即信息披露制度和合格投资者制度。

第四节 私募股权众筹的信息披露制度构建

根据前文所述的制度构想来看，因从主体资格方面对私募股权众筹进行了限制，减少了缺乏市场成熟度和风险承受能力的投资者进入股权众筹领域，因此对其的信息强制披露要求有所降低。但同时，私募股权众筹允许采用公开劝诱的方式进行发行，这在实质上使其比传统私募发行方式上的信息披露要求更高。本节拟从借鉴私募发行的信息披露制度、建立股权众筹平台交流渠道这两方面来构建私募股权众筹的信息披露规则。

一 私募股权众筹信息披露制度的原则性规则

（一）对私募备忘录的借鉴

在实践中，美国小型企业通常采用私募备忘录（Private Placement-

---

① 参见刘明《论私募股权众中公开宣传规则的调整路径——兼评〈私募股权众筹融资管理办法（试行）〉》，《法学家》2015年第5期。

Memorandum，PPM）或者发行备忘录（Offering Memorandum）来进行信息披露，笔者认为，私募备忘录具有一定的借鉴作用，可以回应我国私募股权众筹信息披露制度的构建路径。

在美国，私募备忘录是发行人提供给私募投资者的一种法律文件，又被称作发行备忘录。其主要用于描述发行的证券信息、投资风险以及其他事项，具体内容由目标投资者和发行的复杂程度决定，并且在发行人进入市场营销阶段就必须提交给投资者。① 与私募备忘录类似的另外一个概念是"商业计划书"（Business Plan），但二者在功能上有所不同。商业计划书主要包括公司推广及营销方面的内容，例如，市场需求、客户偏好、竞争环境以及收入渠道。私募备忘录更加强调信息披露，而不是描述商业远景来吸引投资者。私募备忘录必须具体阐释公司面临的内部和外部风险，间接用于说明营销目的。高质量的私募备忘录能够同时满足信息披露与市场营销之间的双重需求。私募发行备忘录将所有关于业务、管理、财务记录、项目风险及商业前景内容传达给投资者，通常而言包括：简介、术语介绍、风险因素、公司管理、款项用途、发行内容、投资指导、文件展示等部分。

此外，《JOBS法案》新增的《条例D》506规则第（e）条，强制要求发行人披露是否存在"失格条款"所载明的情形，也体现出在公开劝诱解禁后，提高信息披露标准的立法趋势。

反观《私募股权众筹管理办法（试行）》第11条对融资者职责的描述，其中仅要求融资人提供信息的真实有效性，并没给出信息披露的基本要求及框架。那么私募股权众筹信息披露是否需要统一标准？应如何进行规制？笔者认为，尽管私募股权众筹投资者成熟度相对较高、风险识别能力相对较强，但在市场发展初期，应在《私募股权众筹管理办法（试行）》中有选择地加入部分强制信息披露内容以及信息披露文件框架，并赋予中介平台足够的规则制定空间，要求平台根据自身业务特点调整信息披露细节内容。这将有助于正确引导私募股权众筹发展，在满足投资者和发行人双方需求的同时，在平台之间形成良性竞争。

（二）我国私募发行规则

2013年，在《证监会就证券法修改提出十条建议》中就已经开始强

---

① 参见杨柏国《中国私募证券法律规制研究》，博士学位论文，华东政法大学，2011年，第175页。

调规范私募发行信息披露问题。2012年修订的《证券投资基金法》第96条中提到，基金托管人员、管理人员应当严格依据相关合同内容进行基金信息的提供。仅对信息披露做出了较为原则性的表述，缺乏具体操作性指引。之后，2014年我国颁布的《私募投资基金监督管理暂行办法》中也对该方面的内容进行了规定："私募基金的托管人和相应的管理人员应当根据具体的合同内容，准确地为投资者提供相应基金费用、投资收益分配、投资管理以及业绩报酬等方面的信息，不得进行虚假信息的提供，不得隐瞒信息。信息披露规则由基金业协会另行制定。"进一步强调私募基金管理人的信息披露责任，并授权中国基金业协会制定进一步细则。随后，在2016年颁布的《私募投资基金信息披露管理办法》对该方面的内容进行了相对比较细致的规定，主要从信息披露的方式、内容、对象以及主体等方面进行了说明，根据具体情况制定了规范化、详细化的披露规则。《私募投资基金信息披露管理办法》充分尊重"意思自治"原则，仅仅要求发行人披露对投资者保护的基础事项，并且强调了公募与私募市场中信息披露制度之间的区别，这为私募股权众筹信息披露制度的设计提供了借鉴和参考。

（三）私募股权众筹信息披露制度的原则性规则设计

实现投资者权益有效维护与便利证券发行是证券法信息披露制度的永恒话题，制度设计无非是实现二者的统一，即，将好的项目以便利的手段传递给投资者。然而，实现这一要求需要基于不同市场环境及时代背景而有所调整。在我国，即便是在投资者成熟度相对较高的私募股权众筹市场中，也需要对投资者予以更多保护倾斜。

《私募股权众筹管理办法（试行）》第11条第4款规定融资者应当：根据具体的约定及时向投资者进行信息的提供，尤其是应当提供对其权益有影响的重大信息。对该条款的解读可以从两方面着手：其一，"按约定"提供信息；其二，"重大信息"。首先，按何约定？是发行人与投资平台之间的约定，还是融资者与投资者之间的约定？我们认为，此处"按约定"应该理解为发行人按照其寻求融资服务平台所要求的具体信息披露规则进行披露。其次，何种信息属于重大信息？美国私募发行较为突出的特点便是没有设置强制信息披露制度，而是由发行人向投资者提供类似于信息披露的私募备忘录。但我国并不具有类似的市场基础，因此，可以借鉴《私募投资基金信息披露管理办法》经验设置原则性和基础性规定，并交由各平台进行细化。具体而言，在制定私募股权众筹信息披露规则时，可以考虑如下几方面内容：

第一，原则性规则框架指引：强制与自治相结合。"意思自治"是私募发行中必须遵守的基本原则，无论是美国经验抑或是我国《私募投资基金信息披露管理办法》均强调最低限度和原则性指引。首先，私募股权众筹信息披露的内容应能够反映项目收益、发展的合理性，发行人的基本能力，市场竞争以及资金使用情况。其次，强制信息披露部分包括：私募股权众筹发行人需要就项目的风险因素、治理结构、募集资金使用、发行相关的文件副本进行披露。此外建议参考《条例D》506规则第（e）条，加入强制要求发行人披露与"失格条款"相关的内容。

第二，以平台为单位形成良性竞争：需求与赋权。赋予私募股权众筹融资平台自主制定信息披露规则权利，是私募股权众筹区别于其他私募发行活动的重要特征，也是符合市场发展需求、实现平台运营多样化的重要途径。目前我国私募股权众筹实践中，"京东东家""36氪""人人投"平台，都根据自身需求制定了不尽相同的信息披露规则。以"京东东家"和"人人投"平台为例，二者在融资规模、项目类型、融资规则设计方面差异甚大，信息披露内容、范围以及严格程度也相去甚远，因此，以平台为单位，进行差异化的信息披露规则设计是较为合理的路径选择。建议在《私募股权众筹管理办法（试行）》修改过程中，加入此条款："平台项目信息披露规则属于备案范围，证监会有权审查平台信息披露规则是否符合基本原则要求，并有权责令其进行调整。"如此，既可以体现证券业协会的自律管理功能，也能发挥证监会对私募股权众筹市场的监督管理职能，尊重并满足私募股权众筹市场意思自治的基本需求。

二 私募股权众筹网络声誉机制规则

（一）股权众筹平台开放性的意义及其局限

根据上文梳理的群体智慧理论可知，群体要作出明智的判断需要在特定的场景下，而且还会受到某些实质条件的制约。假如条件不符合，群体智慧的生成机制就会很难区别于简单"群体的行为"。当援引群体智慧理论时，需要落实这个理论的关键要素：基于平等主体，对个人意志加以整合，结合各个方面的立场，最终形成一个共识平台。应用到股权众筹的模式中，众筹平台就是共识平台，众筹平台的开放特征就可以整合资金供方和需方意见，提供平等磋商的开放交流平台，提供电子信息公告板等一系列配套措施，充分展现出众筹平台的多样化、独立性、分权化与集中化特征，使得众筹平台可以从"群体的智慧"中获益。这也是在法律监管不完善的背景下，众筹平台进行自我维持、自我救济的基本要求，同时也是众筹平台促进互联网金融可持续发展以及与国际接轨的应对方法。

进一步说，众筹平台开放性特征对促进生成群体智慧、防范道德风险、增加各方相互之间的信任的作用表现在三个方面：

首先，开放的众筹平台能够降低发生欺诈事件的概率。其原因是，第一，具有某些领域专业知识的投资者可以与其他领域的投资者在信息上互通有无，促进彼此交流和增加互信。第二，开放的众筹平台可被用以进行信息披露，从而降低欺诈发生的风险，如知悉相关公司财务背景的实体可以借助该平台上向其他投资者进行信息披露，[①] 同时，得知所披露信息与实际事实不符的投资者也可以借助该平台向其他投资者进行说明，这样就可以有效地防止不法分子利用信息不对称进行信用欺诈，从而造成受害人财产损失、信用受损等严重后果。

其次，众筹平台实现公开交流，这样也可以给那些消息灵通、嗅觉敏锐的投资者提供一些商机，同时还可以有效地避免投资的盲目跟风，增加投资者的理性思维，对克服市场运作局限性也有益处。对投资者而言，他们可以借助众筹平台的开放特性充分交流信息，使信息在知悉特定产业或产品的投资者与其他潜在投资者之间流动，也可以使潜在消费者的投资者阐明众筹产业或产品在市场的认受度，甚至可以为今后的可能改进提供合理建议。此外，公开的众筹平台还能够充分调动投资者的专业素质，如拥有会计或商业经营经验的投资者通过平台指出公司的商业模式中的问题，拥有法律知识的投资者可以指出在法律法规方面出现的问题。这样的交流不仅会使得投资者之间的消息变得更加灵通，同时也能在一定程度上帮助企业优化其商业计划，最大限度地实现股权众筹的利益最大化。

最后，开放的股权众筹平台优化投资后的监督跟踪机制。首先，从纯粹经济角度看，每个单独的投资者往往只会为众筹提供小额资本，因此在跟踪监督众筹项目动向的问题上，也往往不会为此种小量的金额而花费大

[①] 参见刘明《论私募股权众筹中公开宣传规则的调整路径——兼评〈私募股权众筹融资管理办法（试行）〉》，《法学家》2015年第5期。

量的时间精力。其次,从众筹平台的角度看,一旦他们贯彻中立开放的平台定位,在事中和事后势必不会为众筹项目提供与其地位不符的合规规制或风险警示,这就要求股权众筹平台在贯彻其中立性的同时必须贯彻其开放性,使开放的平台成为投资者充分交流信息和发现风险之处,并同时汇集诸投资者的投资意向,使"群体的智慧"发挥跟踪监督的作用,并优化投资平台的监督跟踪机制。

然而,可以看出,开放的股权众筹平台并非全是益处,也存在副作用或者外部性。① 首先,开放性不能从根本上规避人云亦云的这种跟风思维形式,它只能在一定程度上降低市场机制的盲目性。其次,自律的"群体的智慧"以及实现自我维持,这需要"反思性均衡"机制作为支撑。② 从这个方面来说,那些精心策划的、反其道而行的、蓄谋等交流都可以看作"群体的智慧"的敌人,此类交流只交流的表面现象,但是事实上是用尊重意愿以及保障信息流动的表面现象来隐藏其信息垄断、投资者地位与融资者地位不等的本质。这与"群体的智慧"中的"多样性"因素背道而驰。

针对这个局限,应有如下强调:假如个体在发表意见或作出决定的时候,受到他人影响非常小,那么这个个体所作的个体判断和集中化之后的群体判断才能认为正确。③ 在这个观点下,相反,"如果一个群体中存在很多成员之间的互相影响,那么私人接触概率也会大大增加,所以这个群体作出的决定就不能保证明智"④。归其原因是人们或多或少都存在"从众心理",在不经意中看到别人的行为,如果自己没思考,或者没有想法,就容易遵从别人的行为和想法。这也就会形成一个奇特的现象:人们在受他人信息影响之后,明明知道自己不想这样做,但是却还是会放弃自

---

① 参见袁康《资本形成、投资者保护与股权众筹的制度供给——论我国股权众筹相关制度设计的路径》,《证券市场导报》2014 年第 12 期。

② 参见[美]罗尔斯《正义论》,何怀宏、何包钢、廖申白译,中国社会科学出版社 2009 年版,第 16 页。

③ See James Surowiecki, *The Wisdom of Crowds: Why the Many Are Smarter Than the Few and How Collective Wisdom Shapes Business, Economics, Societies and Nations*, Anchor Press, 2004, p. 78.

④ See James Surowiecki, *The Wisdom of Crowds: Why the Many Are Smarter Than the Few and How Collective Wisdom Shapes Business, Economics, Societies and Nations*, Anchor Press, 2004, p. 85.

己喜好，而跟随着他人，"信息瀑布"也由此而来。① 例如，美国众筹平台 RocketHub 识别问题，在这个平台中也称为"哄抬项目"，指的是某些缺乏市场信用的发行者，在众筹项目中吹捧会用大量的资金来做某个项目，给大家形成一个炙手可热的假象，让投资者觉得会有可观的收入，从而注入资金进行投资。但是当有很多新投资者加入这个项目的时候，那些最早的投资者就会开始逐渐撤出项目。

除此之外，开放的股权众筹平台还面临一个重大难题，具体内容是：开放性股权众筹很容易出现虚假广告、诈骗信息、垃圾广告等不良现象。针对这个现象，开放性股权众筹平台应该使得中立性和开放性两者处于平衡状态。首先，股权众筹平台应该对投资者作出相应的提醒，关键是要提醒投资者在参与投资之前要重点关注信息的真实准确性，从而避免出现不良后果。其次，股权众筹平台应该加强自身的建设，最大可能地鉴别信息的真实性和可靠性，并且标注虚假信息，同时提醒投资者进一步核实，从而做到切实地提高信息的真实性、可靠性。再次，股权众筹平台有责任和义务删除无关信息，如果出现涉嫌欺诈信息，平台应该严肃处理，做好起监管的角色。最后，股权众筹平台应该向投资者申明自己处于中立，对信息的真实性、可靠性不作确切的保证。

（二）构建与开放性众筹平台相匹配的交流渠道监管制度

从股权众筹平台具体的交流渠道监督管理制度来讲，当前阶段域外的立法例中，最为典型的是《JOBS 法案》。但是该法案面临广泛的争议，其关键原因是立法者对传统证券法观念的过度固化，尽管阐述了众筹具有的小额、多人特征，并对众筹豁免原则有明确规定，却未能对金融服务在互联网背景下存在的与传统金融业特征不一致的情况作充分考量。② 在听取各方意见后，美国证券交易委员会对群体智慧的重要性有充分认知，并意识到发挥群体智慧的关键前提是必须具备有效的交流渠道。因而，2015 年制定实施的《众筹条例》中提出，中介需要承担提供交流渠道的义务。具体来说，就是中介需要在平台上为消费者互相沟通以及消费者与发行人代表就发行问题进行交流提供渠道。此外，为防止传播垃圾信息与发生负

---

① See C. Steven Bradford, "Crowdfunding and The Federal Securities Laws", *Columbia Business Law Review*, Vol. 2012, No. 1, 2012, pp. 14-27.

② 参见彭冰《股权众筹的法律构建》，《财经法学》2015 年第 3 期。

外部性以及保持交流渠道的独立性，该《众筹条例》还制定有四个前提条件：第一，禁止平台加入任何交流，然而平台能够进行交流规则的制定以及对潜在的欺诈信息或垃圾信息予以移除；第二，中介需放开公众对交流渠道内讨论予以查看的限制；第三，为避免信息泛滥，中介需限定交流渠道内进行评论发布的为已开设众筹平台账户的人；第四，要求中介在交流渠道发布评论时，都必须对评论人是否为代表发行人的创始人与负责推广的发行人员工或是因推广发行获取报酬的人予以醒目、明确地披露。

需予以关注的是，在众筹平台性质方面，《JOBS法案》进行了更细致的区分，即私募股权众筹平台可以是信息中介，也可以是已经获注册的经纪人。实质上，这与当前我国互联网金融将众筹平台与中介合为一体的理念相契合的。从这个层面来看，在中介交流渠道监管方面，美国的法律规定能够给予我国立法一定的参考。在针对股权众筹平台制定相关监管机制时，我国应吸取域外立法经验，关注股权众筹平台具有的开放与中立性特性。[①] 在进行众筹平台交流渠道监管规则的制定时，也需要注重对群体智慧理论的充分借鉴，从而制定相契合的监管制度。[②] 具体来说，其制度的构图与设计可围绕以下五部分展开：第一，将众筹平台的开放性与中立性明确列入监管规则中，并对股权众筹平台需要承担的信息公开职责予以规定，同时要求其必须构建开放的交流渠道；第二，为使得交流渠道具有独立性与中立性，应禁止平台作为交易主体加入任何交流，但平台可以作为规则制定者和管理者，进行一般交流规则的制定以及对潜在的欺诈信息或辱骂信息予以移除；第三，将股权众筹平台交流渠道存在的访问限制予以全部放开，平台不能进行会员区、游客区等的划分，不能区分特定会员或注册用户之间的权限，此外，应当将平台上的评论向浏览众筹平台的公众予以全部开放；第四，在交流渠道中，需基于共同的习俗、经验、利益等来进行评论，限定能够在交流渠道内进行评论发布的主体为已开设平台账户的人，这可以确保获取集中化的群体智慧；第五，在交流渠道中，众筹平台应当对评论人是否为代表发行人的创始人与负责推广的发行人员工或是因推广发行获取报酬的人予以醒目、明确地披露，给予公众提示，从而

[①] 参见杨疏影《股权众筹平台的交流渠道监管——基于群体智慧理论》，《财经问题研究》2017年第10期。

[②] 参见樊云慧《股权众筹平台监管的国际比较》，《法学》2015年第4期。

避免出现人云亦云的跟风行为，保证分权化。

第五节 其他投资者保护制度的构建

一 冷静期制度

该制度又被叫作反悔期制度或者冷却期制度，主要是指在相关的交易合同发生法律效力以后，消费者可以在一定的时间内依法取消签订的合同而且不用承担违约的民事责任。[①] 2005 年，我国第一次将冷静期制度纳入《直销管理条例》之中。而后来我国的《消费者权益保护法》也提到了该方面的内容，并对其进行了相对比较全面的规定。其并不单单适用于邮购、电话、网络等消费合同，还有很多种类的合同也存在着冷静期设计，例如分期付款合同、标额较大的访问销售、远程交易合同等。冷静期这一制度是为了应对买卖双方可能存在信息不对称，从而对契约自由的原则而作出的修正，实质上是一种对信息劣势地位消费者的缓冲保护。[②]

上述可以适用冷静期制度的合同类型中，都以买卖双方在获得信息的能力存在巨大差距为典型特征。与网络交易相类似，金融领域引入冷静期与金融市场的高度信息不对称之间有着十分重要的联系。[③] 具体来说信息不对称现象比较严重有远程交易合同、分期付款合同等。通常来说，在这些活动中消费者所掌握的信息都是从经营者手中获取的，并且很多信息存在较大的虚假性和误导性，这就容易导致消费者对具体的产品不了解，或者产生错误的理解，而产生购买的冲动。[④] 股权众筹也有与此相类似的原因，其具有金融方面的具体属性，并且风险通常比较高，随着互联网的快速发展和引入，会加剧市场信息不对称，所以风险面变得越来越广泛，传

[①] 参见董新凯、夏瑜《冷却期制度与消费者权益保护》，《河北法学》2005 年第 5 期。
[②] 参见董新凯、夏瑜《冷却期制度与消费者权益保护》，《河北法学》2005 年第 5 期。
[③] 参见邢会强《海外加强金融消费者保护的十大举措》，《金融服务法评论》2011 年第 2 期。
[④] 参见邢会强《信息不对称的法律规制——民商法与经济法的视角》，《法制与社会发展》2013 年第 2 期。

导性也变得越来越强。① 从这个方面来说，股权众筹领域很有必要引入冷静期制度。另外，考虑到有时投资者因为得到信息很少，所以对需要融资的项目认识有偏差，因此，可以考虑将这个冷静期设置为 14 天。也就是说投资者可以在融资项目筹资期满之后的 14 天内无条件撤资，同时不需要承担任何违约责任。有了这种制度，各个商家提出的"诚信经营、童叟无欺、无条件退货"等诚信标语就有了制度上的保证。给予投资者在冷静期内撤资的权利，使得投资者在投资之后可以冷静地思考自己的决策是否正确，投资者和融资者两者之间也有了一个很好的缓冲区域。投资者能够根据具体的需求对自身的决策进行合理修正，这在很大程度上能够避免损害的扩大。② 冷静期的设立，能够带来两个层面的益处：第一，投资者可以果断而又大胆地投资，当然针对滥用这项权利也有一定的规定限制。第二，经营者再也不能利用信息不对称来欺骗投资者，所以经营者就会更加诚信融资，在信息披露方面会做到更真实而又全面。③

二 资金第三方托管制度

非法集资等刑事法律是一把利刃，时刻警醒着股权众筹从业者。从理论上来说，股权众筹平台是信息中介和交易两者之间的桥梁。在实际业务中，不能直接接触客资金，也不可以触碰"资金池"。不过就当前我国这方面的具体发展实际来看，很多众筹平台并没有严格依据相关的法律法规行事，甚至还利用各种方法规避法律条文。

在隔绝相关风险方面，建立一个资金第三方托管平台是一个很好的解决方式，本质上就是将监管责任转移，让资深第三方来保证投资者的资金安全，这依赖于它的风险控制能力和公信力。第三方的托管，主要是指由众筹平台以外的机构对总筹资金收付进行管理。比如具有相关托管资质的银行、企业等，都能够成为第三方的托管机构。这里所开展的托管，主要是根据客户的意见来进行的，平台不在其中发挥作用，也没有权利进行干

---

① 参见李有星、陈飞、金幼芳《互联网金融监管的探析》，《浙江大学学报》（人文社会科学版）2014 年第 4 期。

② 参见邢会强《信息不对称的法律规制——民商法与经济法的视角》，《法制与社会发展》2013 年第 2 期。

③ 参见刘俊海、徐海燕《论消费者权益保护理念的升华与制度创新以我国〈消费者权益保护法〉修改为中心》，《法学杂志》2013 年第 5 期。

预,对于资金的管理依据规定的程序,留有痕迹并可以追查资金走向,这样可以有效防止挪用资金或者携款潜逃,同时也大大降低了非法集资的概率,有助于更好地对众筹平台进行管理。

通过对具体的实践过程进行分析和总结可知,促进"投付宝"与"大家投"相结合就是很好的模式,同时这也是其发展的整体趋势。主要的业务流程总结如下:投资者根据具体的流程和规定将投资资金转入相应的托管账户,然后开始进行一系列手续的办理,比如进行工商方面的事项办理等,在这些事项全部办理妥当以后,才将这部分资金转移到创业者的手中。同时,投付宝也能够将投资者与融资者的约定作为基础和依据,将资金分批转入创业者账户中。这样不仅保证了投资者的利益,而且能够更好地对创业者的行为进行约束,避免其不法行为的产生。从另一个层面来看,创业者也能够对未来的资金有一个明确的期望,这对资金的合理调配以及使用非常有利。

三 信用体系法律制度

(一)积极推进征信相关立法

2013年3月15日《征信业管理条例》正式颁布实施,标志着我国征信业步入有法可依的轨道,填补了我国征信立法方面的空白,但这仅是开始,我们应以条例出台为契机,加强完善相关立法和配套法律法规,加快推进征信法律体系建设。

要推动一批更高位阶法律的出台,为征信业的健康发展创造好的外部环境。我国征信立法还处于初级阶段,最典型的特征就表现为立法分散且层级较低,相关职能部门在各自权限范围内制定了大量的规范性文件和政策性文件,但没有一部统一的征信法律对信用行业整体及所涉及的社会关系进行全面统一的规范和调整。另外,在立法内容方面,当前的规范性文件以征信业务的行为主体和征信业务活动的规范为主,且大部分文件集中于如何管理征信机构,而对信用信息保护、个人权利的保护等方面规定得较少。以《征信业管理条例》为契机,我们要积极推动《征信管理法》等一批更高位阶法律的出台。

(二)信用评级法律制度之完善

首先,信用评级机构地位特殊,应单独立法。由于信用评级重点服务于资本市场,信用评级的结果对于企业融资和投资者决策都具有重要意义，因此，将信用评级机构区别于信用报告机构、信用调查机构及其他的一般市场主体，对其进行专门的立法规范很有必要。这点在《征信业管理条例》当中已经得到体现，该条例并未将信用评级机构包含在征信活动的主体范围之内，正是要为其进行专门立法作准备。

其次，从我国信用评级立法的现状来看。关于信用评级的规则散见于《证券法》《公司法》《企业债券管理条例》等多部法律规章，这里所作的规定基本都是原则性的，简单而粗略，很难形成一个规范的体系。同时上述部门规章或者是操作指引本身就层级较低，单纯地适用于在该部门管辖之下的几种金融产品，用于对其进行信用评级，且各个不同部门规定的标准和规则也各不相同，法律的整体性不强，不利于整个行业的健康成长。因此，应加强信用评级机构监管立法，让部门立法以及多头监管的现状得以改变，针对信用评级机构搭建一个完整的法律监管框架体系。依托于专门性立法对评级机构设立条件、定义、监管部门以及相应职责、评级人员资格、监管制度（信息披露、市场准入、档案保管、利益冲突以及禁止行为等在内）、相关法律责任以及相应地违规处罚条款加以明确，彻底改变监管部门存在浓厚利益色彩、协调性较差以及法律规范简单而粗糙等现状。

（三）失信惩戒制度之完善

《社会信用体系建设规划纲要》明确提出："要进一步加强对守信者的奖励以及激励，对失信者的惩罚以及约束，建立一个完善的守信激励和失信惩罚体系。与此同时，有奖举报制度也应该完善，这个举报制度可以跨地区、跨部门，构建联合奖惩制度。"并认为"这不仅是保障社会信用体系正常运转的核心，而且也是维护市场秩序的根本所在"。从理性经济人的角度出发，市场主体的每一个经济行为都是成本与收益分析下的理性选择结果。当失信行为的预期收益大于其所支付的成本时，其就具有从事违约活动的动机和激励；反之，当诚实守信的预期收益远大于其风险或成本时，守信践诺就成为市场主体的理性选择。失信成本大小的关键就在于制度设计的科学与否，尤其是对失信者的惩戒是否及时到位，足以起到威慑作用。如果没有健全的奖惩激励机制，或者监管力度不够，又或者惩戒不到位，那么道德风险、劣币驱逐良币等不良现象就会凸显。如果一个良好的市场主体得不到很好的回报，那么就很可能走向对立面，从而产生失信违约、投机取巧等不良心理。从这个角度出发，整体社会信用状况的不理想，虽然有文化、道德、价值观等因素影响，但归根结底是由于制度不健全，尤其是对失信行为的惩戒力度不够。惩戒机制的建立和完善对于信用体系建设的重要意义可以从西方征信国家的实践当中得到验证。欧美等发达国家信用体系建设经验表明：严厉的惩戒机制是整个信用体系建设的支柱。能够杜绝大多数商业欺诈和失信投机行为。由于信用记录状况直接影响着每一个市场主体的切身利益，一次失信行为，诸如偷逃税款、恶意违约、拖欠债务、商业欺诈等所遭受的惩罚是综合的、连锁的，不仅失信者的各种信贷、医疗、社保等方方面面利益会遭受损失，还可能面临经济上的制裁，甚至法律的追究，更为严厉的是，这种失信记录会长期存在，甚至相伴终身。与之相对应的，守信者可以获得更优惠的贷款利率、更高额度的银行授信和更多的公共服务，从而使得诚实守信的正向激励得以强化，久而久之，"好人更愿意好，坏人不敢坏"的良好社会环境逐渐形成。要建立和完善失信惩戒制度，需要从以下三个方面加以考虑：

首先，明确失信的法律边界。一是要明确失信的法律界限，加强法律法规建设，使失信惩戒有法可依。现实生活当中的诸多失信行为并不在法律管辖的范畴之内，而更多地属于道德层面的问题，或者有些即使已经违法，但由于维权成本高昂或者执行不力等因素制约，使得失信行为难以得到有效惩戒。因此，明确失信的法律界限，将更多失信行为纳入法律管辖的范畴，是遏制失信行为的重要措施之一。同时相应的主管部门、地方政府根据区域、行业范围内违法、失信行为特点，有针对性地建立起监管和惩戒的地方性法规、规章，使对各种失信行为的监管与惩戒有法可依、有章可循。在条件成熟时，在国家层面建立位阶更高的《守信激励和失信惩戒条例》，对相关内容加以明确。二是应当明确对失信行为惩戒的尺度。"对违法者的宽恕，就是对守法者的打击。"要明确对违约者约束和惩戒的标准，明确失信者的法律责任。进一步建立和完善失信法律责任体系，包括完善因政府失信问题和监管不到位所导致的行政责任；对征信机构及相关人员严重违反法律规定应该追究刑事责任；强化对失信者民事赔偿责任和对受害人补偿救济的民事责任追究；要进一步完善其他失信惩戒机制，使不同类型的失信行为都能受到程度不同的约束和惩罚，实现惩戒机制的全覆盖，达到惩戒与威慑相结合的效果。

其次，强化失信信息共享机制。一是完善政务信息公开制度、建立多部门、跨地区信用联合奖惩机制以及对失信行为有奖举报制度等，对各类信息数据格式标准进行统一，从而使得多部门、跨地区失信记录可以共享，奖惩实现联动。另外，还可以充分利用社会舆论的监督作用，通过曝光失信人行为、社会舆论等方式来约束人们的失信行为，这样就会形成一个守信者方方面面受益，失信者举步维艰的良好风气。二是进一步完善失信记录在资质许可、政府采购、市场准入等多个领域的应用规范，针对各种失信行为构建一个完善的"网络化"惩戒机制，以此来震慑失信者。在2014年1月16日，我国中央文明办联合相关部门，八个部门一起签署了《"构建诚信、惩戒失信"合作备忘录》，其中就有对失信者限制高消费等多方面的信用惩戒方法；中央文明办联合国家食药监总局，定期向社会发布的食品方面的失信企业"黑名单"以及诚信企业"红名单"，也是推进我国失信惩戒制度的一个重要体现。

最后，进一步强化执行以及监督失信惩戒制度。在现实生活中，只有真正地落实和执行失信惩戒制度才能发挥其应有的震慑与阻却作用。然而现实当中"有法不依""法不责众"情形大量存在，高昂的执法监督以及维权成本使一些法规政策变成一纸空文，难以发挥效用，甚至由此导致"权力寻租""以权谋私"等情形出现。以生活中大量存在的"老赖"为例，具备履行能力而恶意逃债的行为，不仅是对社会信用的损害，也是对法院判断权威性的挑衅。所以，进一步完善失信惩戒制度的执法监督和进一步完善失信惩戒的司法制度非常重要。

结　　语

　　股权众筹作为证券法领域内一次重要的制度创新，正在全球范围内逐步实践罗伯特·希勒教授笔下金融社会的理想形态，但也为用心设计骗局的"艺术家"们提供了新的"钓鱼"舞台。资本市场的智慧告诉我们，任何一项融资工具或法律制度的创新与其生长环境密不可分，均需要精心培育与修正。美国证券市场创新的融资方式带来了证券规范分析框架的革新，由公私二元界分模式向公私二元融合逐渐转化，在此背景之下，股权众筹作为融资创新工具，其法律制度设计也与公私二元融合的证券规范分析模式相契合。笔者在证券法规范的公私二元融合视角下，考察了美国《JOBS法案》制定过程中的立法困境、规则构成及功能解释，并结合股权众筹自身所具有的互联网+、群体智慧、证券属性等多重特征，得出如下结论：

　　第一，本书认为应当从公私二元融合的视角下来构建我国的股权众筹法律制度。本书梳理了公私二元界分模式向公私二元融合模式转化的历史脉络，并结合经济法基础理论揭示了由公私二元界分模式向公私二元融合模式转化的内因。传统的证券法强调目的理性，即证券立法和监管行为以投资者保护和融资效率这两个目的为导向，但两个目的被分隔开来，分别形成了以"投资者保护"为目的的公募发行制度和以"融资效率"为目的的私募发行制度二元界分的模式。这种立法框架忽略了投资者保护与融资效率这两个目的之间冲突与协调的逻辑关联。两者之间的平衡协调需要以证券法的价值理性作为主观判断的依据，即证券立法者与监管者应当以"社会公共利益"作为价值评判的依据，结合特定的社会经济状况、投融资者的个体利益等因素，对两个目的进行优劣排序，并据此进行具体的立法构建。因循价值理性—目的理性相统一的这一逻辑思路，本书认为，公私二元融合模式的出现具有历史必然性，是对社会公共利益的自然反映，以及投资者保护与融资效率之间平衡协调的结果。公私二元融合是建立股权众筹法律制度框架的逻辑起点，应以投资者保护与融资效率之间的平衡作为出发点，对传统的证券法律制度进行相应的调整。

第二，本书认为公募股权众筹无法解决其披露制度与成本之间的悖论，而私募股权众筹更适宜于我国移植。本书明确了公募股权众筹与私募股权众筹的具体制度的功能及逻辑悖论。全面梳理了《JOBS法案》与股权众筹的立法框架及立法逻辑。《JOBS法案》在第二章和第三章中分别建立了私募股权众筹与公募股权众筹，双方在代理成本解决以及信息不对称问题解决方面的内在逻辑相对是比较统一的，不过由于双方存在不相同的困境，其具体制度也从不同的角度在传统的公募发行与私募发行制度上进行了融合。从公募股权众筹的角度来看，因为其市场具有一定的特殊性，使得信息披露制度存在一定的相悖性，这一方面会导致发行成本的增加，另一方面也会导致柠檬市场的存在。从私募股权众筹方面来看，将公开劝诱的禁止项解除掉，推动了互联网在其中发挥积极的作用，这使得合格投资者的范围得到了一定程度的改变，在依据当前的标准进行投资者认定的过程中，应当合理地进行检验方式以及资产证明等内容的调整。

第三，本书认为在进行信息披露制度完善的时候，应当将网络声誉机制与群体智慧作为重要的标准，对其成本进行适当的控制，推动信息不对称问题得到良好的解决。同时为了避免信息瀑布以及羊群行为的产生，推动其功能更好地得到发挥，还运用行业自律机制和"领投+跟投"模式，通过激励制度、集体惩戒制度、成员准入制度以及纠纷处置制度等来完善和促进网络声誉机制作用的发挥。

第四，本书认为应当在我国构建私募股权众筹模式。仿照《JOBS法案》第二章，为实现私募股权众筹的本土化发展，需要对《私募股权众筹融资管理办法》进一步调整修正，主要包括公开劝诱规则、信息披露规则、合格投资者规则、领投+跟投规则以及中介平台规则等方面。

资本市场法律移植具有理论上的正当性，也是贯穿我国资本市场立法变革的一条主线，缘起于美国的股权众筹制度难以脱离其本土立法环境而被单独移植，应当合理地对我国的具体国情和实际发展情况进行分析，并对相关的制度引进进行有效的探究，做好变通。因此，不仅需要充分理解域外相关法律制度的构成，更应当准确把握其规制的逻辑，以及与需移植规则相关的法律条文，甚至整个法律体系框架，片面地借鉴制度只会造成管中窥豹之结果。同时，提出建议的前提是对我国既有金融法律制度和规则冲突的充分理解，应准确分辨究竟是采用法律移植弥补立法空白还是对现有制度进行修正，更能达到预期的效果目的。

参考文献

一 中文著作

陈洁:《证券法的变革与走向》,法律出版社2013年版。
陈亦聪:《证券交易异常情况的法律规制》,法律出版社2014年版。
邓峰:《普通公司法》,中国人民大学出版社2009年版。
董安生:《多层次资本市场法律问题研究》,北京大学出版社2013年版。
冯玉军:《法经济学范式》,清华大学出版社2009年版。
傅穹:《重思公司资本制原理》,法律出版社2004年版。
谷世英:《优先股法律制度研究》,法律出版社2015年版。
顾功耘:《公司法律评论》,上海人民出版社2015年版。
桂敏杰:《证券行政处罚案例判解》,法律出版社2009年版。
郭峰:《金融发展中的证券法问题研究——以金融创新中的法律制度构建为路径》,法律出版社2010年版。
郭峰:《中国资本市场若干重大法律问题研究》,法律出版社2008年版。
郭莉、王丙辛、巴曙松:《香港证券市场全透视》,中信出版社2009年版。
郭雳:《美国证券私募发行法律问题研究》,北京大学出版社2004年版。
黄辉:《现代公司法比较研究——国际经验及对中国的启示》,清华大学出版社 2011 年版。

黄震、邓建鹏：《互联网金融法律与风险控制》，机械工业出版社 2015 年版。

蒋大兴：《公司法的观念与解释》，法律出版社 2009 年版。

赖英照：《股市游戏规则——最新证券交易法解析》，中国政法大学出版社 2006 年版。

李昌麒：《经济法理念研究》，法律出版社 2009 年版。

李响玲：《论新趋势下的证券交易所自律监管》，中国法制出版社 2014 年版。

梁上上：《利益衡量伦》，法律出版社 2013 年版。

廖志敏、陈晓芳：《法律中的经济力量》，法律出版社 2015 年版。

刘乃进：《私募股权基金筹备、运营与管理：法律实务与操作细节》，法律出版社 2015 年版。

卢现祥：《新制度经济学》，北京大学出版社 2012 年版。

罗培新：《公司法的法律经济学研究》，北京大学出版社 2008 年版。

马国泉：《金融消费者保护研究》，法律出版社 2013 年版。

马洪雨：《论政府证券监管权》，法律出版社 2011 年版。

毛玲玲：《金融犯罪的实证研究：金融领域的刑法规范与司法制度反思》，法律出版社 2014 年版。

彭冰：《投资型众筹的法律逻辑》，北京大学出版社 2017 年版。

彭兴庭：《金融法制的变迁与大国崛起》，法律出版社 2014 年版。

沈朝晖：《证券法的权力分配》，北京大学出版社 2016 年版。

施天涛、周伦军：《美国证券交易经典案例——内幕交易与虚假陈述》，法律出版社 2014 年版。

宋晓燕：《证券法律制度的经济分析》，法律出版社 2009 年版。

田冰川、曹硕：《香港上市公司监管案例评析及合规指南》，法律出版社 2007 年版。

王保树：《商法经济法的动与静》，法律出版社 2015 年版。

吴伟央：《证券交易所自律管理的正当程序研究》，中国法制出版社 2012 年版。

奚晓明：《证券、期货纠纷》（第 2 版），法律出版社 2015 年版。

徐孟洲：《耦合经济法论》，中国人民大学出版社 2010 年版。

于永宁：《后危机时代的金融监管变革之道》，法律出版社 2013 年版。

张五常：《经济解释》，中信出版社 2015 年版。

章武生：《域外证券群体诉讼案例评析》，法律出版社 2016 年版。

赵万一：《证券市场投资者利益保护法律制度研究》，法律出版社 2014 年版。

赵薇、孟翔：《证券信息披露标准比较研究：以"重大性"为主要视角》，中国政法大学出版社 2013 年版。

赵玉：《我国私募股权投资基金法律制度研究》，中国政法大学出版社 2013 年版。

朱锦清：《证券法学》，北京大学出版社 2011 年版。

朱伟一：《高盛时代：资本劫持法律》，法律出版社 2010 年版。

朱伟一：《美国证券法判例和解析》，法律出版社 2013 年版。

二 中文译著

［美］阿道夫·A. 伯利、加德纳·C. 米恩斯：《现代公司与私有财产》，甘华鸣、罗锐韧、蔡如海译，商务印书馆 2007 年版。

［美］艾利斯·费伦：《公司金融法律原理》，罗培新译，北京大学出版社 2012 年版。

［美］道格拉斯·G. 拜尔：《法律的博弈分析》，严旭阳译，法律出版社 2009 年版。

［英］费伦：《后金融危机时代的监管变革》，罗培新、赵渊译，法律出版社 2016 年版。

［美］弗兰克·B. 克洛斯、罗伯特·A. 普伦蒂斯：《法律与公司金融》，伍巧芳、高汉译，北京大学出版社 2011 年版。

［美］弗兰克·伊斯特布鲁克、丹尼尔·费希尔：《公司法的经济结构》，罗培新、张建伟译，北京大学出版社 2014 年版。

［德］格茨·怀克、克里斯蒂娜·温德比西勒：《德国公司法》（第二版），殷盛译，法律出版社 2010 年版。

［法］吉斯塔夫·勒庞：《乌合之众：大众心理研究》，戴光年译，新世界出版社 2010 年版。

［德］卡尔·拉伦茨：《法学方法论》，陈爱娥译，商务印书馆 2004

年版。

［美］科斯·哈特、斯蒂格利茨等著，［瑞］拉斯·沃因、汉斯·韦坎德编：《契约经济学》，李风圣主译，经济科学出版社1999年版。

［美］克里斯·安德森：《长尾理论》，乔江涛、石晓燕译，中信出版社2009年版。

［美］莱瑞·D. 索德奎斯特：《美国证券法解读》，胡轩之、张云辉译，法律出版社2004年版。

［美］理查德·波斯纳：《法律的经济分析》，蒋朝康译，法律出版社2012年版。

［美］路易斯·罗思、乔尔·塞利格曼：《美国证券监管法基础》，张路等译，法律出版社2008年版。

［美］罗宾·保罗·马伊洛：《法律和市场经济》，钱弘道等译，法律出版社2008年版。

［美］罗伯塔·罗曼诺：《公司法基础》（第二版），罗培新译，北京大学出版社2013年版。

［美］罗伯特·J. 希勒：《非理性繁荣》，廖理译，中国人民大学出版社2001年版。

［美］罗伯特·W. 汉密尔顿：《美国公司法》（第五版），齐东祥译，法律出版社2008年版。

［美］罗伯特·考特：《法和经济学》（第六版），史晋川等译，上海人民出版社2010年版。

［美］罗伯特·希勒：《金融与好的社会》，束宇译，中信出版社2012年版。

［美］马德斯·安登斯、［英］弗兰克·伍尔德里奇：《欧洲比较公司法》，汪丽丽译，法律出版社2014年版。

［德］马克斯·韦伯：《经济与社会》（上卷），林荣远译，商务印书馆1997年版。

［美］曼瑟尔·奥尔森：《集体行动的逻辑》，陈郁、郭宇峰、李崇新译，上海三联书店2010年版。

［美］米尔霍普、［德］皮斯托：《法律与资本主义》，罗培新译，北京大学出版2010年版。

［美］尼古拉斯·麦考罗：《经济学与法律》，吴晓露等译，法律出版

社 2009 年版。

［美］欧姆瑞·本．沙哈尔、卡尔·E. 施奈德：《过犹不及：强制披露的失败》，陈晓芳译，法律出版社 2015 年版。

［美］乔尔·塞利格曼：《华尔街的变迁：证券交易委员会及现代公司融资制度演进》（第三版），徐雅萍等译，中国财政经济出版社 2009 年版。

［美］乔治·阿克洛夫、罗伯特·席勒：《钓愚：操纵与欺骗的经济学》，张军译，中信出版社 2016 年版。

［美］萨维尔：《法律的经济分析》，柯华庆译，中国政法大学出版社 2008 年版。

［美］斯蒂芬·M. 贝恩布里奇：《理论与实践中的新公司治理模式》，赵渊译，法律出版社 2012 年版。

［美］托马斯·库恩：《科学革命的结构》，金吾伦、胡新和译，北京大学出版社 2013 年版。

［美］托马斯·李·哈森：《证券法》，张学安等译，中国政法大学出版社 2003 年版。

［美］约翰·C. 科菲：《看门人机制：市场中介与公司治理》，黄辉、王长河译，北京大学出版社 2011 年版。

［美］约翰·S. 戈登：《伟大的博弈：华尔街金融帝国的崛起》，祁斌译，中信出版社 2011 年版。

三　中文论文

安邦坤：《股权众筹在多层次资本市场中的定位概论》，《现代管理科学》2015 年第 2 期。

曾洋：《投资者适当性制度：解读、比较与评析》，《南京大学学报》（哲学·人文科学·社会科学版）2012 年第 2 期。

曾智、朱玉杰、雪莲：《我国私募股权投资中引入优先股的理论解析与现实思考》，《山东社会科学》2014 年第 3 期。

陈斌彬：《危机后美国金融监管体制改革述评——多边监管抑或统一监管》，《法商研究》2010 年第 3 期。

陈洁：《金融投资商品统一立法趋势下"证券"的界定》，《证券法苑》2011 年第 2 期。

邓建鹏：《互联网金融时代众筹模式的法律风险分析》，《江苏行政学院学报》2014 年第 3 期。

翟艳：《我国投资者适当性义务法制化研究》，《政治与法律》2015 年第 9 期。

董新义：《韩国投资型众筹法律制度及其借鉴》，《证券市场导报》2016 年第 2 期。

董竹、尚继权、孙萌：《对〈私募股权众筹融资管理办法（试行）（征求意见稿）〉的讨论》，《上海金融》2015 年第 8 期。

樊云慧：《股权众筹平台监管的国际比较》，《法学》2015 年第 4 期。

范文波：《股权众筹公开发行制度探析》，《中国金融》2016 年第 6 期。

方流芳：《证券交易所的法律地位——反思"与国际惯例接轨"》，《政法论坛》2007 年第 1 期。

冯果、袁康：《境外资本市场股权众筹立法动态述评》，《金融法苑》2014 年第 2 期。

冯果、袁康：《社会变迁与金融法的时代品格》，《当代法学》2014 年第 2 期。

冯文婷：《美国众筹规则演进解析》，《证券市场导报》2016 年第 4 期。

傅啸、董明：《股权众筹平台面临的风险及应对策略研究》，《现代管理科学》2015 年第 8 期。

高鸿钧：《美国法全球化：典型例证与法理反思》，《中国法学》2011 年第 1 期。

耿利航：《论我国股东派生诉讼的成本承担和司法许可》，《法律科学》（西北政法大学学报）2013 年第 1 期。

龚映清、蓝海平：《美国 SEC 众筹新规及其监管启示》，《证券市场导报》2014 年第 9 期。

郭雳：《创寻制度"乔布斯"（JOBS）红利——美国证券监管再平衡探析》，《证券市场导报》2012 年第 5 期。

郭雳：《美国证券集团诉讼的制度反思》，《北大法律评论》2009 年第 2 期。

郭雳：《证券违法活动检举人的激励与保护机制——美国的相关实践

及启示》，《江汉论坛》2016 年第 4 期。

何欣奕：《股权众筹监管制度的本土化法律思考——以股权众筹平台为中心的观察》，《法律适用》2015 年第 3 期。

侯宇、叶冬艳：《机构投资者、知情人交易和市场效率——来自中国资本市场的实证证据》，《金融研究》2008 年第 4 期。

胡诗雪：《众筹投资者风险及风险缓解机制——对美国众筹实践的一个观察》，《金融法苑》2014 年第 2 期。

黄辉：《中国证券虚假陈述民事赔偿制度：实证分析与政策建议》，《证券法苑》2013 年第 9 期。

黄韬、陈儒丹：《金融市场风险补偿和保障机制建设的法律思考》，《当代法学》2014 年第 4 期。

雷华顺：《众筹融资信息披露问题探析》，《开放导报》2015 年第 2 期。

黎四奇：《中国普惠金融的囚徒困境及法律制度创新的路径解析》，《现代法学》2016 年第 5 期。

李安安：《资本市场法律移植的制度反思与变革》，《证券法苑》2015 年第 1 期。

李东方：《证券发行注册制改革的法律问题研究——兼评"〈证券法〉修订草案"中的股票注册制》，《国家行政学院学报》2015 年第 3 期。

李晗：《法经济学视野下的金融监管法正义性分析》，《法制与社会发展》2006 年第 5 期。

李加宁、常嵘：《境外股权众筹监管启示》，《中国金融》2015 年第 3 期。

李有星、陈飞、金幼芳：《互联网金融监管的探析》，《浙江大学学报》（人文社会科学版）2014 年第 4 期。

李钰：《众筹业务法律解读》，《金融理论与实践》2014 年第 11 期。

梁清华：《我国私募禁止一般性招揽制度的构建——借鉴美国证券私募发行方式》，《政法论坛》2014 年第 1 期。

林越坚：《金融消费者：制度本源与法律取向》，《政法论坛》2015 年第 1 期。

蔺捷：《论欧盟投资者适当性制度》，《法学评论》2013 年第 1 期。

刘明：《论私募股权众筹中公开劝诱规则的调整路径——兼评〈私募

股权众筹融资管理办法（试行）》》，《法学家》2015 年第 5 期。

刘明：《美国〈众筹法案〉中集资门户法律制度的构建及其启示》，《现代法学》2015 年第 1 期。

刘瑞瑞、刘志强：《防范金融衍生业务风险的法律规制研究》，《当代法学》2006 年第 5 期。

刘宪权：《互联网金融股权众筹行为刑法规制论》，《法商研究》2015 年第 6 期。

刘迎霜：《我国金融消费者权益保护路径探析——兼论对美国金融监管改革中金融消费者保护的借鉴》，《现代法学》2011 年第 3 期。

罗欢平、唐晓雪：《股权众筹的合法化路径分析》，《上海金融》2015 年第 8 期。

罗培新：《美国金融监管的法律与政策困局之反思——兼及对我国金融监管之启示》，《中国法学》2009 年第 3 期。

骆祚炎、乔艳：《私募股权投资效率的随机前沿 SFA 模型检验与影响因素分析——兼论中国股权众筹的开展》，《金融经济学研究》2015 年第 6 期。

马旭、李悦：《我国互联网股权众筹面临的风险及法律对策》，《税务与经济》2016 年第 3 期。

马永保：《股权众筹市场准入条件的多视角分析》，《现代经济探讨》2015 年第 10 期。

毛智琪、杨东：《日本众筹融资立法新动态及借鉴》，《证券市场导报》2015 年第 4 期。

彭冰：《"诺米多"诉飞度"人人投"股权众筹合同纠纷案评析》，《中国法律评论》2016 年第 2 期。

彭冰：《公募众筹的理论基础》，载郭峰主编《证券法律评论》（2016 年卷），中国法制出版社 2016 年版。

彭冰：《股权众筹的法律构建》，《财经法学》2015 年第 3 期。

彭冰：《信任问题是互联网金融的核心问题》，《银行家》2015 年第 8 期。

彭冰：《信息披露是注册制的核心》，《证券法苑》2014 年第 3 期。

彭岳：《互联网金融监管理论争议的方法论考察》，《中外法学》2016 年第 6 期。

任晓聪、和军：《我国众筹融资的现状、问题及进一步发展的建议》，《理论探索》2016年第2期。

荣浩：《国内股权众筹发展现状研究》，《互联网金融与法律》2015年第7期。

宋旺、钟正生：《理解金融脱媒：基于金融中介理论的诠释》，《上海金融》2010年第6期。

孙天承、杨东：《股权众筹监管的"连通器"效应及法律分析》，《证券法苑》2014年第4期。

孙永祥、何梦薇、孔子君、徐廷玮：《我国股权众筹发展的思考与建议——从中美比较的角度》，《浙江社会科学》2014年第8期。

汤欣：《股票发行注册制改革笔谈》，《证券法苑》2014年第3期。

涂永前：《美国2009年〈个人消费者金融保护署法案〉及其对我国金融监管法制的启示》，《法律科学》（西北政法大学学报）2010年第3期。

涂永前：《美国金融监管的制度变迁及新改革法案的影响》，《社会科学家》2012年第2期。

万国华、王才伟：《论我国股权众筹的证券法属性》，《理论月刊》2016年第1期。

汪青松：《优先股的市场实践与制度建构》，《证券市场导报》2014年第3期。

王守仁：《股权众筹的定位与模式》，《中国金融》2015年第3期。

王勇、张博然：《股权众筹发端与当下运行的有效机制》，《改革》2015年第12期。

吴晓灵：《从美国金融监管改革看"大而不倒"问题的处置》，《中国金融》2010年第16期。

伍巧芳：《〈2010年华尔街改革和消费者保护法〉述评》，《法学》2010年第8期。

辛欣：《境外股权众筹的发展与监管简述》，《清华金融评论》2015年第3期。

徐小俊：《发展新三板股权众筹》，《中国金融》2015年第3期。

许多奇：《金融危机对于中国信息监管、遏制金融腐败的启示》，《中国社会科学》2011年第4期。

续芹、叶陈刚:《机构投资者对上市公司作用的实证研究——依据我国 A 股市场的经验证据》,《审计与经济研究》2009 年第 5 期。

闫夏秋:《股权众筹合格投资者制度立法理念矫正与法律进路》,《现代经济探讨》2016 年第 4 期。

阳建勋:《美国众筹豁免规则之争的分析及启示》,《当代财经》2016 年第 2 期。

杨东、刘磊:《论我国股权众筹监管的困局与出路——以〈证券法〉修改为背景》,《中国政法大学学报》2015 年第 3 期。

杨东、苏伦嘎:《股权众筹平台的运营模式及风险防范》,《国家检察官学院学报》2014 年第 4 期。

杨东、文诚公:《论互联网金融背景下金融权的生成》,《中国人民大学学报》2015 年第 4 期。

杨东:《互联网金融的法律规制——基于信息工具的视角》,《中国社会科学》2015 年第 4 期。

杨东:《互联网金融风险规制路径》,《中国法学》2015 年第 3 期。

杨东:《互联网金融监管的五个维度:以金融消费者保护为核心》,《清华金融评论》2014 年第 10 期。

于莹、潘林:《优先股制度与创业企业——以美国风险投资为背景的研究》,《当代法学》2011 年第 4 期。

余涛:《众筹规制探究——一个规范分析的路径》,《证券市场导报》2015 年第 3 期。

袁康:《互联网时代公众小额集资的构造与监管——以美国 JOBS 法案为借鉴》,《证券市场导报》2013 年第 6 期。

袁康:《众筹融资的法律分析与制度回应——基于互联网金融模式的前瞻》,《证券法律评论》2014 年第 1 期。

袁康:《资本形成、投资者保护与股权众筹的制度供给——论我国股权众筹相关制度设计的路径》,《证券市场导报》2014 年第 12 期。

岳彩申:《互联网时代民间融资法律规制的新问题》,《政法论丛》2014 年第 3 期。

张付标、李玫:《论证券投资者适当性的法律性质》,《法学》2013 年第 10 期。

张付标、刘鹏:《投资者适当性的法律定位及其比较法分析》,《证券市场导报》2014 年第 5 期。

张杰：《金融中介理论发展评述》，《中国社会科学》2001 年第 6 期。

张莹：《美国金融监管体系改革及启示》，《中国金融》2013 年第 16 期。

赵金龙：《商法思维与网络技术环境下公司法律制度的创新——以电子股东论坛为例》，《中国商法》2013 年第 1 期。

赵科源、于锦雯：《股权众筹助推大众创业万众创新》，《理论视野》2015 年第 9 期。

赵晓钧：《中国资本市场投资者适当性规则的完善——兼论〈证券法〉中投资者适当性规则的构建》，《证券市场导报》2012 年第 2 期。

赵玉：《私募股权投资基金合格投资者规则》，《上海财经大学学报》2012 年第 4 期。

周灿：《我国股权众筹运行风险的法律规制》，《财经科学》2015 年第 3 期。

周淳：《论美国金融监管法律制度变迁的政治逻辑》，《法学评论》2015 年第 6 期。

周卫江：《美国金融监管的历史性变革——评析〈多德-弗兰克法案〉》，《金融论坛》2011 年第 3 期。

周文英：《英国 AIM 终身保荐人制度对我国保荐人监管的启示》，《暨南学报》(哲学社会科学版) 2013 年第 4 期。

朱慈蕴：《论金融中介机构的社会责任：从应对和防范危机的长效机制出发》，《清华法学》2010 年第 1 期。

四 英文著作

Bratton, William, *Corporate Finance, Cases and Materials*, West Academic Press, 2016.

Freedman, David M., R. Matthew, *Nutting Equity Crowdfunding for Investors: A Guide to Risks, Return, Regulations, Funding Portals, Due Diligence, and Deal Terms*, Wiley, 2015.

Johnson, C. J., J. McLaughlin, Haueter E. S., *Corporate Finance and the Securities Laws*, Wolters Kluwer Law & Business, 2015.

Robin, Huang, *Securities and Capital Markets Law in China*, Oxford

Press, 2016.

Schwienbach, Armin; Larralde Benjamin, *Crowdfunding of Small Entrepreneurial Ventures*, Oxford University Press, 2013.

Surowiecki, James, *The Wisdom of Crowds*, Anchor Books, 2005.

五 英文论文

Agrawal, Ajay, Christian Catalini, Avi Goldfarb, "Some Simple Economics of Crowdfunding", *Innovation Policy and the Economy*, Vol. 14, No. 1, 2014.

Anand, Anita, "Is Crowdfunding Bad for Investors", *Canadian Business Law Journal*, Vol. 55, No. 2, 2014.

Archambault, Patrick, "How the SEC's Crowdfunding Rules for Funding Portals Save the Two-headed Snake: Drawing the Proper Balance between Integrity and Cost", *Suffolk University Law Review*, Vol. 49, No. 1, 2016.

Baritot, Jacques F., "Increasing Protection For Crowdfunding Investors Under The Jobs Act", *UC Davis Business Law Journal*, No. 13, 2013.

Black, Bernard S., "The Legal and Institutional Preconditions for Strong Securities Markets", *UCLA Law Review*, Vol. 48, No. 4, 2001.

Bradford, C. Steven, "Crowdfunding and The Federal Securities Laws", *Columbia Business Law Review*, Vol. 21, No. 6, 2012.

Bradford, C. Steven, "Shooting the Messenger: The Liability of Crowdfunding Intermediaries for the Fraud of Others", *University of Cincinnati Law Review*, Vol. 83, No. 2, 2015.

Burkett, Edan, "A Crowdfunding Exemption - Online Investment Crowdfunding and U. S. Secrutiies Regulation", *Transactions: The Tennessee Journal of Business Law*, No. 13, 2012.

Carni, Uriel S., "Protecting the Crowd through Escrow: Three Ways That the SEC Can Protect Crowdfunding Investors", *Fordham Journal of Corporate and Financial Law*, Vol. 19, No. 3, 2014.

Cohn, Stuart R., "The New Crowdfunding Registration Exemption: Good Idea, Bad Execution", *Florida Law Review*, Vol. 64, No. 5, 2012.

Darke, Shekhar, "To Be or Not to Be a Funding Portal: Why Crowdfunding Platforms Will Become Broker-Dealers", *Hastings Business Law Journal*, Vol. 10, No. 1, 2014.

Deschler, Gregory D., "Wisdom of the Intermediary Crowd: What the Proposed Rules Mean for Ambitious Crowdfunding Intermediaries", *Saint Louis University Law Journal*, Vol. 58, No. 4, 2014.

Dibadj, Reza, "Crowdfunding Delusions", *Hastings Business Law Journal*, Vol. 12, No. 1, 2015.

Dorff, Michael B., "The Siren Call of Equity Crowdfunding", *Journal of Corporation Law*, Vol. 39, No. 3, 2014.

Ellenoff, Douglas S., "Making Crowdfunding Credible", *Vanderbilt Law Review En Banc*, Vol. 32, No. 3, 2013.

Figliomeni, Marco, "Grassroots Capitalism Or: How I Learned to Stop Worrying about Financial Risk in the Exempt Market and Love Equity Crowdfunding", *Dalhousie Journal of Legal Studies*, No. 23, 2014.

Friesz, Cody R., "Crowdfunding & Investor Education: Empowering Investors to Mitigate Risk & Prevent Fraud", *Suffolk University Law Review*, Vol. 48, No. 1, 2015.

Gabison, Garry A., "Equity Crowdfunding: All Regulated But Not Equal", *Depaul Business & Commercial Law Journal*, Vol. 13, No. 3, 2015.

Gomez, Manuel A., "Crowdfunded Justice: On the Potential Benefits and Challenges of Crowdfunding as a Litigation Financing Tool", *University of San Francisco Law Review*, Vol. 49, No. 2, 2015.

Groshoff, David, Alex Nguyen, Kurtis Urien, "Crowdfunding 6.0: Does The Sec's Fintech Law Failure Reveal The Agency's True Mission To Protect-Solely Accredited-Investors", *Ohio State Entrepreneurial Business Law Journal*, Vol. 9, No. 2, 2015.

Groshoff, David, "Kickstarter My Heart: Extraordinary Popular Delusions and the Madness of Crowdfunding Constraints and Bitcoin Bubbles", *William and Mary Business Law Review*, Vol. 5, No. 2, 2014.

Hanks, Sara, Giovanni Romano, Enrico Tonelli, "Madness of Crowds or Regulatory Preconception: The Weak Foundation of Financial Crowdfunding Regulation in the US and Italy", *European Company Law*, Vol. 11,

No. 5, 2014.

Hazen, Thomas Lee, "Crowdfunding or Fraudfunding – Social Networks and the Securities Laws – Why the Specially Tailored Exemption Must Be Conditioned on Meaningful Disclosure", *North Carolina Law Review*, Vol. 90, No. 5, 2012.

Heminway, Joan Macleod, "What Is a Security in the Crowdfunding Era", *Ohio State Entrepreneurial Business Law Journal*, Vol. 7, No. 2, 2012.

Heminway, Joan MacLeod, "How Congress Killed Investment Crowdfunding: A Tale of Political Pressure, Hasty Decisions, and Inexpert Judgments That Begs for a Happy Ending", *Kentucky Law Journal*, Vol. 102, No. 4, 2014.

Heminway, Joan MacLeod, "Investor and Market Protection in the Crowdfunding Era: Disclosing to and for the Crowd", *Vermont Law Review*, Vol. 38, No. 4, 2014.

Heminway, Joan Macleod, "Crowdfunding and The Public/Private Divide In U. S. Securities Regulation", *University of Cincinnati Law Review*, Vol. 83, No. 2, 2015.

Hogan, Joseph, "Like Oil and Water: Equity Crowdfunding and Securities Regulation", *Lewis & Clark Law Review*, Vol. 18, No. 4, 2014.

Hughes, Laura Michael, "Crowdfunding: Putting a Cap on the Risks for Unsophisticated Investors", *Charleston Law Review*, Vol. 8, No. 4, 2014.

Hurt, Christine, "Pricing Disintermediation: Crowdfunding and Online Auction IPOs", *University of Illinois Law Review*, No. 1, 2015.

Ibrahim, DarianM., "Equity Crowdfunding: A Market for Lemons", *Minnesota Law Review*, Vol. 100, No. 2, 2015.

James, Thomas G., "Far from the Maddening Crowd: Does the Jobs Act Provide Meaningful Redress to Small Investors for Securities Fraud in Connection with Crowdfunding Offerings", *Boston College Law Review*, No. 54, 2013.

Kantor, Ryan, "Why Venture Capital Will Not Be Crowded out by Crowdfunding", *UK Law Student Review*, Vol. 43, No. 1, 2014.

Kitch, Edmund W., "Crowdfunding and an Innovator's Access to Capital", *George Mason Law Review*, Vol. 21, No. 4, 2014.

Morsy, Sherief, "The JOBS Act and Crowdfunding: How Narrowing the Secondary Market Handicaps Fraud Plaintiffs", *Brooklyn Law Review*, Vol. 79, No. 3, 2013.

O'Connor, Sean M., "Crowdfunding's Impact on Start-up IP Strategy", *George Mason Law Review*, Vol. 21, No. 4, 2014.

Oguss, Greg, "Should Size or Wealth Equal Sophistication in Federal Securities Laws", *Northwestern University Law Review*, Vol. 107, No. 1, 2012.

Olson, Ethan, "Squalls in the Safe Harbor: Investment Advice & Regulatory Gaps in Regulation Crowdfunding", *Journal of Corporation Law*, Vol. 40, No. 2, 2015.

Palmer, Andrew M., "The Intrastate Crowdfunding Exemption: Gaining the Wisdom of Crowds While Avoiding Its Madness", *Securities Regulation Law Journal*, Vol. 43, No. 3, 2015.

Palmiter, Alan R., "Pricing Disclosure: Crowdfunding's Curious Conundrum", *Ohio State Entrepreneurial Business Law Journal*, Vol. 7, No. 2, 2012.

Parsont, Jason W., "Crowdfunding: The Real and The Illusory Exemption", *Harvard Business Law Review*, Vol. 4, No. 2, 2014.

Pekmezovic, Alma, Walker Gordon, "The Global Significance of Crowdfunding: Solving the SME Funding Problem and Democratizing Access to Capital", *William And Mary Business Law Review*, Vol. 7, No. 2, 2016.

Pesok, Jorge, "Crowdfunding: A New Form of Investing Requires a New Form of Investor Protection", *Dartmouth Law Journal*, Vol. 12, No. 1, 2014.

Pope, Nikki D., "Crowdfunding Microstartups: It's Time for the Securities and Exchange Commission to Approve a Small Offering Exemption", *University of Pennsylvania Journal of Business Law*, Vol. 13, No. 4, 2011.

Ridley, David, "Will New Regulation on Crowdfunding in the United Kingdom and United States Have a Positive Impact and Lead to Crowdfunding Becoming an Established Financing Technique?", *Statute Law Review*, Vol. 37, No. 1, 2016.

Schwartz, Andrew A., "Crowdfunding Securities", *Notre Dame Law Review*, Vol. 88, No. 3, 2013.

Schwartz, Andrew A., "Rural Crowdfunding", *UC Davis Business Law Journal*, Vol. 13, No. 2, 2013.

Schwartz, Andrew A., "Digital Shareholder", *Minnesota Law Review*, Vol. 100, No. 2, 2016.

Smith, Felicia, "Madoff Ponzi Scheme Exposes the Myth of the Sophisticated Investor", *University of Baltimore Law Review*, Vol. 40, No. 2, 2010.

Steinhoff, Robert H., "The Next British Invasion Is Securities Crowdfunding: How Issuing Non-Registered Securities through the Crowd Can Succeed in the United States", *University of Colorado Law Review*, Vol. 86, No. 2, 2015.

Stephenson, Andrew D., Brian R. Knight, Matthew Bahleda, "From Revolutionary to Palace Guard: The Role and Requirements of Intermediaries under Proposed Regulation Crowdfunding", *Michigan Journal of Private Equity & Venture Capital Law*, Vol. 3, No. 2, 2013.

Stirling, Jay G., "How to Deal with Hornets: The Administrative Procedure Act and the Social Cost of Carbon", *Iowa Law Review*, Vol. 100, No. 2, 2015.

Thompson, Robert B., Donald C. Langevoort, "Publicness in Contemporary Securities Regulation after the JOBS Act", *Georgetown Law Journal*, Vol. 101, No. 2, 2013.

Thompson, Robert B., Donald C. Langevoort, "Redrawing the Public-Private Boundaries in Entrepreneurial Capital Raising", *Cornell Law Review*, Vol. 98, No. 6, 2013.

Verret, J. W., "Uber-ized Corporate Law: Toward a 21st Century Corporate Governance for Crowdfunding and App-Based Investor Communications", *Journal of Corporation Law*, Vol. 41, No. 4, 2016.

Vogel, Max, "Crowdfunding Human Capital Contracts", *Cardozo Law Review*, Vol. 36, No. 4, 2015.

Watts, Steven R., "SEC Cracks down on Unregistered Broker-Dealers in Private Offerings", *Securities Regulation Law Journal*, Vol. 42, No. 1, 2014.

Weinstein, Ross S., "Crowdfunding in the U.S. and Abroad: What to Expect When You're Expecting", *Cornell International Law Journal*, Vol. 46, No. 2, 2013.

Weitz, Theodore, Thomas D. Halket, "State Crowdfunding and the Intrastate Exemption under Federal Securities Laws – Less than Meets the Eye", *Review of Banking and Financial Law*, Vol. 34, No. 2, 2015.

Willbrand, David J., Kapil, Medha, "Blurred Lines: Crowdfunding, Venture, Capital, and The Capitalization of Start – Ups", *University of Cincinnati Law Review*, Vol. 83, No. 1, 2015.

Yamen, Sharon, Goldfeder Yoel, "Equity Crowdfunding – A Wolf in Sheep's Clothing: The Implications of Crowdfunding Legislation under the JOBS Act", *Brigham Young University International Law & Management Review*, Vol. 11, No. 1, 2015.

Ying, Hu, "Regulation of Equity Crowdfunding in Singapore", *Singapore Journal of Legal Studies*, No. 1, 2015.

后　记

　　本书由我的博士学位论文修改而成。出于对互联网金融的浓厚兴趣，我选择了股权众筹作为博士学位论文的选题。从 2017 年 5 月选题确定，到 2018 年 5 月论文最终完成，一年的论文写作过程当中，论文选题从互联网金融、网络借贷到股权众筹，研究切口从信息失灵、契约关系到证券法公私二元融合，几经调整。经过无数通宵达旦的挑灯夜读，经过漫长的收集资料与撰写工作，文章终得成稿，掩卷之际，思绪万千。论文的写作过程无疑是辛苦的，但正是因为这份艰辛，让我对亲情之浓，师恩之重，友情之珍有了更深的体会。

　　一谢父母，悉心养育。

　　感谢我的父母为我创造了最美好的家庭成长环境。母亲总是心疼我的辛苦，劝我停一停脚步；父亲却总是激励我要有革命奋斗的精神，不怕苦不怕累。父母一柔一刚的态度，让我感受到家人陪伴与鼓励的温暖，成为我努力拼搏的动力。感谢我的父母予我以爱，伴我成长，这也让我更珍惜攻读博士学位的机会。希望此篇论文能够成为我送给父亲母亲的一份特殊礼物。

　　二谢师长，传道授业。

　　感谢我的导师徐孟洲教授。恩师如父，为人真诚、学识渊博，既对经济法基础理论有深厚的研究功底，又能够把握国内外研究的前沿成果，实为博采众长、兢兢业业。老师的指点，是鼓励我在学术之路上不断奋勇前行的动力之源。从选题的确定到文章架构的调整，老师一直悉心指导，不厌其烦。在就相关问题进行探讨时，老师总能提纲挈领地抓住问题的关键,每次交流之后都让学生有醍醐灌顶之感。感谢导师为我论文的顺利完成倾注的大量心血,老师严谨的治学态度、缜密的学术思维、宽厚的待人处世之道都是我以后人生道路上要不断学习和效仿的榜样。

感谢中国人民大学经济法教研室的其他各位导师。史际春老师仁厚豁达、言谈举止间充满了智慧,朱大旗老师学识渊博,刘俊海老师睿智风趣,张世明老师治学严谨,孟雁北老师开明包容,杨东老师才思敏捷……还有徐阳光老师、王宗玉老师、宋彪老师、姚海放老师,他们的谆谆教导让我有幸见识到经济法的魅力、金融法的精妙。在论文的撰写过程中,从选题到答辩,诸位老师耐心地给予学生指导与意见,显示了导师们极强的责任感和对学生的关爱。

三谢挚友,互勉互励。

《礼记·学记》有云:"独学而无友,则孤陋而寡闻。"感谢一路走来,共同成长的挚友,感谢同门兄弟姐妹的关心、照顾和陪伴。感谢袁金华、许静文、游艳、谢晨星、欧恒、罗霓、李梦桃、姜姿含、徐瑞阳、彭浩、宋博颖、宋琳、刘一诺在生活上的关照、支持,在学习上的共同探讨、有益启迪。感谢那些我无法一一提及曾经帮助过我的老师、同学、朋友。

同时也要感谢在策划出版期间,重庆大学法学院领导的大力支持和学院的资助。学院对青年教师的包容与鼓励,在很大程度上给予了我出版本书的信心。还要特别感谢我的编辑梁剑琴老师,每每在我怠于修订书稿之时,她对内容认真负责的审阅姿态,总是以画面出现于脑海中,激励我端正态度,继续工作。

致谢寥寥数语,深谢寄于其中。